培養敬虔的後代

如何用聖經原則教養孩子

Books by Paul J. Bucknell (包恩富)

讓聖經對我們今日的生活說話

- Overcoming Anxiety: Finding Peace, Discovering God
- Reaching Beyond Mediocrity: Being an Overcomer
- The Life Core: Discovering the Heart of Great Training
- The Godly Man: When God Touches a Man's Life
- Redemption Through the Scriptures
- Godly Beginnings for the Family
- 培養敬虔的後代
- Building a Great Marriage
- Christian Premarital Counseling Manual for Counselors
- 十字架學習
- Running the Race: Overcoming Lusts
- Genesis: The Book of Foundations
- Book of Romans: The Living Commentary
- Book of Romans: Bible Study Questions
- 培養敬虔的後代
- Walking with Jesus: Abiding in Christ
- Inductive Bible Studies in Titus
- 1 Peter Bible Study Questions: Living in a Fallen World.
- 培訓新領袖
- 關懷已決志全職事奉者的程序
- 邁向下一步: 助您走向正確的全職服事之路 作者
- Study Guide for Jonah: Understanding God's Heart

➡ Check out these valuable resources at
www.foundationsforfreedom.net

培養敬虔的後代

如何用聖經原則教養孩子

包恩富 包柯玲婷 著

栗永徽 譯

培養敬虔的後代: 如何用聖經原則教養孩子

包恩富, 包柯玲婷 著 Paul and Linda Bucknell

Translator: 栗永徽 譯

繁體Mandarin Chinese: Copyright 2014 by Paul J. Bucknell

ISBN-10: 1619930404

ISBN-13: 978-1-61993-040-7

English paperback

ISBN-10: 1-61993-006-4

ISBN-13: 978-1-61993-006-3

聖經實用的真理 (Biblical Foundations for Freedom)

www.foundationsforfreedom.net

3276 Bainton St. Pittsburgh, Pennsylvania,15212 USA

願頌讚歸給神我們的父

所有的智慧、慈愛、恩惠與能力

從祂那裏湧流不息

流到一群不配的百姓身上

如今我們得以被收納，永遠成為祂

的家人

目錄

序言 --11

教養的目的---15

　瞭解神對家庭的計畫 15

　學習用神的方法拯救家庭................................18

　神對家庭的目標..26

一個最好的團隊：爸爸和媽媽 ------------------35

　成為最佳拍檔 35

　聖經對於婚姻中合一的教導............................37

　對於婚姻合一的錯誤教導................................40

父母的權柄--55

　神對世界的命定..56

　神對家庭的命令..59

　神對人際關係的設計.....................................62

在我們的孩子身上培養自制的能力----------------71

　自制的重要性...72

　自制的發展過程..78

　在我們的孩子身上訓練自制............................83

孩子的訓練以及生活作息 -------------------------91

　有效的訓練..92

對我們孩子的期望 96

訓練的具體步驟 99

建立孩子的生活規矩 107

孩子每日作息表 112

糾正孩子的惡習 ----------------------------------119

美好親子關係的長程目標 121

深入探討：觸摸孩子的心 124

信任與自由的原則 128

認罪是靈魂清潔之道 135

對未受過訓練的孩子施以訓練 140

以愛施行管教 ------------------------------------145

瞭解管教 146

體罰的聖經觀點 151

關於體罰的實行 156

設定界限 --169

高標準的重要性 171

劃定界線 174

第一個場合：家裡 175

第二個場合：餐桌 180

第三個場合：公眾場所 183

第四個場合：在教會的聚會中 186

培養敬虔的孩子 ----------------------------------195

對申命記第六章的觀察 197

對家庭靈修的反思 208

對屬靈餵養的幾點想法 212

建立兩代之間的愛 --------------------------------225

使家庭和睦 226

瞭解父母親、公婆與岳父母生氣的原因 227

尋找解決方法 239

體諒難相處的父母親 243

重新贏得青少年對我們的信任 --------------------------251

為我們的家重新找回希望 251

要拆毀中間的牆，有三件事要做。 265

解決衝突 274

把神的真理與我們的家庭生活相結合 -----------------287

從實際的生活經歷來看 288

整理我們的思想 292

擁抱神的異象 295

裝備孩子 302

建立家庭 315

附錄一：真的是基於聖經原則的教養嗎？ -----------329

附錄二：關於教養孩子的其他資源 --------------------333

附錄三：父母的神學 -------------------------------------335

附錄四：教養流程圖 -------------------------------------337

附錄五：作者---339

序言

基督的教會正面臨一個全球性的危機。仇敵的攻擊正在擊打我們的根基：家庭。不論在基督教會中或我們自己的生活中，我們都沒有認真思想過家庭的重要性。大多數情況下，只有當我們失去家庭的時候，才發現它的寶貴。但現在我們有一整個世代的人，全都沒有經歷過擁有一個人數眾多的敬虔家庭的美好。有些人覺得現在再來挽救已經太遲了。但其實不會。如果身為教會的我們起來採取行動，就不會太遲。

需要採取什麼行動？首先，我們必須帶來對於擁有一個敬虔家庭的盼望與異象。現今許多父母單單照顧一個孩子就已經在絕望中掙扎了。女孩子們通常被教導要自食其力、要找個好工作。世俗媒體常常以男人作為取笑的題材。當大家都認為男人不需要努力盡責任的時候，他們很容易就以這種態度生活。他們或許也根本不認為需要在生活中負責任。盼望與異象都從神而來。美滿的家庭從祂而來。但是除非我們教會的領袖開始把對於敬虔家庭的異象傳遞給神的百姓，而不是讓他們到處去聽，這個牧師怎麼做、那個長老怎麼做，神的百姓至終會落於絕望裡。

或許對大多數人來說，一個更好的問題是，有沒有什麼真實理由讓我們對擁有一個美滿家庭懷抱盼望？的確是有的。這就是我們這本訓練教材「如何用聖經原則教養孩子」願意在教會中所扮演的一個重要角色。我們想要知道神對家庭怎麼說，而不是心理學家怎麼說。因為只有神的真理才能像兩刃的

利劍，在這兇猛的文化戰爭中開出一條血路。神不只給我們解決辦法，祂也要幫助我們了解，祂大能的真理運作的過程。

我們的孩子就是我們教養過程中的產物。如果我們失敗了，我們自己以及孩子都會付出代價。但是，當我們轉回神的道路，誠實的在自己的生活中實踐出來，我們可以看到幾乎是立即性、戲劇性的永久改變。在下面幾頁中，我們會看到對於一些最重要觀念的解釋，因為這些觀念都是目前在社會中公開被質疑的。但這些基礎卻是神定的真理，只有當我們自己深信它們的確出於神，我們才會去護衛它們，在這些質疑的浪潮之下這些真理才能繼續堅立。

在解釋神的真理在我們家中所當扮演角色的同時，我們也提供許多實務性的教導，從如何帶領全家面對一種困難，到神給全家的目標。大多數的人都很驚訝，一些簡單的改變就足以在孩子的身上帶來戲劇性的不同。現在心理學的教養方式無法為它們反覆無常的哲學提出任何實例。在我們身邊有許許多多的證據，讓我們看到那些按照以自我為中心的方法生活所帶來的悲慘後果。把這種情況與神簡單又直接的真理相對比較，許多家庭都會為他們過去所犯的失敗而驚訝。我們聽過許多的父母一再的跟我們說「我真希望能早點知道這些真理」。

事實上，我們自己也希望我們能早點知道這些真理。我們每個人都曾經歷過錯誤應用神的真理的情況。神給了我們第二次機會。在我們生了第二個孩子後，祂開始光照我們，看見藏在祂話語中的原則。這給我們更大的盼望，得以知道的確存在一個帶著信心訓練孩子的方法。現在我們有八個孩子。我們

找出許多錯誤的觀念，也棄絕了它們，並轉向神話語中美好的祝福。

身為牧師或宣教士不會自動產生一個美好的家庭。必須要按照神活潑的話語來生活才能得到。當你學習這一系列的教導時，帶著極大的盼望回轉向神。記住，你被呼召作一個順服的兒女。我們只是對讀者指明真理，但是你自己必須接受考驗，來證明你是否真的愛主你的神。全心愛祂。讓神大能真理之光照進你的生活，祂的祝福也將從你的家庭中流到這個需要神的世界。

Paul Bucknell 包恩富

2015 年二月

培養敬虔的後代
幼兒以上

第一章

教養的目的

目的：幫助父母親，更加瞭解神在祂的國度中對家庭的心意以及父母在塑造敬虔孩子的事上所具有的關鍵角色，並且採用神的方法來過家庭生活。

瞭解神對家庭的計畫

1) 神的計畫是最棒的！

任何事物的發明者通常是最瞭解他自己的產品的人。當然他可以跟其他人解釋這個產品的功能，但是最後只有他自己才完全瞭解每個單獨的部分如何整合成一個整體，完成發明者的計畫。想要明白家庭的目的，我們需要回到家庭的創造主面前。神創造了男人與女人，命令他們組成家庭。當他們生了一個孩

子,具有父親與母親聯合起來的各種特徵,神對這對夫妻的祝福就顯明出來。神藉著命令父母要「生養眾多」來鼓勵這個繁衍的過程。

> 「神就照著自己的形像造人、乃是照著他的形像造男造女。神就賜福給他們、又對他們說、要生養眾多、遍滿地面、治理這地、也要管理海裡的魚、空中的鳥、和地上各樣行動的活物。」(創一27,28)

當我的印表機壞了,我不會去翻我的收音機的說明書去找相關資料,我會找印表機的說明書。關於家庭也是一樣的。如果我們對於如何帶領家庭有疑惑,不論是某個小部分或是關於家庭整體的計畫,我們應該去找聖經,就是神的話,在其中我們的創造主很清楚的說明了我們所需要知道關於家庭的一切(提後三16-17)。

我們需要時常聆聽神的話。有時候我們關心孩子們的物質需要,卻忽略他們裡面的需求。他們裡面的需求是什麼?

神在經文裡面告訴我們,人與其他受造物是不同的。男人與女人是照著神的形像造的。並且人藉著裡面的靈可以與神溝通。人不只有身體,他還有一個看不見的部分,由心(情感的所在)、意志、良知所組成。例如,人與動物的一個分別就是自我意識。神也同樣是家庭的設計者。

神對家庭的計畫

神不只造了個別的男人和女人,神也設計經由婚姻與家庭來完成祂完全的旨意。

a) 神對家庭的計畫

家庭在神的國度的計畫中佔了很重要的
部分。家庭是神交通、保存並且擴張祂
聖潔影響力的一個方式。家庭是神的話
語被教導與被實踐的所在。如果你拜訪
一個基督徒的家庭，你應該可以在其中
窺見神的良善、神的愛、神的秩序、合一、供應和律法。

更好的制訂
目標的作法
事先計劃

目標:按照計劃好
的樣式生活

暫停並回想： 如果一個人待在你家一個禮拜，他可以從
其中體會哪些關於神和神的道路的事情？舉出三件。

b) 簡短回顧關於家庭的歷史

神創造了第一個家庭，亞當是頭，夏娃是他的幫手。這是世界
上第一個家庭，也是其他家庭的源頭。亞當，男人，需要為這
個家庭所做的一切決定負責。當他做了智慧的決定，他的家就
興盛；當他選擇違背神的規則，他的家，以及所有從這個家源
出的家庭都受到了影響。

> 「這就如罪是從一人入了世界，死又是從罪來
> 的，於是死就臨到眾人，因為眾人都犯了罪。」
> （羅五12）

因此，亞當的後代，不只從他們的父母遺傳了生理上以
及心靈上的特徵，也遺傳了罪的本性（違背神的傾向）。看起
來神似乎無法藉由人來完成祂的旨意，但神沒有放棄家庭。

當神在創世記十二章開始一個新的家庭時，我們開始明
白神的心意。當時的社會混亂又悖逆，但神揀選一個人，透過
他的後代，神聖潔的旨意可以保存並且擴增。神揀選亞伯拉
罕，吩咐他離開那地，往祂所指示他的地去。

亞伯拉罕不是完美的人，然而神能，神也願意用他和他的家為這個世界帶來一個極大的祝福。即使今天，神仍然使用家庭作為伸展他的聖潔良善旨意的平台。

透過許多這些美好的家庭的其中之一，神賜下他的獨生愛子耶穌基督。這對敬虔的夫婦活出神的話，也把神的話教導耶穌。之後耶穌大大的使用他小時候所學的關於神的話語。神也造了一個新的家庭，叫做教會。父神犧牲祂的愛子，使得我們可以進入神的家庭稱為神的兒女。

「凡接待他的，就是信他名的人，他就賜他們權柄，作　神的兒女。」（約一12）

神很清楚教導了教會以及家庭，如何過成功的生活。沒有堅固的家庭，教會和社會都會十分軟弱無力。當每個家庭強盛的時候，基督才能發展祂對教會完美的計畫。神給了我們聖靈和祂的話，靠著聖靈和神的話，我們可以有敬虔的家庭和教會。手中有了神的話，我們就不能推諉說神沒有告訴我們如何產生敬虔的家庭。

暫停並回想：　我們需要什麼使我們的家庭強健？你的家庭需要加強哪一件或哪兩件事情，使得神可以更大使用你們的家？

學習用神的方法拯救家庭

神能幫助每一個家庭！

神所選擇要用來幫助我們破碎家庭的方式通常是令我們驚訝的。祂結合了祂的智慧、能力與恩典，興起家庭，並且透過它

完成祂的旨意。我們可能不能完全瞭解神的計畫，但是當我們決定與祂同工的時候，我們會讚嘆祂是如何的幫助我們。

　　許多家庭開始的狀況都不盡相同，但是當父母親決定要在家中遵照神的旨意行，我們都看到神的話如何發揮美好的功效，使他們的家庭變得更好。例如，提摩太並沒有一個基督徒的父親。他的媽媽是個猶太人，他的爸爸明顯的是個未信主的希臘人。然而神的恩典仍然透過他的媽媽和外婆發揮影響力。下面這段經文中，保羅期盼提摩太持守哪些他媽媽和外婆所擁有的特質？

> 「想到你心裡無偽之信，這信是先在你外祖母羅以、和你母親友尼基心裡的，我深信也在你的心裡。」（提後一5）

　　「無偽之信」遠超過話語所能描述。它是一種活潑的信心。當神的話被活出來的時候，祂的話帶有極大的功效。對我們任何一個家庭來說也是一樣。父母對他們的孩子有極大的影響，當父母決定轉向永活神，神會開始幫助整個家庭。

　　我太太與我因為過去曾犯許多錯誤而懂得謙卑。我們看到我們孩子生命中有許多傷痕。我們教導這門課是希望各位不用再浪費廿年繼續犯錯在你們的孩子身上。我們必須悔改，重新研讀神的話，並更加貫徹的把我們的生活形態轉向主。[1] 當然這是一個過程。我們仍然在這個過程中。然而，當我們謙卑尋求神的幫助時，可以使這個過程更快通過。

---

[1] 分享我們的失敗常常是不容易的。當我們與其他人敞開的承認我們的失敗，包括我們的孩子，我們不只是公開負責我們所做的，更是能夠鼓勵其他人靠著神的恩典來得勝生活中任何一點小罪。這是在我們的孩子身上塑造「悔改」的方法，並教導他們如何面對失敗。

塑造敬虔家庭的困難

有些基督徒父母可能想，我們已經非常努力嘗試過了，但仍然發現這樣做沒什麼用。我們希望透過這章，分享一些重要的聖經原則，來幫助有這樣情況的人。的確有許多困難的處境需要解決。

最近有人問我有關個人的得救的問題：「有些非基督徒說，基督教信仰只是他們父母的事而不是他們的事，你要如何回答他們？」這個問題點出了一個在基督徒家庭中的一個主要問題。許多基督徒父母認為他們只要口頭上教導孩子該做什麼與不該做什麼，他們就盡了他們的責任。問題在於真理並不是經由口頭的指示而傳遞下去的。教導神的命令可以陳明真理，但是並沒有彰顯真理。

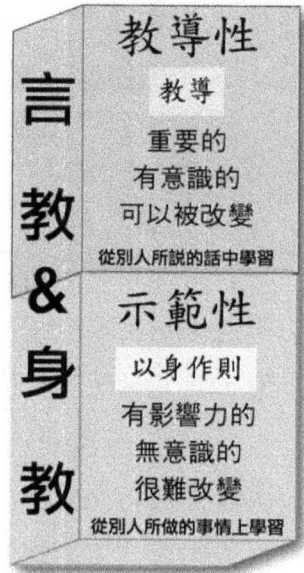

言教 & 身教

教導性
教導
重要的
有意識的
可以被改變
從別人所說的話中學習

示範性
以身作則
有影響力的
無意識的
很難改變
從別人所做的事情上學習

許多年輕人，父母是基督徒，可是他們不跟隨主，因為在他們父母的生活中他們找不到可被吸引的地方。這是今天世上世俗主義一部份的原因。在一兩代之前，曾有許多的人都是基督徒。

這表示家庭失去了基督榮耀的豐滿。我們在新約裡看到耶穌，眾人總是蜂擁向祂，搶著要認識祂、聽祂的道。我們要使家成為一個孩子喜愛的地方：一個神的愛、神的關心、神的赦免明白彰顯，一個他們喜歡停留的地方。

暫停並回想：你的孩子喜歡在家跟你在一起嗎？他們喜歡把他們的朋友一起帶回家，分享在家中他們所得到的愛嗎？

「身教與言教」：問題與解決方法

我們需要有更敞開的心來瞭解基本的真理與價值觀如何傳承給我們的孩子。有人說真理是靠身教而非言教。這說到了一個很重要的真理，強調父母自身的生活型態對於孩子們的影響。我們在下面會談到。然而，我們也要說，向兒女教導神的話語也有同樣的重要性。提摩太不只看到了好榜樣，同時也在真理上受了好的教導（提後三15）。

這裡的重點在於，如果孩子們所聽到的與他們所看到的不相符，他們會照他們所看到的去行，他們不會記住他們所聽到的教導。

如果父親順服神，那麼每一個人都會知道神在他每天的生活中所佔的重要性。然而，如果父親只有在星期天看起來很屬靈，在一個禮拜其他的日子都與神所說的話違背，他的家人就會產生一個結論：神只是一個宗教性的神，只存在在教會中。他們會覺得神與他們每日生活沒有太大關連。

我們來描述一下為什麼孩子們所看到的事情是如此的重要。許多思想都根源於以下的幾點發展出來。下面這三點說明孩子們如何無意識的從他們父母那裡學習，也就是，他們如何抓到父母親的價值觀，或者，如何「抓到真理」。[2]

---

[2] 我們必須瞭解，父母能傳遞壞的價值觀給孩子，也能傳遞基於真理的好的價值觀。如果他們前後不一致，他們的孩子的生命不會有好的根基。我們用「真理」一詞來描述他們所學到關於神的正面事物，正如聖經所記載的。父神啟示祂的話，耶穌表現祂的話，聖靈教導我們祂的話。

位置性學習	關係性學習	回應式學習
父母如何回應神與權柄	父母如何回應外面的世界	父母如何與孩子相處而學習
回應權威	與他人的關係	深耕道德

(1) 位置性學習 （回應權威）

父母親主要藉著活出神所給他們做為父母的角色來在孩子瞭解神的事上塑造孩子。原因是因為父母親是孩子前幾年人生的唯一權威的來源。他們藉著觀察父母如何回應神，學習如何回應權威。

- 父親是全家的權柄。孩子最早對於權柄的認知來自於他們的父親如何在家庭使用權柄以及如何在生命中回應權柄。

- 母親展現屬神特質中溫柔與關懷的典範。孩子會學到一個會自我控制的人如何在剛強與坦率的同時也保持圓融、慈愛，並且喜愛建立關係。

- 丈夫藉由愛他的妻子表現一個有權柄的人如何愛人。

- 妻子展現與有權柄的人如何相處。她忠心的支持她的先生甚至當他們的意見不同的時候。[3] 她在孩子身上形塑如何尊重權柄。

---

[3] 妻子需要在主裡順服丈夫。這是說，如果主在祂的話語裡沒有另外的教導，她必須順服且支持丈夫的決定。

　　暫停並回想：許多孩子認為神是遙遠的，對我漠不關心。會不會是因為他們的父親在家裡從來不打開口與孩子們分享他的生活？神喜愛與祂的孩子們交通嗎？（創三8）

(2) 關係性學習 （與他人的關係）

孩子們也藉著觀察父母如何回應外面的世界來學習如何對生活中各種狀況作反應。這跟父母口頭說的無關。孩子們藉由觀察父母親真正做了什麼來瞭解他們的價值觀。如果父母的榜樣與所說的相違背，孩子們會忘記他們說的話。我們來看看下面這幾個情況如何形塑孩子的生命與態度。

- 當某人對爸爸很壞，他是如何反應的？他赦免他們還是報復他們？

- 當媽媽遇到某些她不喜歡或無法掌控的環境，她如何面對？她信靠神嗎？或是一直抱怨、擔憂？

- 爸爸對於他已有的一切滿足嗎？他需要藉由買很多東西使自己快樂嗎？

- 媽媽會因為害怕其他人的說法或想法而改變她自己本來想說或想做的事嗎？她敬畏神嗎？

　　當一個孩子親眼看到神的話被活出來，他就會得到同樣的信心與理解，知道生活應該怎麼過。這並不會使他們馬上成為基督徒，但是會培養他們一個熱愛真理的心。他們會看到基督徒信靠神的甜美，會渴望擁有這種平安與生活方式，遠超過世界所能給的。

(3) 回應式學習 （深耕道德）

第三，孩子們經由觀察父母如何與孩子相處而學習。多半我們會想到通常是母親在孩子早期的生活中給予照顧，然而，父親對孩子的照顧也是不可少的。這些事情會帶給孩子極大的影響，影響他們感受生命中什麼事情是重要的，什麼是對的與錯的。

- 當小嬰兒哭的時候，媽媽會做什麼？她會每次都忙著幫他換尿布，還是有時候會讓他哭一會兒，如果他只是要吸引父母的注意？

- 當孩子們用一些滑稽的動作打斷了父親與母親相處的時間，爸爸會如何處理？他會把媽媽丟在一邊而與孩子玩，還是會把他與妻子的關係擺在前面，等一下再與孩子玩？

- 當孩子激怒媽媽的時候，媽媽會如何反應？她會逃避面對孩子還是仍然有耐心的與他相處？

- 當小孩子很固執己見的時候，爸爸會怎麼做？他會放棄嗎？還是用賄賂的方法使孩子安靜？或是安靜的坐著等風浪平息？

自從孩子們還是小嬰兒的時候，他們就一直在潛意識中學習許多事情。當我們把正確的生活方式與正確的教導相結合，就是正確的教養方式。我們所教育的不只是心靈，更是在形塑孩子們的心與靈魂。

暫停並回想：列出你對兒女所作的一項正確的示範與一項錯誤的示範。

(4) 良好教養的方式

當然，孩子們並不會有意的問父母以上的問題。他們只是無意識的觀察並且模仿父母的行為。這就是為什麼大部分最基本的訓練早在孩子們學會讀與寫之前就已經發生了。良好的教養方式包含下面三個基本步驟：

- 瞭解神的真理（知道）
- 當我們作父母的時候，實踐這些真理（形塑）
- 用神的話教導我們的孩子[4]（教導）

　　孩子們會模仿我們的行為，不論好的或壞的。如果作父母的在處理人際關係上沒有設立好榜樣，我們的孩子就不知道如何處理人際衝突。我們沒有給他們工具、自信心，以及如何處理這些問題的知識。我們作父母的沒有給他們應有或可以擁有的信心。神在提摩太的生命中所作的拯救家庭的工作，今天一樣可以成功在我們身上！

　　暫停並回想：想想你如何解決你與配偶的衝突，以及與其他人的衝突。你的孩子如何處理類似的人際衝突？

---

[4] 教導中有一部份是糾正，就是父母要堅持孩子必須作他們所要他做的。有時父母除了用說的之外，還需要另外做些事以加強他們的命令。透過我們的糾正，孩子會學到我們所相信與所教導的事情是何等的重要。如果沒有糾正，孩子會覺得這些東西無關緊要。

神對家庭的目標

神的目標就是我的目標！

很多時候，我們常常是問題導向，而不是以神為導向，所以我們無法長期持守某些良善的目標。當然，我們能解決問題、撫養孩子是很不錯，但這些與神所計畫的相差還很遠！

我們想要解決的問題往往將我們的注意力集中在我們自己的挫折。我們需要把眼目轉向神所要求我們的。我們需要看祂的標準以及他對我們的孩子所設的目標。我們要問「神希望我的孩子成為怎樣的男人與女人？」

使徒保羅「教養」提摩太的方式很有趣。我們看到保羅常常稱呼提摩太為他的兒子（提前一2）。或許提摩太的親身父親在他小的時候就去世了。不論如何，保羅對提摩太而言就像一個屬靈的父親。保羅告訴提摩太三件他教導的目標：

神的話語給了清楚的方向，使孩子可以跟隨

> 「但命令的總歸就是愛．這愛是從清潔的心、和無虧的良心、無偽的信心、生出來的。」（提前一5）

下面幾段我們會專注在保羅認為對信徒重要的幾個方面。我們會發現對於父母教養兒女，這幾點仍然適用。

教養的目標

我們可以教我們的孩子各種各樣的技能，但是沒有一樣技能比得上神要放在他們裡面的品格，這些品格包括：良善、順服、愛、服從、敬重、自制、柔順、敏銳與智慧。我們不需要那些能讓他們賺大錢的技能，而要給他們一種技能，能夠恰當運用神所賜給他們的資源的能力

神樂意賜福給我們的孩子，使他們勇敢、慈愛、信實的服事神以及世上的人。神使用我們的家庭擴展祂屬於愛的國度。

為了幫助我們一起思想神要我們教養出怎樣的孩子，讓我們從聖經裡看幾段重要的經文及想法。畢竟我們為孩子所設立的目標必須來自神對孩子的目標。我們不知道祂對每一個個別的孩子有什麼樣的計畫，但我們要為每個孩子奠定根基，使得不論神未來引導他們去哪裡，他們都能成功的把神的祝福傳遞出去。我們從提前一章5節歸納出三個目標：

    1) 從清潔的心生發愛心（可十二29-31）

    2) 發展無虧的良心 （箴一7-8）

    3) 塑造無偽的信心 （加五22-23）

    4) 專注於內心

1) 從清潔的心生發愛心（可十二29-31）

沒有任何目標比使孩子向耶穌更重要的了。耶穌藉著總結律法的要義來表明祂的心

> 耶穌回答說、第一要緊的、就是說、以色列阿、你要聽・主我們神、是獨一的主。你要盡心、盡

性、盡意、盡力、愛主你的神。其次、就是說、
要愛人如己。再沒有比這兩條誡命更大的了。

上文中哪一個字重複了兩次，藉此教導我們對神對人應有的態度？答對了，就是「愛」。我們應該愛神及愛人。耶穌把它們稱為一條誡命因為這兩者不可分開。世界的人堅持我們可以單單愛人，不必愛神。耶穌說唯有人愛神的時候，他才可能愛人。

我們的愛要能被人接受，必須來自一個清潔的心。因為神是一，我們的委身也是不可分割的。我們全部的生活都必須用在討神喜悅的事情上。我們全心、全性、全意以及全力都必須正確的用來愛神愛人。這個模式非常明顯。真正的愛是不可分割的，需要我們全部的情感與意志。

神創造我們周遭的一切讓我們享受，也讓我們有充足的供應。神只要我們對於祂所給的一切存感恩及滿足的心。祂要我們使用我們已有的來關懷別人。主在尋找我們的愛。如果我們真的愛祂，我們會遵守祂的命令。我們需要向我們的孩子指出愛神以及愛人的生活目標，像耶穌一樣的生活。

2) 發展無虧的良心 （箴一7-8）

真正的學習奠基於某些對神的態度與看法。態度（心）是保存真理的所在。這就像我們玩跳棋，如果棋盤是用木頭作的，通常在上面會有刻痕，讓我們知道棋子可以放在哪些地方，不能放在哪些地方。如果沒有刻痕，就沒有次序，就沒有規則可以遵循，當然遊戲就玩不成了。箴言一章7-8節給我們一個清楚的圖畫，瞭解無虧的良心是如何發展出來的。

敬畏耶和華是知識的開端、愚妄人藐視智慧和訓
誨。我兒、要聽你父親的訓誨、不可離棄你母親
的法則。

無虧的良心的基礎是敬畏神。這不只是知識而已。這是
我們對神的感覺。沒有這種屬靈的知識，我們的孩子無法得到
過敬虔生活所需要的智慧與訓誨。

當孩子敬畏神，他會有無虧的良心，因為以下兩個原
因：

(1) 神的標準銘刻在他的良心中。他敬畏神，勝於敬畏
人。神無所不在，因此不論他做什麼，他身在何處，他都會行
正確的事。

(2) 一個敬畏神的人會聽他良心的聲音。這是說，當他做
了錯事，他會自動改正。首先，他會因罪惡感感到不舒服，而
且他也知道神將會帶來管教，所以那些敬畏神的人是有智慧
的，因為他們經由順服來躲避罪惡。

敬畏神是對主有一種專注的順從。一個敬畏神的人瞭解
神命令的重要性，因此渴慕神的命令，進而使他的生活與神的
命令相符。一個敬畏神的人，他的所做、所想、所說都會受神
的心意、神的目的的影響。不敬畏神的意思，是一個人不讓神
的心意影響自己的生活。他不懼怕違背神所帶來的後果。

敬畏神的態度是由父母培育出來的。從下一節（箴一8）
我們看到敬畏神的態度如何在孩子的生活中培育出來。神使父
母親成為他的孩子感受神、感受世界的一個媒介。即使是摩

西，神的一個最偉大的先知，在幼年時也是經由敬畏神的媽媽帶大的。[5]

父母親回應神的方式，會大大的影響孩子。如果父母敬畏神，孩子也會模仿他們，照樣而行。反之，則孩子也不會敬畏神，這個孩子會把他自己的意見視為最重要的。在這個被撒旦深深影響的世俗世界中，我們的孩子們常常被教導自己的慾望與野心是最重要的；灌輸孩子敬畏神的觀念對他們是一種極大的保護。

暫停並回想：這個問題很值得反省：「我們傳承給孩子怎樣的觀念？」我們要如何才能把敬畏神的態度傳承給他們？我們身為父母的人，有沒有真的活在敬畏神的生活中？列出一個你的孩子曾觀察到你是敬畏神的情境。

3) 塑造無偽的信心 （加五22-23）

父母也要培育一個無偽的信心。對神無偽的信心會產生保羅所說的聖靈的果子。這些果子反映了一個人單純、真誠的信心。沒有信心，絕對結不出任何果子。果子是應由我們對神的信靠而來。

> 聖靈所結的果子、就是仁愛、喜樂、和平、忍耐、恩慈、良善、信實、溫柔、節制·這樣的事、沒有律法禁止。

那些在神的道路中被教養長大的孩子是有自信的，因為他們瞭解他們與神與人以及與被造之物的正確關係。

---

[5] 這個原則在聖經裡一再的出現。在以弗所書六章1~3節清楚的把孩子對父母的順從視為一個好行為。「要孝敬父母，使你得福，在世長壽。這是第一條帶應許的誡命。」

- 他們會愛人，因為藉著信，他們相信所有人都是照神的形象造的，因此都不可輕視。

- 他們會喜樂，因為他們知道神，他們的天父在天上眷顧他們。

- 他們有平安，因為在任何光景中他們確信神與他們同在。

- 他們能忍耐，因為他們相信照著神的時刻，神的美意，他們所有的需要終必滿足。

- 他們有恩慈，因為他們經歷過在基督裡神向他們所顯出的恩典與慈愛。

- 他們良善，因為他們返照神的形像，以良善的方式對待別人。

- 他們信實，因為藉著學習神的信實並表現在他們的前後一致的生活態度上，他們可以榮耀神。

- 他們溫柔，藉著拒絕用手段控制人，他們溫和的滿足其他人的需要。

- 他們操練節制，因為他們學會如何憑信心節制自己的慾望。

　　我們越學習神的話，越會覺得神的話寶貴。關於教養孩子，有許多事情要學，但我們絕不能，萬萬不可，忘記神的旨意，別忘了透過渴慕按照神的方式撫養小孩的父母，神可以成就何等的事。

　　按照聖經教養孩子，就是把最好的東西拿出來，傳承給孩子。我們的目標很高，但是做得到。當他們無法做到這些高

標準的時候，我們需要溫和的把他們的需要導向基督。在那裡他們會找到神的慈愛及聖靈的能力。

專注於內心

我們要注意，神並不只是關心如何改變一個孩子外表的行為。祂更關心那些能夠塑造孩子自我形象的事情，以及使他們做出某些事情的原因。神期待父母適當的澆灌愛、良知與信心給他們的孩子。我們必須避免僅僅專注於發展孩子的某些技能或者僅僅提供他們生理上的需要。這些是重要的但是還達不到神對孩子的目的。這樣的作法是世人的方法，並且導致許多悲哀的故事。

如果神告訴你一個可以正確訓練孩子心靈的方法，你願意把握這個機會嗎？透過我們的課程，我們可以告訴你如何做，但我們鼓勵你下決心，用你最大的力量，按照神的心意來撫養孩子。以下是一個很重要的功課，當你學習越來越多的時候，我們會繼續修改這個功課，但不論如何，你的決心必須從頭到尾保持一致。

我們的回應：

反省以上的教導，寫下你對你的孩子期待的屬靈目標，並且和你的配偶討論。記得藉著禱告來思想為什麼你想要這些目標。

如果你願意，靠著神的恩典與大能，訓練你的孩子成為耶穌的樣式，請在下面簽名：

父親＿＿＿＿＿＿＿＿＿＿＿＿＿＿＿＿＿＿＿＿＿＿＿＿

母親＿＿＿＿＿＿＿＿＿＿＿＿＿＿＿＿＿＿＿＿＿＿＿＿

總結

不知你是否瞭解，所有的訓練，不論好壞，都是在家中發生的。教養訓練是在於灌輸價值觀、態度、回應以及提供對於孩子生活的一個概觀，家庭才是真正訓練的基地。

今日你在孩子的心中種下什麼，將來你就會收割什麼。我們必須時常自問：「我們在孩子心中正種下什麼？我們會喜悅將來我們所收割的嗎？」我們很多人都做得不好。事實上，我們可能常被引誘，想要放棄，因為似乎為時已晚，但其實並不晚。

幸好，靠神奇異的恩典，祂可以改變我們，進而改變我們的孩子。我們需要趕緊加強我們對祂話語的瞭解，更完全的順服祂並小心教導我們的孩子。很多人已經把他們的家庭從世界中拯救出來。畢竟，我們的孩子正眼睜睜的看著，我們的信仰如何與我們與世人有分別。如果我們為孩子們培育這個信仰，他們將來就不會抗拒它。神的愛是榮耀的，可喜愛的。我們只需要溫和的解釋我們生活改變的原因，並堅定的持續下去。

教養原則

- 神對於父母如何養育孩子有祂的計畫。

- 為達到祂的旨意，神大大的使用父母來訓練孩子。

- 在訓練孩子的過程中，神藉著祂的話與祂的靈來引導父母。

- 年幼的孩子大部分是藉著觀察父母的行為來學習，而非經由父母口頭的教導。

- 神藉著聖經中正面的教導來訓練孩子的內心。

- 訓練孩子終極目的是要更像耶穌基督。

教養問題

1) 在擴張神今日的國度的事上，家庭佔有什麼樣的地位？為什麼？

2) 為什麼很多孩子現在都不喜歡待在家裡？

3) 「身教而非言教」與教育孩子有什麼關係？

4) 孩子從哪裡得到對於神的認識？怎麼得到？

5) 良好教養的三個步驟是什麼？

6) 神對我們孩子的目標是什麼？為什麼？

第二章

一個最好的團隊：爸爸和媽媽

目的：以聖經的角度來瞭解，為了產生敬虔的孩子，丈夫有責任，需要，也有能力與他的妻子同心合意成為一個偉大的團隊。

成為最佳拍檔

當我們聽到「團隊」這個字，我們常會想到某個運動比賽的隊伍。我們很少會想到丈夫與妻子是一個團隊。然而，神的計畫是要丈夫和妻子成為世上最好的團隊。

　　我們來想想一個好的團隊的要素有哪些。一個好的團隊合作無間。他們喜歡相聚在一起。他們做事情如同一人。他們有共同的目標。對我來說，聽起來就像是一椿美滿婚姻！但你們可能會奇怪，我們為什麼要在教養孩子的課程中討論婚姻的事情？

　　一個小孩子的世界完全侷限在他在家裡所看到的一切事情。他們不知道外面的事。當他們還是嬰兒的時候，他們不知道什麼是上班、鄰居，甚至教會。他們只認得幾個聲音，就是爸爸、媽媽、兄弟姊妹，或者祖父母。他們不知道什麼是好，什麼是壞，什麼是高，什麼是矮。他們當然也不會因為他們穿了很漂亮的衣服而很高興。父母就是小孩子的一切。

　　父母對於小孩子的好與壞有極大的影響力。在本章中我們會詳細解釋父母親之間的關係對於孩子的重要性。當你們的婚姻更好，你們的家庭也會更好。因此，我們想要提出一些能幫助增進夫妻之間同工的建議。如果一個小孩子成功的教養有賴於父母的婚姻，那麼當父母親同心合意一起做事，很多主要教養的問題將會自動解決。

　　我和我太太還記得我們第一次聽到這個信息的時候，我們的兒子正因為晚上常常做惡夢而睡不著覺。我們也常被他的尖叫嚇到。那對教導我們的夫婦建議我們，在我們的孩子面前多花點時間互相陪伴對方。

　　我太太和我通常會在孩子們上床之後一起花一個小時的時間檢討我們的生活，並一起禱告。但是我們的孩子很少看到我們坐在一起討論我們家裡的情況。我們故意要在很晚的時候作這件事因為我們不想被打擾。然而，我們認為他們的勸告中

有智慧，所以我們決定接受這個挑戰，開始每個星期有幾個晚上，在孩子的面前相處十分鐘（並不長）。[6]

在這段時間，我們的孩子常常想要打岔，把我們對彼此的注意力轉移到他們身上，但我們已經事先先被警告過這個問題。我們遵照老師的建議，跟孩子們解釋這是屬於父母親的時間。我們可以等會再跟他們聊天或禱告。過了一個禮拜，我們兒子的問題自動解決了。可能有人會認為這是個巧合，但我們可以跟你保證這不是巧合。事實上，當他做惡夢的習慣後來又回來的時候，我們在想究竟哪裡出了問題。猜猜看是什麼？對了，我們又停止了在孩子們面前的父母時間。當我們又重新在孩子面前常常在一起，我們兒子的問題就解決了。

為什麼許多在我們孩子身上奇怪的習慣，光靠父母親在孩子面前坐在一塊講講話，就可以解決？

聖經對於婚姻中合一的教導

夫妻之間的團隊精神是奠基於神為婚姻建立的基礎。許多夫妻對於婚姻感到失望，因為他們把婚姻的基礎放在浪漫之愛上面。雖然每對夫妻都有機會可以重新聚焦在這個合一的基礎，但不幸的，很少人這樣做。

合一是一個很基礎的教導，它能對婚姻與家庭產生深遠的影響。在世界裡這個教導已經被扭曲，但是神的話語給我們

---

[6] 我們非常感謝 Ezzo 給我們許多教養方面基礎的教導。在www.gfi.org可以找到更多資訊。在這門課裡面我們以聖經的角度，整合了許多資源，包括我們自己的經驗。

清楚的命令。當我們談到婚姻的起源與本質，我們必須看創世
記的前幾章，看看神在創造男女之後，祂又說了什麼。

> 因此，人要離開父母與妻子連合，二人成為一
> 體。（創二24）

創世記事實上是說：「他們
要成為一體」。「他們」在這裡
當然是指世界上最初的兩個人，
亞當與夏娃，但是也可以應用在
任何一椿婚姻中的丈夫與妻子。耶

神國的數學
$$1 + 1 = 1$$

穌對這個教導的進一步的解說可以加強對這個合一以及最佳拍
檔的觀念。

> 耶穌回答說、那起初造人的、是造男造女、並且
> 說、『因此、人要離開父母、與妻子連合、二人
> 成為一體。』這經你們沒有念過麼。既然如此、
> 夫妻不再是兩個人、乃是一體的了．所以神配合
> 的、人不可分開。（太十九4-6）

耶穌在這裡不是說「他們」，而是說「二人」。「二人
要成為一體… 夫妻不再是兩個人、乃是一體的了．所以神配
合的、人不可分開。」婚姻關係是一個超級強力膠，使兩個原
來是兩個分別的物體從此再也不分開。他們今生今世永遠結合
在一起。

合一的觀念內含在婚姻之中，但我們
需要讓這個事實（真理）能夠影響塑
造我們對彼此以及對自己的想法。比
如說，既然二人是一體，那兩個人就
應該不再是兩個獨立的人，過著獨立
的生活。在基督徒的傳統中，其中之
一的結果就是太太常常會放棄自己原
來的姓，而冠夫姓。我記得我們結婚時，我們很高興能放棄各
自的銀行帳號，一起用一個聯合的帳號。我仍然記得當我太太
用她新的名字簽支票的時候，她眼中閃爍的光芒。

　　暫停並回想： 你們認為你們自己是兩個人還是一個人？
在你們的婚姻中你們採行哪些方法來證明這一點？舉一兩個例
子。

　　我們的改變必須比這些更多。合一的觀念必須改變我們
對彼此的感覺。比方說，我們必須避免彼此比較，反之，應該
以合作的態度來生活在一起。你有沒有聽過一對夫妻其中一人
對另一人說：「那我的時間怎麼辦？」或「那我的錢怎麼
辦？」這是一種比較的價值觀，與合一的靈是相違背的。

　　使徒保羅提到丈夫和妻子像一個身體，這可以幫助我們
更瞭解這點。當他們關心對方，他們就是在關心自己。

> 丈夫也當照樣愛妻子、如同愛自己的身子．愛妻
> 子、便是愛自己了。從來沒有人恨惡自己的身
> 子、總是保養顧惜、正像基督待教會一樣。（弗
> 五28-29）

　　保羅對於身體的觀念絕對可以幫助我們去思想身為夫妻
的我們所會遇到的各種困境。基本上他只是告訴我們一個早已

知道的事實：你一定會好好對待你身體上的肢體。如果你的手指受傷了，你會好好的照顧它。因為這個事實，我們決定將我們所有的思想、言語、行為導向彼此建造的方向。我們小心翼翼的不要彼此比較批評，反而是盡量互補。

對於婚姻合一的錯誤教導

世界並不瞭解也不接受這個合一的觀念。一般的夫妻生活像是對立的兩造而不是一個人。有衝突是正常的，比較批評是常有的。這樣扭曲的婚姻觀所導致的想法如下：

- 50/50 婚姻。每個人都只需要為婚姻付出一半的努力。

- 情慾導向。他們在一起是為了快樂。不保證天長地久。

- 金錢導向。結婚是為了帶給兩人經濟上的保障。

- 常有爭論：沒有仲裁者的兩造。講話大聲、力氣大的一邊贏。

- 沒有令人信服的領導。因為兩人都搶著當頭，沒有一個令人全心信服的領導模式。

- 屬世。神對他們的生活沒有什麼影響力。

- 常有壓迫：妻子好像是一個奴僕而不是最佳拍檔。

- 不被尊重：丈夫做頭帶領的時候不被尊重。

- 無解的衝突：夫妻的隔閡拿走了婚姻的喜悅

- 孩子加入戰局：父母會把孩子拉進來支持自己這一邊

我們來看看這些扭曲的想法的幾個細節：

1) 扭曲一：合一與肉體的聯合一樣

有些人沒有仔細思想關於合一的教導，以為合一只是代表肉體的聯合。然而，耶穌很清楚的教導「合一」是指一對夫妻的婚姻狀態，不是一種聯合的活動。即使一對夫妻分隔兩地，例如一個在廣東，一個在匹茲堡，兩人還是一體。這不像是拉鍊，拉起來之後還可以再分開；反而像是焊接，另有一個物質融解進入原來的兩個物質，把他們變成一體。[7] 一個基督徒的婚姻是由神自己把他們焊接在一起，形成一個「三位一體」。[8]

2) 扭曲二：婚姻中的合一無法應用在非基督徒身上

有些基督徒問：這個合一的原則也適用於非基督徒的婚姻嗎？如果婚姻是一件屬靈的事情，夫妻的合一會與他們的信仰有關嗎？不會，神介入在自古到今所有人的所有事情當中。如果兩個人結婚，不論他們認不認識神，他們仍然會受神對於婚姻的屬靈定律的限制。不信主的人無法正確的活出合一，但他們仍然會按照他們依據這個原則生活的程度而受到祝福。

3) 扭曲三：婚姻的合一會自動帶來祝福

另有人問：為什麼有些非基督徒的婚姻比基督徒還好？我們承認有時候這會發生。耶穌在他的登山寶訓的結語中，說明這個現象：

---

[7] 這樣的合一在他們的孩子生命中可以很明顯看出來。藉由對人體細胞知識的進步，我們現在知道每一個孩子的細胞都是由等量的父親與母親的基因為基礎產生出來的。因此可以說，父親與母親融合為一體，產生另一個新生命。

[8] 三位一體是用來描述在主裡的婚姻。我們在以弗所書第五章看到在主的保護下丈夫行使領導，妻子在主裡面順服。並且吩咐丈夫要愛妻子，如同基督愛教會一樣。

> 所以凡聽見我這話就去行的、好比一個聰明人、
> 把房子蓋在磐石上。雨淋、水沖、風吹、撞著那
> 房子、房子總不倒塌．因為根基立在磐石上。凡
> 聽見我這話不去行的、好比一個無知的人、把房
> 子蓋在沙土上。雨淋、水沖、風吹、撞著那房
> 子、房子就倒塌了．並且倒塌得很大。（太七
> 24-27）

神永不失敗。人種的是什麼，收的也是什麼（加六7）。如果任何人按照聖經的原則建立他的生活和家庭，他們也同樣會開花結果。另一方面，不論信徒或非信徒，如果他們忽略神對婚姻的原則，他們的婚姻同樣會有許多問題。

神為了我們的好處賜下婚姻的原則。所有神的原則都會在我們的生活中帶來祝福與良善。一旦我們更加瞭解神與祂的真理的關連，我們就更能實際運用這些原則。

這個真理從反面來看也成立。任何夫妻，如果堅持自己的權利，為自己的喜好而不惜吵架、爭鬧，一定會在婚姻中受苦。他們的婚姻會變得醜陋。他們違反了神的合一的真理。

4)　扭曲四：住在一起代表合一

有越來越多的人住在一起卻沒有結婚。這對夫妻關係和孩子都帶來極大的破壞。首先，我們必須瞭解，他們不是一體。他們沒有融合在一起。兩個人還是兩個人。當我們分析這些情況時，可以看得更清楚。婚姻之所以有效因為奠基於合一的承諾上。同居是不道德的行為，因為它奠基於滿足自己的需要而不是滿足對方的需要。在我們討論這對孩子的影響時，我們會看到這種生活方式所帶給孩子們的傷害。

總結

我們在其他的宗教或哲學裡找不到像這樣對於婚姻的真理。文化或許會給我們一些傳統，但是它們無法解釋為什麼這些傳統很重要。這些文化上的教導無法抵擋當代社會對於婚姻的衝擊。然而，神的話語解釋了神如何在婚姻中創立合一的關係。這是超越文化的教導。當孩子加入了家庭結構之中，夫妻之間的合一會變成家庭中更重要的根基。

合一對於孩子的重要性

父母的合一不單為你們的婚姻奠定基礎，同時也是家庭的基礎。這個聯合不能被打斷或威脅。丈夫與妻子的一切言語行為都必須與這個事實相符合。當這個根基表現於日常生活的行動時，孩子們會在充滿愛與安全感的自信心中長大。孩子們永不必擔心父母討厭對方或者會與對方分居。為什麼合一對孩子們這麼重要？

父母的生活就是孩子們的世界。當夫妻開始爭吵的時候，對孩子們的世界來說就像是兩個陸地板塊開始發生碰撞擠壓。一個心理上的地震開始發生，恐懼也產生了。在今天的世界，大部分的孩子都認識某個經歷過離婚的家庭。所以當他們看到父母吵架，就像是地震之前的輕微震波，他們似乎可以感覺到馬上有一個更大的災難會來臨。孩子們的安全感不是來自家庭，也不是來自世界，而是來自父母承諾要一直照顧他們。他們害怕這份愛與關懷有一天離開他們，然後他們會被遺棄，靠自己活著。

那些沒有看到父母親對彼此合一委身的孩子們，會無意識的發展出一些奇怪的行為，以避免父母一再爭吵最終撕裂他們的世界。對孩子們來說，每一件爭吵都在危險關頭。他們寧願做一些出糗的事情，例如尿床、尖叫，以使父母的注意力一直保持在他們的需要上面。

　　父母們常常很少會把孩子的古怪行為歸因於他們缺乏合一。正確的解決方法不是改變孩子，而是要改變自己。只要父母們試著讓家裡更和諧，就會產生很大的效果。

　　暫停並回想： 身為夫妻，你們花多少時間在一起說話、散步？有多少時候是表現在孩子面前？

三個操練合一的機會

神計畫要讓夫妻以一種互補的方式生活，而不是一種互相爭競比較的方式。當我們指出只有良好的婚姻才能產生良好的教育，那是因為只有良好的婚姻才能使角色模範不斷持續下去。[9] 以下有三個方面的重要性，說明為何夫妻關係對於養育良好與快樂的孩子是如此的重要：

---

[9] 第一章中提到角色模範影響的三個層面：位置性、關係性以及責任。

1) 操練一般性的合一

夫妻們有很多的機會可以在孩子面前表現他們的合一。有時候丈夫或妻子的心情不好。他（她）會變得自私、鬱鬱寡歡，只想到自己的需要。在這時候我們可以做些什麼嗎？有的。

　　我們必須小心不要成為我們配偶的「控告者」。「撒旦」這個字的意思就是控告者。當我們在控告的時候，我們就不會支持、幫助我們的配偶，反倒是在摧毀他們。

> 大龍就是那古蛇，名叫魔鬼，又叫撒但，是迷惑普天下的。牠被摔在地上，牠的使者也一同被摔下去。我聽見在天上有大聲音說："我　神的救恩、能力、國度，並他基督的權柄，現在都來到了，因為那在我們　神面前晝夜控告我們弟兄的，已經被摔下去了。弟兄勝過牠，是因羔羊的血和自己所見證的道。他們雖至於死，也不愛惜性命。所以諸天和住在其中的，你們都快樂吧！只是地與海有禍了，因為魔鬼知道自己的時候不多，就氣忿忿地下到你們那裡去了。"（啟十二9-12）

　　不但不應該指責我們的配偶，反而我們應該與他們站在同一邊。我們必須憑信而活在合一的事實裡面，不活在區分的靈裡。這不是說我們不能表達對我們配偶的擔憂或者我們因為他們所受到的痛苦。這是不誠實。問題在於我們常常用驕傲與

自私的字眼，最終導致爭吵。加入誹謗的字眼會讓一個客觀的
說法摻雜惡意。

　　不要毀謗，不要爭競，總要和平，
　　向眾人大顯溫柔。（提三2）

看下面這兩句話有什麼不同？

　　「你又要舊事重提了是不是？我就
　　知道你對我不老實。」

　　「我知道你又在想以前那個問題。
　　如果你要找我聊聊，請告訴我，我真的很關心
　　你。」

　　這兩種說法，一種能夠帶來良好溝通，另一種關閉溝
通。我們需要提醒自己委身於我們的合一。這樣我們可以讓自
己始終支持配偶，並且使我們的言語行為都支持我們的合一。

　　暫停並回想： 你和你的配偶的行為舉止看起來像兩個人
還是一個人？當你的配偶沮喪、內向、自私的時候，你如何表
現？

　　我們中有些人甚至不自覺的會指控別人。我們很可能從
我們自己的父母身上學會如何指責、審判自己的配偶。這包括
我們所說的話，音量大小，叫喊，臉部表情以及肢體語言，比
如敲東西。

　　孩子們會從我們身上承繼分裂的靈。如果我們給他們看
到的是當一個人做錯事的時候我們嚴厲指責或是大罵他們，將
來他們會對他們的配偶，甚至對我們做同樣的事。

　　暫停並回想： 在你們上一次討論事情的時候，你有對你
的最佳拍檔說任何負面的話嗎？如果有，你有跟他道歉請他饒
恕，以重建你們所失去的根基嗎？

2) 透過丈夫表達如何愛

孩子們透過他們的父母如何互動來學習如何愛人，特別是透過
爸爸如何愛媽媽來學習。透過媽媽輕柔的撫摸所表現的親密、
溫暖與愛，使孩子們學會愛與溫柔的天性。這份愛根源於一個
特別的關係。

> 「只在你們中間存心溫柔，如同母親乳養自己的
> 孩子。我們既是這樣愛你們……因你們是我們所疼
> 愛的。」（帖前二7-8）

在這個罪惡與自私的世界，唯有丈夫永不止息的愛他的
妻子，才能讓孩子看到真愛所擁有的力量。這個愛是從對彼此
的委身而來，不是靠感覺。當遇到一些困難的事情時，這個對
合一的委身會更加散發光芒，就像只有當石頭與其他的石頭相
摩擦的時候，才能磨去上面的污垢。神命令丈夫要愛妻子，即
使他的妻子不可愛或者不受歡迎。丈夫的榜樣就是耶穌基督，
耶穌在最需要人幫助的時候，被他的同胞釘死在十字架上，然
而，祂還是愛他們。

> 你們作丈夫的，要愛你們的妻子，正如基督愛教
> 會，為教會捨己。（弗五25）

妻子常需要丈夫格外的鼓勵與溫柔的對待。因為她們的
思想與情感緊密的交織在一起，因此這種格外的愛使她能經歷
生命。彼得這樣來描述這個事實：

> 你們作丈夫的也要按情理和妻子同住（註：“情
> 理”原文作“知識”），因她比你軟弱，與你一同承
> 受生命之恩的，所以要敬重她。這樣，便叫你們
> 的禱告沒有阻礙。（彼前三7）

　　丈夫們請注意，你們對你們太太的委身在某些情況下會受到嚴厲的考驗。你需要像神一樣的信實，使得即使太太對你不好，你仍然可以溫柔。

　　身為丈夫，我發現有一些小小的操練可以幫助我。我告訴主以及我的太太說，不論任何情況，我都愛我太太。我在我心裡堅定的說，即使在心情最低落的時候，我仍然要鼓勵支持她。之後，我採取實際的行動愛她，並持續不斷的愛她。靠著神的恩典，我不對她生氣。我用恩慈的方式說話。我很溫和。在我內心身處，我下定決心要愛我太太，不論有多大的風暴都不能改變我。當我這麼做的時候，我的心中滿有平安，我拒絕一切引誘我把我們倆想成是兩個個體的思想。我靠著這個真理活著—我們是一體。我太太總是對我這一點很感恩。

　　丈夫們不應該低估妻子對你們的重要性。妻子是丈夫珍貴的隊友。在丈夫執行他的工作的時候，他需要妻子作為陪伴，同時妻子也是幫手。當先生知道妻子是他無價的資產，這樣的認知會幫助先生熱切的對妻子委身。如果失去她，損失將是無可挽回的。丈夫需要把妻子當成一個好的隊友。

　　在聖經中有一幅圖畫描述這個想法。亞當被放在一個完美的世界裡，所有事物都是為他造的。神甚至說祂所造的一切都甚好，沒有瑕疵。但是，為了不讓亞當孤獨，神為他造了一個幫手。

　　耶和華　神說："那人獨居不好，我要為他造一個配偶幫助他。（創二18）

　　當孩子在家中看到父親示範這件美好的事情，他就擁有了在世上愛所有人所需的信心。孩子的安全感建立在父母相互

的委身上。他們從小就知道，即使別人不可愛，他們仍然可以愛他們。

當他長大，他就知道如何用自己的方法來愛妻子。他會找到屬於自己的方法來幫助兄弟姊妹，鄰居，以及陌生人。

我記得曾看過一個教會長老愛他的妻子。他很有恩賜，他也應該因他的恩賜而被人紀念。然而，他對他沮喪、憂鬱的妻子的憐憫與關愛，成為教會中一個極美的榜樣，告訴我們即使一個人還有很多教會和工作的責任，他仍然應該把妻子的需要擺在第一。我可以想像他的女兒，當她長大到適婚年齡的時候，一定也自然的會尋找一個像爸爸一樣能愛妻子的對象。

耶穌很有耐心的對待並醫治那些圍繞在他身邊，有許多問題的人。丈夫擁有神給的特權把這樣的愛灌輸在孩子身上。

暫停並回想： 爸爸對媽媽的愛穩定持續嗎？如果你女兒將來嫁給擁有這種愛的特質的男人，你會高興嗎？父親要如何讓他對妻子的愛能不斷增長？

3) 透過妻子表達如何順服

父母常教導孩子們要聽話，但順服的靈主要是透過孩子們觀察母親是如何順服他的丈夫而逐漸學來的。她很喜樂的去作任何先生所說或所建議的事情嗎？還是她有一個憤恨的靈？聖經特別吩咐妻子要順服他的丈夫。

> 你們作妻子的，當順服自己的丈夫，這在主裡面是相宜的。（西三18）

這裡的「順服」，希臘文的意思是降服，或者把自己的控制權交出來。妻子應該順服她先生所要的，超過她自己的喜好。這不容易做到。因為先生常常會很自私。

神按照自己的形象造人，男女都一樣。他們都是有價值的。然而，為了達到合一的目的，神設立男人做為領袖，女人作為他的幫手。雖然許多人質疑這樣降服有什麼好處，但是耶穌藉著謙卑自己來完成更美的目標，已經清楚的示範了這一點。耶穌放棄自己的喜好，使祂能夠服事天上的父神（腓立比書二章4-11）。耶穌常常尋求父的意思，而非自己的意思。

我在地上已經榮耀你，你所託付我的事，我已成全了。（約十七4）

當妻子像耶穌一樣謙卑自己，她就已經準備好可以在任何需要的地方幫助他的家人。不幸的是，我們的確看到很多時候丈夫妻子兩方面都常常沒有做好，或濫用權柄。但是當丈夫愛妻子，妻子順服丈夫的帶領，我們看到他們就像一個完美的團隊和諧的運作。[10]

當孩子的媽回應父親的要求，孩子看到了什麼？他會觀察到媽媽的好榜樣，知道順服是應該的也是好的。他們知道雖然媽媽已經很累，但還是願意做一頓好吃的晚餐，沒有怨言。

透過一個忠心的媽媽，孩子們學會如何為他人的益處而活。當然，媽媽有自己對事情的看法，但是她會把這些想法放在神的手中，信靠祂的安排。孩子們看到神是如何的信實，能看顧一切媽媽所信靠祂的大小事情。她會身處在平安中。她尋求神的旨意，不是自己的意思。她深信在適當的時候，神會聽她的禱告，並且成就一切的事。

---

[10] 當丈夫與妻子的角色互換的時候，孩子會產生混淆。雙親角色的混淆已經被認為是與孩子同性戀傾向的產生有一定的關連。

　　如果一個孩子在媽媽的身上看過這樣的信心，他將來能夠與任何人同工。他們學會如何為他人的緣故犧牲自己。沒有問題。這就是耶穌基督完成父神旨意的方式。

　　當然，媽媽也有自己的挑戰。但是藉由否定自己的慾望，她彰顯合一。抱怨、大驚小怪、或者固執的不願意順服丈夫，會彰顯不合一。不好的態度很快的會感染到孩子的身上，當這種態度影響他們的行為時，我們會看到他們的服從很緩慢，同時也會有抱怨、發牢騷的靈。

　　暫停並回想： 媽媽對她的丈夫表現出多少的尊重？當她服事先生的時候有抱怨嗎？當先生做一些她不同意的事情，她反應如何？

　　在這兩種情形中，丈夫與妻子都必須放下他們自己的喜好，以達到上帝呼召他們的目標。他們追求的不是自己的願望，而是神的旨意。他們一起做事，如同一個團隊。他們就是一個團隊。

　　孩子透過父母學習許多事情。我們已經看過會幫助孩子準備面對真實生活的幾點重要原則。我們知道，若沒有主耶穌，這些犧牲奉獻都是不可能做到的。但是當父母親朝向更像耶穌基督的方向繼續成長，他們的孩子將會看到極多基督的榜樣，以致於他們渴慕且願意來認識、服事祂。

總結

神建立了婚姻中的合一：二人要成為一體。對孩子而言，父母彰顯合一能完成兩件重要的事：

　　孩子們的世界會有安全感。當他們有安全感的時候，他們就能在生活中照顧其他人的需要。

　　孩子們學會如何以謙卑、慈愛、溫和的態度來對待其他人。他深信一個人即使在困難的環境，或者不如意的環境中，仍然能夠與他人相處融洽。

　　世上可能會有戰爭，人們可能會彼此恨惡，但是當一個孩子親眼看到他的父母在他面前活出合一的生活，他將能夠挺身站在這個黑暗的世代中，好像一盞明燈一樣。

教養原則

• 神建立婚姻關係中的合一。

• 唯有當「合一」在言語以及生活中被實踐出來，婚姻才能美滿。

• 父母之間的不和諧會在孩子身上產生極大的問題。和諧會使他們得到益處。

• 神在祂的話語中所賜下的命令能幫助父母維持婚姻中的合一。

教養問題

1) 丈夫與妻子互為隊員這個觀念是從哪來的？

2) 列舉一項人們對婚姻合一的扭曲的想法。

3) 孩子如何被父母所表現出的合一所影響？

4) 當配偶變得自私的時候，該如何處理？

5) 丈夫的愛如何塑造孩子？

6) 媽媽對她丈夫的順服如何幫助孩子與其他人和睦相處？

培養敬虔的後代
幼兒以上

第三章

父母的權柄

目的： 以聖經的角度來瞭解父母親管理、照顧孩子們的責任。

在你們家裡誰作主？誰應該作主？

我們常常看到這兩個問題的答案是不同的。父母們常說他們自己應該作主，但是他們卻常常讓他們的孩子作主。然而，最大的問題並非孩子們把整個家庭的控制權牢牢抓住並且要求父母親滿足他們每一個要求。更糟糕的是，父母親一再容忍這種反抗的行為而沒有意識到它已經發生了。

在本章中，我們會學習從神的角度來看家庭的權柄。我們不只會看一些為何父母需要在家裡作主的實際理由，我們也會學習一些具體的步驟來幫助每一個家庭重建屬神的次序。

神對世界的命定

權柄是什麼？權柄是領導、治理與管理的特權。為了神能夠在地上實現祂完美的旨意，神以自己的命令吩咐設立並傳承權柄。尤其神為了在家庭中實現祂的旨意，特別設立父母親做為家中的權柄。

抗拒父母的權柄

一般普遍的教導通常是反對父母親的權柄，認為這是一種被過度與濫用的態度與行為，與愛、關懷的目標衝突。為什麼許多人相信這種說法？有兩個原因：

1) 首先，他們看到濫用權柄。他們知道很多太太和孩子挨揍的故事。

2) 第二，他們也傾向於自己管自己。無論是孩子或是成人，只要是人，都很難把自己的主權降服在另一個人之下。

神的良善透過權柄表現出來

然而，神卻親自示範了，真正的權柄並不是壞的。有時候我們會聽到舊約聖經的神是不　慈愛的，但是這是因為人們沒有看完整本聖經，沒有看到神極大的愛與寬容。想想看，神　所創造的世界曾經是如何的？它反應神的憤怒、嚴厲、小氣，還是

反應祂的喜樂、慈愛與 豐富？神所創造的世界絕對是奇妙的！我們來看看神如何描述祂自己： （出 34:6-7）

讓我們來看看當人違背偉大的造物主的時候發生了什麼事。神有沒有立刻毀滅祂用塵土所造的人？沒有，事實上，我們發現神選擇一再地容忍人，甚至到最後，祂賜下祂的獨生愛子耶穌基督為人類而死，好使人能夠永遠享受神的愛、良善與喜樂。我們不是說神從來不會表達祂的憤怒。祂會。祂是絕對公義的。但是神為了使我們不致遭受審判，特別花了一番功夫，那就是愛的表現。

> 耶和華在他面前宣告說、
> 耶和華、耶和華、是有憐憫、
> 有恩典的　神、不輕易發怒、
> 並豐盛的慈愛和誠實。
> 為千萬人存留慈愛
>
> 赦免罪孽、過犯、和罪惡．
> 萬不以罪的為無罪、
> 必追討他的罪、
> 自父及子、
> 直到三四代。
>
> 出 34:6-7

神用祂至高無上的權柄延後祂的審判，帶來恩典與憐憫。這正是我們在婚姻與家庭中所需要的。神設立父母親在家中作為權柄管理兒女是為了帶給兒女們最大的好處。

神透過祂的權柄來彰顯良善

神以祂偉大、絕對的權柄，延緩了末世的審判，帶給我們恩典與憐憫。這正是我們在家庭以及婚姻中所需要的。神設立父母做家中的權柄，使得最良善的事能成就在孩子身上。讓我們以四點來總結這些。

- 神是造物主，因此祂有權柄也有責任管理、領導所有的受造之物，包括我們。

- 我們與我們的孩子都不喜歡被人家管。這是因為我們裡面的罪性使我們喜歡自己管自己，好使我們滿足自己的慾望（例如自私）。

- 為了神的受造之物（孩子是受造物的其中之一）能被適當的照顧，神把權柄賜與父母，使父母來管理孩子。

- 因此，父母必須使用神所賜予的權柄，好好的以愛與智慧來保護、照顧孩子。

聖經中對於父母的權柄的教導

神把治理孩子的權柄交托給父母。十誡的第四誡告訴孩子們要孝敬父母。

> 當孝敬父母，使你的日子在耶和華你　神所賜你的地上，得以長久。（出 20:12）

如果我們對這個命令有懷疑，神在聖經中還有許多次提到類似的命令。

> 你們作兒女的、要在主裡聽從父母、這是理所當然的。（弗 6:1）你們作兒女的、要凡事聽從父母、因為這是主所喜悅的。（西 3:20）

「孝敬」這個字在希伯來文中和「榮耀」是同一個字。換句話說，父母所說的任何話對孩子來說應該是最重要的。這條誡命的前提是父母有對孩子的權柄，所以給他們一個責任，要他們一生供應孩子、引導孩子、責備孩子、也保護、裝備孩子。在實際生活中，這也是說父母有時候需要強迫孩子去做某些事。

不順服父母是一個邪惡世代的特徵。當一個社會在最好的狀態時，通常年輕人對長輩以及他們自己的父母都有十分尊

敬的態度。孩子們公開的反對、藐視父母親的話顯示整個社會、以及這群孩子們，已經墮落到一個很差的狀況。

> 你該知道、末世必有危險的日子來到。因為那時
> 人要專顧自己、貪愛錢財、自誇、狂傲、謗讟、
> 違背父母、忘恩負義、心不聖潔（提後三1-2）

事實上，即使一個社會或是某些父母能夠容忍這樣的不尊重，也沒有任何人會喜歡這種事發生。帶著輕蔑態度的孩子通常會侮辱人，不理會別人的需要，自高自大。為這緣故，神對具有這種態度的人設立了審判。

> 戲笑父親、藐視而不聽從母親的、他的眼睛、必
> 為谷中的烏鴉啄出來、為鷹雛 所喫。（箴 30:17）

神設立父母為權柄，要他們小心的看顧孩子，以使得這種不尊敬的態度不會滋長出來。父母應該治理他們責任範圍之中的一切（家庭），如同神治理全地一樣。他們不只要發命令，糾正（管教），也需要有耐心與溫柔。他們有責任盡他們所有的力量撫養敬虔的後代。使得孩子們成為喜愛神的道路的人，將來長大成為委身於神，並服事別人的人。

暫停並回想： 想想看你孩子所說的話，臉上的表情。他（們）尊敬你嗎？列出一項需要改進的地方。

神對家庭的命令

神的路永遠是最好的。我們可能會看到對權柄的誤解以及濫用，但這不表示應該廢掉權柄。

試試看這個小實驗。想想那些你羨慕的家庭以及你不喜歡的家庭。能適當的運用權柄在孩子身上的父母總是會讓人喜

歡。當父母不遵守他們的權柄與責任，孩子就會變得魯莽、悖逆與傲慢。真正的解決之道不是放棄父母的權柄。[11]

父母權柄的必要性

父母親用他們的權柄塑造一個孩子。因為他們在許多年的經驗中學到了智慧與知識，他們知道什麼東西對小孩子最好。[12] 他們的影響力、對孩子的命令與糾正，都對產生一個好孩子具有貢獻。這是他們的責任。

適當的運用權柄的父母會培養出這世上最優秀的後代。這些孩子會致力於使周圍的人更好，而不只是自己的利益。他們會尊敬政府以及其他的權柄，能融入社會成為優秀的公民。

我們如何訓練孩子？

對於權柄的看法在生活的早期就已經被塑造進入孩子的內心。甚至在父母親還沒有察覺到的時候就已經發生。

我們來看這個情況：當一個父親叫他的孩子，而孩子卻跑掉。父親可能會因為孩子跑走的可愛模樣而發笑。但是如果這位父親不把他的孩子抓回來，叫他聽話，事實上他是在訓練孩子學習不順服。或許這個情況並沒有什麼嚴重的，但是如果這個孩子的不順服沒有受到對付，他內心中的悖逆會逐漸增

---

[11] 「平等主義」是不合聖經的，因為它否認了父母所承繼的權柄。他們把價值與權力混淆了。當孩子的權力被高舉時，他們放棄了父母對於孩子應有的權柄。

[12] 當然，父母親也會犯錯。然而，當我們把父母和孩子的智慧拿來作比較，父母總是有智慧得多。

長。這位父親已經讓孩子學會不要把他的話太當真。孩子也學會拒絕讓父親管理他幼小的生命。

　　　父母親在執行家庭規則時如果不能始終一致，會為家裡帶來許多不順服與混淆。當父母親對於如何養育孩子意見不一，這種不一致會一直存在在家庭裡。

　　　暫停並回想： 你與你的配偶在教養的事上同心嗎？當你們有意見不同的時候你們如何處理？

　　　神的原則越早被確立，父母與孩子越容易遵循這個原則。父母親必須在所有面對孩子的教養問題上都有一致的態度。他們需要一同努力，以一個權柄的樣子呈現在孩子面前。如果他們表現得像是兩個分開的權柄，孩子會遊移於他們兩者之間以想辦法得到他想要的東西。

　　　父母必須決定哪些事是最優先的，非執行不可的。同時，我們應該記住，　提早教孩子一樣功課，能夠減低他們將會面對的挑戰的難度。如果是對已經大了的孩子，持續不斷的訓練能幫助他們逐漸朝向父母的教導前進。

不容易

如果父母已經容讓孩子照他們自己想要的去作，也沒有在家中使用權柄，他們必須瞭解當他們開始使用新的標準的時候，將會爆發一場大戰。一開始，父母按照神的方式生活的決心會受到嚴厲考驗。父母絕不能讓步。

　　　即使小嬰兒以及剛學會走路的孩子都會想要反叛—他們想要測試父母所設立的規定。他們會要求他們應有的權力，告訴父母親他們要什麼，什麼時候要給他們。剛開始的時候會相

當困難。我記得我們剛開始寵壞孩子的時候（我忘了是哪個孩子），我太太在晚上都在不同的時間起床照顧小孩。她很累，但是沒辦法，她非起來不可。

我告訴她說這樣不對，並且決定我們要有一個「哭喊之夜」。我自願把小孩帶到家裡的另一個角落，我和孩子一起在那兒睡覺。我可以忍受他們的哭聲。孩子不喜歡這樣，我也不喜歡（甚至在樓上的太太也不喜歡）。但是最終，孩子總算哭累了，睡著了。孩子後來還會繼續試探我的原則，但每次他的哭鬧時間都越來越短，強度越來越弱。最後在幾天之中，小孩就能睡過夜了。這個例子說明了一開始堅守原則能幫助你獲得最後神所預定的平安。

暫停並回想：有沒有什麼事情你認為應該要改變，卻害怕孩子們的反應而不敢做？把這些事以及你害怕的原因列出來。

但是也有其他來自父母身教的因素會影響孩子。我們也需要幫助父母好好瞭解這些因素之間的相關性。

神對人際關係的設計

尊重權柄能幫助我們在教養孩子的事上向前走很長久的路，但如何與身為權柄的人保持親密關係也是同樣重要的事。

或許這樣解釋會更清楚：當父母關心孩子的時候，通常有兩種極端：極權主義與放縱。

AUTHORITARIAN 極權主義	**God's Way** 神的方法	**PERMISSIVE** 縱容
● 嚴厲	● 以愛來管教	● 軟趴趴
● 嚴格的規矩	● 前後一致	● 缺乏規矩
● 不敏感	● 敏感	● 超級敏感
● 吼叫	● 教導	● 討價還價
● 規矩導向	● 訓練導向	● 情感導向

極權主義

極權主義聽起來有點過份，因為它真的很過份。這種父母不准他們的孩子對他們的權柄發出任何質疑。如果他們的命令沒有被執行到一字不差，他們就會十分嚴厲的責備孩子。在這種家庭我們看不到憐憫、溫和與體諒，只有嚴厲。這種情況的父母看起來很像警察或者部隊裡的士官長。

　　這種家庭的孩子們的確會尊敬、服從父母，但卻是出於懼怕。這裡的問題出在父母沒有下命令的同時付出他們的愛，並且在他們與兒女之間產生了代溝。這樣的孩子不會想要和父母多說甚麼話。相反的，憎恨的態度會滋長。

放縱

這是指過度的關心孩子的需求。放縱會導致一團混亂，並在家裡養出一個小霸王。Bonding這個字是形容父母與孩子分享一樣的經歷與情感。這些父母相信孩子有所求就給他，讓他凡事

高興，從來不會哭，這樣就可以教出最棒的孩子。世俗的哲學告訴他們，這就是愛。[13]

這些孩子對父母不會尊敬。這些父母沒有骨氣。他們不敢做對小孩最好的事情。這種 「軟趴趴」的愛會在父母與孩子之間產生苦毒，進一步造成隔閡。最應該被期待的事情---一個良好的親子關係，最後變成「我好高興他們要去上學，這樣我可以喘一口氣。」

調和的作法

我們的主親自教導同時也示範了這兩種教養的方式的組合：權柄與愛。我們在耶穌基督，這位充滿恩典與真理的人身上看到這種調和。

> 道成了肉身、住在我們中間、充充滿滿的有恩典有真理。我們也見過他的榮光、正是父獨生子的榮光。 （約 1:14）

在行動中，恩典顯得更有恩典。恩典之中充滿良善。在另一方面，真理往往是會有摩擦性的，有力的。他是毫不含糊的。許多人反對所謂的基督教因為它的絕對性的真理。這是很不幸的一件事，因為他們從未看過真理在愛與恩典的包裝下被活出來。他們沒有見過耶穌基督的榮耀。

---

[13] Bonding是一種反權柄的思想，因為它想產生平等主義。孩子們的意見被視為與父母相等。父母會花很多的時間與孩子討價還價。當孩子的罪性一直堅持他們所想要的條件，父母們會心煩意亂，不知所措。

神使用家庭來幫助我們與在上對我們有權柄的人能夠建立親密的關係。不久之前，我那個三歲的小兒子趁我躺在沙發上的時候爬到我身上，我變成了他的大枕頭。我們花了幾分鐘搔對方的癢，有一段美好的時光。

雖然從外在的標準而言，我可能算是個嚴父，但是我的孩子知道他們可以擁抱我，親我，跟我惡作劇，並信任我。很多人無法跟在上有權柄的人經歷如此親密的關係。神要每一個孩子都能體會這種強而有力，不容妥協的權柄，同時在權柄中也包含溫柔與慈愛。

當一個人能從在他上面的權柄體會到慈愛恐懼就離開，愛與尊敬會進來。

我們全能的神在創世記第一章創造了這個宇宙，然而，在創世記二章四節，神開始用他的名字—雅威[14]，來描述祂自己。祂是在培養一個與人（亞當）的親密關係。這位全能神按著自己的形象造人，使得祂能夠與人有關係。這位用說話就創造宇宙萬有的主竟願意屈身俯伏與人交談，與人同行。

> 天起了涼風、耶和華　神在園中行走。那人和他妻子聽見　神的聲音… （創 3:8）

---

[14] 「雅威」在英文聖經中被翻成「主」，在其他版本的聖經翻成「耶和華」。

如果這樣還不足以使我們相信神渴望與我們建立個人性的關係，或許我們可以想想神喜歡怎樣描述祂與自己的子民之間的關係。基督被稱為新郎；教會是祂的新婦。

基督擁有一切的能力與權柄，然而，為了使我們與祂親近，祂願意死在十架上。歌羅西書第一章清楚的告訴我們這兩種事情的關連—權柄與愛。

> 他在萬有之先，萬有也靠他而立。…使他可以在
> 凡事上居首位。（西1:17-18）既然藉著他在十字
> 架上所流的血、成就了和平…（西 1:20）

如果我們要正確的運用權柄，它必須伴隨著愛與關懷，這是神所設計的。為這緣故，我相信需要有男人與女人。丈夫在家裡是頭，施行權柄，而妻子在神的計畫中是特別敏感於孩子的需要。藉著妻子的憐恤，神小心的保護了丈夫，使他們不至於光有權柄而沒有愛。我們並不是說丈夫不應該有憐憫之心或者妻子不該運用她對於孩子的權柄。我們是說，神使兩人合為一使得他們能一同向孩子彰顯神完美的形象，就像耶穌用祂的生命所彰顯的一樣。

父母需要運用他們的權柄與能力來與處在他們權柄之下的孩子建立一個美好的關係。我們曾聽過一些濫用權柄的故事，這使得我們對權柄的觀念變得錯誤。這限制了我們瞭解在神的大能與大愛之下生活是多麼的榮耀與美好。

暫停並回想： 你們的家庭的模式是哪一種？極權主義或是縱容？如果是其中一種，這樣的模式之下所教出來的孩子有什麼樣的特點？

我們之中已經有很多人，透過耶穌基督經歷神的愛。透過耶穌和祂在十字架上的死，神向我們證明了祂的愛，並且更重要的是，祂的愛用正確的方式進入我們的生命中。

我們愛，因為神先愛我們（約翰壹書4:19）

在之後的課程我們會講到更多在家庭中愛的能力。在這之前，讓我們很快的回想一下神是怎樣為我們的孩子設計了一個最好的身教環境。

平衡的作為

孩子們能夠藉由有憐憫、同時正確使用權柄的父母，而不是極權主義的父母，學習到他們所最需要的事物。藉著這樣的父母他們可以學到所需的智慧，也得到愛。

在這樣的情況中，信任才能產生。沒有愛，只會產生懼怕。反之，如果一個人只與人有好關係，他無法學到生活所需的堅毅。極權主義與縱容都會產生偏頗的孩子。透過父母而展現的神的愛能夠教養出對神的單純信靠，對人的關懷體恤，以及一種對於大是大非的堅持。年長的使徒約翰清楚的提到這一點：

愛裡沒有懼怕，愛既完全、就把懼怕除去，因為懼怕裡含著刑罰，懼怕的人在愛裡未得完全。
（約一 4:18）

讓我們來看看兩個例子，如果這種平衡失去了會產生何種後果。

政府：如果政府想要取代扮演家庭的角色，至終一定會失敗。他們只提供了權柄的一面（即使是權柄這一面，對個人

而言通常也是太遙遠而不可及，因為對於個人行為的糾正通常
需要快速有效的處罰）。他們只有律法而沒有恩典。它無法提
供與小孩子個人性的關係。

職業婦女：當媽媽選擇出外上班的時候，同樣的情況也
會發生。因為沒有太多的時間來與孩子建立親密的關係。保
母、幼稚園都不可能提供及時有效的照顧以及處罰。提供孩子
物質上的需要無法取代他們對於愛的需求。愛是需要時間以及
親密的關係才能產生出來的。

暫停並回想： 在你家中，需要採取什麼樣的步驟，以建
立一個恩慈與權柄相調和的模式？想一想你比較容易傾向於哪
一個極端？要如何做才能取得更好的平衡？

不會太遲

如果我們在家中沒有適當的建立權柄，下面有一些忠告：

- 要知道，即使孩子們已經大了，現在幫助他們瞭解權柄
  仍然不算太晚。[15] 很多父母讀到這裡可能會想「我已經
  犯了這麼多錯誤，現在還來得及嗎？」如果你現在就開
  始改變，絕對來得及。

- 我們需要在主面前悔改。這是說我們需要知道並承認我
  們過去所做的方式不討祂喜悅，並且從現在開始我們要
  照正確的方式來做。或許我們不能完全瞭解改變所需要
  付出的代價有多大，但我們就從踏出第一步開始。

- 父母可能會對於他們的失敗感到有罪惡感，但如果他們
  因為他們的罪惡感而不自覺的向孩子讓步那就更糟了。

---

[15] 青少年自殺率越來越高。如果等到他們自殺了，就真的來不及了。

孩子所需要的是固定的規律。他們需要知道我們已經改變了。唯有父母與孩子都按照神的標準生活才是執行改變的最好方式。這使得在父母與孩子心中所需要的安全感都能同時增加。

總結

許多父母容讓許多錯誤持續發生。他們需要重新奪回他們在家裡的主導權，並且在愛中施行權柄。父母必須按照神話語的原則與榜樣而行，而不是按他們自己的感覺。對媽媽來說可能比爸爸要困難一些，因此，爸爸需要起頭帶領。請留意，如果可能的話，丈夫應該在他進行任何計畫之前，都先與妻子進行詳細的溝通。

在未來的幾章，我們會討論如何處理某些特殊的情況。我們會盡我們所能的列出大綱，來幫助大家恢復家庭中應有的次序與關係。我們的信心來自於神的話，而非我們的經驗。

我們沒辦法一次解決所有的問題。就像天父如何慈愛的對待我們，我們也需要按部就班的來接受神所賜的權柄，並學習使用它。父母需要多禱告以瞭解神對孩子們的心意。我們的盼望是透過我們的生活，孩子們可以看到神的良善與慈愛。

當父母運用神所賦予的權柄，孩子們會發出挑戰；然而，如果父母可以在愛與憐憫中運用權柄，孩子們最終會明白並感謝神這樣的安排。

教養原則

- 權柄是神所賜給父母親的，用來照顧他們的孩子。

- 父母不正確的施行權柄，會使孩子的自私傾向不斷增長，導致現在與將來許多的衝突和問題。

- 神藉著憐憫與權柄的調和，把最完美的良善帶到人間。父母親應該效法耶穌基督的榜樣，把最完美的良善帶給他們的孩子。

教養問題

1) 為什麼有些父母認為權柄是不好的？

2) 權柄是不好的嗎？為什麼是，或者為什麼不是？

3) 神如何親自示範正確的使用權柄？

4) 描述或者定義什麼是極權主義以及縱容。

5) 父母不應該讓孩子掌管全家？列出至少兩個理由。

6) 現在再補救、恢復家庭的次序會不會太晚？為什麼？

第四章

在我們的孩子身上培養自制的能力

目的：以屬靈的角度來瞭解在幼兒時期在我們的孩子身上培養自制能力的重要性以及方法，使得他們能過一個好的，敬畏神的生活以討神喜悅並能以服事他人為目的。

這是一個有挑戰性的題目，有幾個原因可以解釋這點。

- 我們不認為自制是很重要的。
- 身為父母，我們自己缺少自制，並且懷疑小孩子怎麼能有自制的能力。
- 我們對於如何養成自制的能力一無所知。

- 我們不想自制。我們在自己生活的某些方面喜歡無所節制。

　　我們在這章的挑戰是分享自制在我們每日生活中的重要性，告訴你們自制是如何形成的，以及在我們的孩子身上培養自制的好處。

自制的重要性

大多數的父母沒有想到自制的必要性，直等到他們被他們孩子不好的行為所激怒。甚至在那時候，他們可能還不知道這與自制有關。典型的父母認為他們應該容忍他們無法控制的孩子，或許認為「他本來就是這樣」，他們相信這是父母該做的事的一部份。

　　這種作法的一個主要的問題是，一旦父母發現他們的孩子是如何的頑固與自私的時候，他們就會開始恐慌。當一對經驗老道的夫妻看到另一對夫妻新生了一個小孩子，他們微笑著分享那對父母的喜悅，然而，在心中深處，他們可能也會想到，在不久的時間後，這個可愛的小朋友將會如何的使父母討厭。畢竟，這是許多夫妻經歷過的。

　　這就是為什麼「可怕的兩歲兒」這句話會這麼流行。

　　暫停並回想： 你要你的孩子學習自制嗎？你有想過如果你不訓練他們自制，他們將會有什麼後果嗎？你知道什麼是自制嗎？你知道一個兩歲大的小孩如果有自制的能力會是如何的嗎？

事實上，自制在我們所有人的生活中都扮演了重要的角色。沒有它我們活不下去。許多箴言強調擁有自制力的重要性。如果我們缺乏自制，我們會遇到各種的問題。

- 無法控制自己時間的人不會成為一個努力的工作者。

懶惰人的道像荊棘的籬笆；正直人的路是平坦的大道。（箴言十五19）

做工懈怠的，與浪費人為弟兄。（箴言十八9）

- 無法控制自己話語的人會毀了自己的生活。

愚昧人的口自取敗壞；他的嘴是他生命的網羅。（箴言十八7）

- 缺乏自制的人常落入一些可怕的習慣中，像是酗酒與貪食。

因為好酒貪食的，必致貧窮；好睡覺的，必穿破爛衣服。（箴言廿三21）

- 愚昧人不會控制自己的怒氣。

愚妄人怒氣全發；智慧人忍氣含怒。（箴言廿九11）

- 缺乏紀律的人不遵照神的原則，只按照自己的喜好行事。他按著情慾而不是神的原則生活。

因為誡命是燈，法則是光，訓誨的責備是生命的道，能保你遠離惡婦，遠離外女諂媚的舌頭。你心中不要戀慕他的美色，也不要被他眼皮勾引。因為，妓女能使人只剩一塊餅；淫婦獵取人寶貴的生命。（箴言六23-26）

　　我們不需要讀許多箴言就可以瞭解自制在我們以及我們孩子的生活中有多麼重要。當孩子很小的時候，自制的習慣很容易養成，但是對於成人，我們知道，要改變就比較困難。

自制是什麼？

自制是一種控制我們思想與行為的能力，使得我們的眼、耳、口、手與腳以及我們的願望朝向導致良善而非罪惡的方向而行

　　神呼召每對父母對他們的孩子教導如何自制，使得孩子們可以實現神的計畫。對孩子們示範這個原則是很重要的。

> 我兒，要謹守你父親的誡命；不可離棄你母親的
> 法則。要常繫在你心上，掛在你項上。你行走，
> 他必引導你；你躺臥，他必保守你；你睡醒，他
> 必與你談論。因為誡命是燈，法則是光，訓誨的
> 責備是生命的道。箴言六20-23）

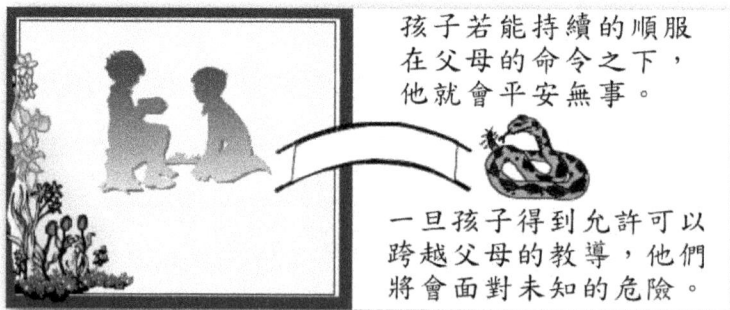

孩子若能持續的順服在父母的命令之下，他就會平安無事。

一旦孩子得到允許可以跨越父母的教導，他們將會面對未知的危險。

　　自制是一種使人們對神、他人以及自己負責的工具。自制是表明一個人身上有一種能力，能夠掌管自己的慾望，使得自己能完成良善與正直的事情。許多社會上所尊敬的美好品

行，例如信實、專注、忠心、慷慨、勤勉、忍耐等等，都需要正確的掌管自己。

> 聖靈所結的果子，就是仁愛、喜樂、和平、忍耐、恩慈、良善、信實、溫柔、節制。（加拉太書五23）

自制的人承認別人比自己更重要。他們學會為了服事他人而放下自己的喜好。一個自由又有秩序的社會唯有依靠。

這種美德才能建立起來。沒有這種美德，人無法按著他的良心或社會的準則行事。如果沒有自制，就沒有真正的自由，因為不受控制的人老是覺得自己的慾望比其他人的需要更重要，並且壓迫別人來滿足他的慾望。

你知道所有人際關係中的吵架與衝突來自何處？聖經說是來自我們自私的慾望。我們再一次看到慾望會控制人。

> 你們貪戀，還是得不著；你們殺害嫉妒，又鬥毆爭戰，也不能得。你們得不著，是因為你們不求。（雅各書四2）

暫停並回想： 複習在第一章中，神對你的兒女所設定的目標。現在就為你每一個兒女能達到目標禱告。

兩種孩子

有些人懷疑自制是否真的是好的、必須的；在我們繼續談下去之前，先來看看他們的想法。他們相信自我表達是重要的，並且那是根源於創造力以及快樂。他們大錯特錯。相反的方向才正確。最偉大的作家、畫家、運動員、講員都是非常有紀律的。他們十分注意如何好好的使用他們的每一秒。我們來看看

自我表達與自制的三個不同點。我們把第一種人叫做　A)要求
型的孩子，第二種叫做B)滿足型的孩子。

1•孩子對自己的態度

➡ A) 要求型的孩子

他要什麼，就要什麼

要求型的孩子以為得到他想要的東西是容易的。如果他要人家
抱，別人非得抱他不可。如果他想看一個電視節目，他非看不
可。這種孩子只需要哭鬧，吵著他周圍的人專注於他的需要。
他被灌輸的想法是他自己的意見與需要比周圍的人更重要。

➡ B) 滿足型的孩子

他尊重別人的需要

有自制的孩子知道他只是許多人中的一份子，有時候他需要等
一下。這沒有關係。他可以先做別的事情。他知道周圍的人沒
有忘記他。他們愛他。在適當的時刻，他們會來滿足他的需
要。

2•孩子對權柄的態度

➡ A) 要求型的孩子

他不尊重權柄

要求型的孩子著迷於自己的想法。這種孩子覺得自己的意見是
最重要的，甚至比父母的意見與判斷還重要。他藐視父母的權
柄，認為父母是為了滿足他的各種念頭而存在。

➡ B) 滿足型的孩子

他寶貴權柄

有自制的孩子知道有的時候他無法按著自己的方法行。即使他可能不知道為什麼不行,他仍然可以滿足。他尊重父母的權柄。他待在他們的保護之下,能夠從其他人身上學習。

3·孩子對世界的態度

➡ A) 要求型的孩子

世界是繞著他轉的

要求型的孩子十分急切於照自己的方法做事,以致於地球好像是為了他的需要而存在。這個孩子為了得到自己想要的,會變成別人的操縱者。這樣的孩子,除非得到他想要的,否則永不滿足,甚至當他已經得到他要的,他仍然沒有真的滿足。

➡ B) 滿足型的孩子

世界是一個值得探索的地方

有自制的孩子可以自我滿足,並且可以很自然的,充滿好奇心的向他的環境學習。他能夠專注。這樣的孩子即使他的願望沒有達成仍可以快樂。

自制是一種控制自己的行為以達到更高目標的一種能力。你有看過現代藝術嗎?現代藝術非常的隨性。一個畫家拿著一個有漏洞的桶子,裡面裝了畫圖的顏料,在畫布上任意揮灑,然後

就把出現的圖案叫做藝術。然而，真正的自制，來自於訓練。
訓練需要紀律，以及因紀律而帶來的專注、犧牲、決心、堅
忍。這會產生有智慧、有原則的孩子，並充滿了喜樂與愛心。
神要我們能夠順服祂，以致於我們可以服事祂以及他人。

　　暫停並回想：　自我表達很多時候是自私的同義字，你有
在孩子身上鼓勵或容忍這種行為嗎？如果有，要悔改。承認你
的罪並且求神訓練你能夠適當的培養一個能滿足的孩子。

自制的發展過程

（我以前不知道我也能做到）

我們可能會問，自制是如何在一個人的生命中發展出來？凡是
曾經試過要改掉某個壞習慣的人都認為要建立自制幾乎是不可
能的。其實不然，至少靠神的恩典可以。我們的確承認在某些
方面要得勝比另一些方面困難。不同人有不同的軟弱。我們每
個人都極需要在小時候就被訓練成能夠自制。我們來注意一下
關於建立自制習慣的幾個方面。

問題

自制的必要性來自於兩個問題：1)犯罪的傾向 2)缺乏訓練。

1) 犯罪的傾向

因為我們生來就有罪，我們都有按照自私的慾望生活的傾向。
我們會自然傾向於邪惡，就像植物會朝向光線生長一樣。這些
慾望會在某些方面掌控我們。如果一個人有貪念，他會願意用

他的言語、行為及思想來得到他想要的東西。結果就是他可能會用偷的或者說謊。這種慾望會把他拉到一種境況，使得他對於自己原本所知道對與錯的價值觀妥協。參孫的一生告訴我們如果不把自己的慾望與神的心意看齊會造成什麼下場。

　　小孩子也有這些罪惡的傾向，但是這些傾向因孩子的年齡大小而有不同的發展程度。他還不能把身體的行為與自己所想的做完美的協調。他常常會被逮到。

2) 缺乏訓練

我們必須誠實的承認，小孩子不可能自然而然得到完成某些任務所必須的經驗與知識。訓練就是一種傳遞知識、技能與信心的過程，使他們能去完成某些任務。

　　比如說，一個孩子可能不知道怎樣把衣服折好，雖然這只是一個簡單的工作。他不明瞭這件事的重要性，也不知道怎麼做。他沒有被訓練，所以不知道怎麼用他的手和眼把衣服按照他媽媽喜歡的方法放好。還沒有人教他這種技巧。當他長大了，他會有做這件事的能力，但仍然缺乏訓練。

　　在好的一面來說，可能母親會幫他做。母親藉著這種方法顯明她對他的愛。從壞的一面來說，這個孩子可能永遠都不會自己整理床單。他將來會是一個亂七八糟、不懂得體貼別人的室友。

　　暫停必回想：　你在你孩子身上有看到什麼罪性的證據嗎？你打心裡願意控制這種罪性的表現嗎？為你自己和孩子禱告，求主成就。

動機

如果我們想自我控制，我們就自然會做。凡是我們所願意的，就會去做它。因此，自制的動機來自外在與內在兩個來源。

外在動機

瞭解這點很重要。大多數的人只是因為外在的壓力才有某種型態的自制。如果沒有外在的力量，他們就不會有自制的行為。他們不明白在生活中有這些壓力對他們有什麼好處。

我最近才剛聽到一個講員說，一個孩子離家越遠，家裡的價值觀和教導對他的影響越小。[16] 當父母在身旁的時候，孩子們比較會聽從他們的想法。因為被父母親接納對孩子來說很重要，促使孩子願意照父母的想法去做。

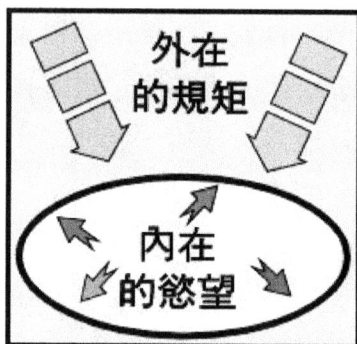

警察與上司也會幫助人發展出自制。一個警察出現在路邊，所有的車輛會自動減速到它們該有的速度。駕駛人怕他會收到罰單。因此，他願意控制他採油門的腳，使車子開慢一點。路邊的時速限制的牌子還不足以提供某些人足夠的動力來保持在限速之內。

當一個上司從辦公室走出來的時候，所有的員工都會開始好好的工作。員工會在意他們的工作與薪水。如果老闆看到他們非常認真工作，他們可能可以加薪。然而，如果上司看到

---

[16] 這就是都市化所面臨的問題，這種問題在小鄉村不會發生。在都市的人們遠離來自親人與好友的壓力與影響。

他們不努力工作，他們可能會被炒魷魚。他們對於高薪與安全感的期待使得他們在上司來的時候，會用他們的雙手和全心努力的工作。

這類塑造性格的影響力稱做外在的，因為動力是來自於他們自身以外的事物。在這些例子中，人之所以會去做某件事是因為某些外在的原因。這些原因使得這些人去控制自身的行為。我們可能不認為這些人是有自制的，因為他們是靠別人來控制自己，但是事實上，他們仍然可以掌握自己的生活。

內在動機

內在動機所談的是來自裡面的動力。這可能是因為神透過人的良心或這些行為的內化來工作。如果一個人把這些行為的原則內化到他心中，在許多情況中，這會產生對他們生活中某種程度的控制，如同有一個人站在他們身邊監督他們一樣。這是真的自制。當沒有人在看的時候，你會做什麼事？在上面的例子中，依照生活的原則，從裡面產生動力的人，不論何時，都會努力工作，也會在時速限制之內開車。

我們在第一章曾經說過「敬畏神」。聖經列出許多由於敬畏神而產生的美好果子。

敬畏神會塑造一個人的思想，因為他知道如果做錯事會有什麼反面的結果。我們可能會把這種因素看成是負面的，但其實不必這樣看。神藉由塑造我們的生命來幫助我們。他知道我們犯罪的傾向，因為這樣，他用負面的後果來使我們減少這

些不好的行為。[17] 如果他真要馬上除去我們壞的行為,他只需
要除去我們的生命就行了。敬畏神幫助我們做好事,避免做壞
事。因為神在任何時間都存在,這種生活方式很容易被內化到
心裡。

　　這也是它本來應該發揮功效的地方。父母親持續一致的
訓練形塑他們的小孩以致於他們學會順從。當他們長大了,他
們藉由觀察父母如何按神的方式生活瞭解什麼是神的道路。敬
畏父母轉變成一種健康的敬畏神的態度。當這種結果出現時,
即使孩子離父母很遠,他仍然會順服他們。培養對主的敬畏的
過程十分重要,聖經裡談到很多。在其他的課程中我們會討論
更多。我們可以來看一個例子。

總結

這些內在與外在的「模子」會塑造我們心中的渴望,影響我們
所下的決定。

　　一個小男孩可能會想得到別人的東西,但是由於以前他
拿別人的玩具而被處罰的痛苦經驗,他有一種逃避痛苦的渴
望。他就會決定這次他不要拿了。一旦受過訓練,他就開始瞭
解,其他人的東西並沒有那麼重要。即使沒有那個東西他仍可
以滿足。他或許也會開始發現他裡面的罪性曾經欺騙了他自
己。

---

[17] 當人不按照良心行事的時候,他們心中會有罪惡感。疾病常會與憂慮、
懼怕一同臨到一個人的生命。順從情慾生活的人常會染上STD。STD就是
經由性行為傳染的疾病。這是常見的情況,這種後果嚴重得足以嚇阻人們
不去作不道德的事。神也用這種方法保護婚姻以及年輕男女。

　　我們的動機會對我們如何使用我們的人生產生決定性的影響。當我們瞭解作了一些事情之後的負面結果，我們就更能、也更願意使自己遠離這些壞習慣。當我們發現自己可以躲避某些壞習慣，我們就發現順服所帶來的祝福。

　　聖經中的箴言告訴我們許多愚昧的負面後果，以及做好事所帶來的正面獎賞。當一個人適當的掌管自己去做好事，這種控制的能力就成為真正的自制。對與錯的觀念已經深深嵌入他們裡面以致於他們很自然的就會做某些行為。

　　孩子不該被感覺所引導，應該被神的話所引導。孩子應該要溫和的說話，誠實、謙卑，並關心他人的需要。聖經的標準強迫他們外在的行為，直到他們的裡面也一起合作，以帶來他們所需要的自制。

在我們的孩子身上訓練自制

神對年輕男女的心意是要他們能夠自制。

> 好指教少年婦人，愛丈夫，愛兒女，謹守（或自制），貞潔，料理家務，待人有恩，順服自己的丈夫，免得神的道理被毀謗。又勸少年人要謹守（或自制）。（提多書二4-6）

　　那麼接下來的問題是，「如何在孩子身上訓練自制？」

#1 孝敬父母

在孩子身上建立自制的關鍵，在於使他們孝敬父母，尊重父母給他們的指導。現階段叫孩子遵守我們所說的去作，並期待他們長大以後可以自動自發去做這些事，聽起來好像不太合理，可是這正是我們訓練孩子產生自制的方法。請聽聖經所說的。

教養孩童，使他走當行的道，就是到老他也不偏
離。（箴言廿二6）

我們現在訓練我們的孩子所做的事，他們將來長大了也
很可能會繼續作。因為他們很熟悉，也很習慣去做這些事。相
反來說也一樣。如果我們訓練他們養成某些壞習慣—例如暴
怒，當他們長大後他們也會作一樣的事。

為了在孩子身上建立自制的習慣，我們需要讓他們持續
去作對的事情（就是我們所說的事）。可以用一個花園來幫助
我們瞭解這件事。孩子在花園內玩耍是很安全的。在圍牆的外
面，我們不知道會有什麼危險。父母親的規定就是這個花園的
界線。父母會盡所有的力量保守孩子在這個花園裡面。或許孩
子會哭鬧，吵著要出去，但明智的父母親不會屈從於他們無理
的要求。

我們幫助孩子順服在我們的規則與引導之下。我們需要
兩方面的行動來完成這件事：正面與負面的行動。要記得，目
標是要保護我們的孩子。我們並不是為規定而活，如果這樣則
是威權主義。我們也不是為選擇的「自由」而活，因為這樣會
帶來危險。孩子並不懂什麼對他們最好。我們要使他們順服在
父母的判斷之下，直到他們可以把這些規則內化。[18]

---

[18] 神很有智慧的設計小孩子的身體，使他們緩慢的成長，以致於在他們可
以獨立生活之前，他們必須與父母一起生活一段很長的時間。孩子有很多
東西需要學的。

#2 管教：把疼痛與某些你所不希望他們作的事情連接起來

父母必須時常強迫孩子停留在這個界線之內。他們必須使用所有的資源與力量使孩子在不順服的時候感到不舒服。我們絕不能獎勵他們的不順服，或者與他們討價還價。只要使他們不舒服就行了。一般而言，這是管教的目的。在另一堂課中，我們會在這方面有更多探討。

我們的目的是把不順服的行為與痛苦、難過在孩子心中建立連結。事實上，我們在告訴他們一個真理：當他們選擇不順服的時候，他們絕不會好受。這在往後他們的生命中會內化成一個真理，每當他們不順服神，他們就得承受所產生的惡果。一定要使他們不順服的時候非常不舒服。非常不舒服以致於他們絕不想要重蹈覆轍。小孩子學東西是非常快的！

#3 教導他們你要他們作的事

父母必須先想好他們要他們的孩子作些什麼。不要等到孩子作得不對、需要糾正的時候才告訴他們。告訴他該做什麼事，他就不需要太多的糾正。我們也必須訓練孩子，不可以超過我們所設定的規矩與界線。我們必須很具體的告訴他們、教他們怎麼做某些工作。我們需要很清楚自己想要什麼。我們必須大方的以微笑和鼓勵獎勵他們的順從。[19]

---

[19] 獎賞不是賄賂。賄賂會控制人。至終人還是尋求自己的慾望。獎賞是在人心甘情願而非受外來強迫完成工作之後所給的。我們要避免固定性的用獎賞來使孩子作某些事情。我們是要訓練他們能出自心甘情願的。

#4) 沒有選擇：在重要的事情上不要給他們選擇的機會

我們的目標應該清楚簡潔。「選擇性」或「勸告性」的言語會使孩子混淆。你有沒有聽過父母問一個孩子說「我們去…可以嗎？」那是一種勸告式的言語。如果父母真的希望孩子去作某件事，他們應該直接告訴孩子，不要給他們在這件事上有選擇的機會。

我們來解釋一下為什麼這種選擇是完全行不通的。我們希望藉由告訴他們某件事的重要性，他們會同意我們的說法並去作我們所要他們做的。絕大情況下這種作法不管用因為這牽涉到自我的意志。當我們給他們選擇或勸告，我們就給了他們說不的自由。孩子會視此為一個擁有自己自由的一個機會。我們是家庭中的領導者，在作重要決定時應該以這個身份來作決定。

我們的目的不是讓孩子一直待在被父母親看管的花園中。有些父母把孩子控制在自己的世界裡，而不在他們長大成熟後釋放他們。父母的目標應該是把神的良善的目標種進孩子的心田。如果從很小的時候起，父母就以正確的方式來做這件事，孩子會很快的長大成熟，父母親也可以漸漸放鬆某些領域讓孩子們可以自己管理自己。我們在後面的「自由與界線」的課程中會更深入探討這一點。

暫停並回想：   有些父母非常挑剔。他們只會說負面的話，傷害了他們與孩子的關係。如果你是這樣的父母，一定要

悔改，求神在你的心中做特別的工作，使你能鼓勵每一個你看到的孩子。[20]

培養自制的能力

自制是藉由許多訓練而得來的。剛開始最需要對付的重點，是要讓孩子聽從父母的話。當父母說話的時候，孩子必須順從。如果在我們的孩子還只是小嬰兒的時候就開始訓練，他們從小就知道除了順從沒有其他選擇，許多親子間的衝突與挫折就不會發生。不論如何，訓練都是需要很長的時間，重複的過程。

有些父母反對孩子必須隨時順從父母，他們認為這樣的壓力會傷害孩子。事實上，相反的說法才正確。假如所有的父母都會吩咐孩子做某些事。大部分的父母都會稍微讓步，並不完全堅持孩子必須完全遵照他們所說的每一個命令。每一次我們做父母的開始前後不一致的時候，我們事實上是在傳遞一種混淆的信息給孩子。在訓練過程中的不一致傳遞一種信息，讓孩子們覺得這種訓練並不重要。所以他們會更不聽話。所以這帶來更多的不順服、責打，並且需要花更長的時間來訓練。留心的父母可以藉著前後一致來避免這些問題。

父母越早開始訓練孩子越好。我們應該把訓練的過程看成是一個持續不斷進行的過程。從孩子一出生開始，我們總是在訓練他們某方面的自制。如果我們及早設立目標，我們可以有一個比較平靜的家庭，並與孩子們有更美好的關係。

---

[20] 要注意，負面的話語常常是反映出在你自己生活中的某部份，你沒有順服神。我們會在自己失敗的地方特別容易挑剔別人的錯。

　　如果在孩子很小的時候就給了他們錯誤的訓練，會導致後來他們行為上的許多問題。我們來探討一個小嬰兒，當她哭的時候所發出的聲音的類型有哪些。

基督的榜樣

基督如何彰顯這個特質？

耶穌經常彰顯出自制的性格。他只說他的天父要他說的話。他只做他在天上的父所定意的事。他做的每一件事都是根據天父的旨意。他只對某一部份的人講說真理。其他的人他就用比喻告訴他們。他不被神蹟沖昏頭，他也不讓群眾擁戴他作王。

　　他不因別人冤枉他而報復。他願意為了別人的益處而努力作工，犧牲睡眠。他常常整夜禱告。耶穌願意過不舒適的生活，為了能更清楚明白天父的旨意，並服事他人。

　　在十字架上，當他身上的壓力達到最高點，基督十分明顯的彰顯了自制的性格。他仍然堅持做正確的事情，即使這樣的決定十分不容易。他從不妥協，他只說真理。

　　自制的性格能塑造出既堅強又美好的男女。身為父母，我們的責任是確保我們的兒女擁有這個性格。首先，我們節制自己的意志，去實現天父的旨意。每一個念頭，所說的每個字，所做的行為，以及生活態度都必須符合我的神所要我做的。我們的孩子會跟隨我們走這條榮耀的道路！

　　暫停並回想：　你渴望自己能像耶穌一樣嗎？渴望你的孩子能像他嗎？

總結

自制的能力是創造偉人的基石，它重要到一個程度，甚至我們可以說，只要我們在生活中有不受控制的地方，我們就是在示範不公義的生活。我們訓練孩子去作我們要他們做的事。我們用許多鼓勵的話語，但同時也需要用小棍子來加強我們的話語。當他們長大了，他們會因為認識神而把這些規則內化到裡面。他們也會更容易相信他們的確需要一位救主來赦免他們的罪。趁早開始。前後一致。跟隨基督。剩下的事情就會自然發生，正如神在祂的話語中所說的。

教養原則

- 在孩子身上培養自制的能力是我們愛孩子的一個很重要的部分。

- 要培養自制的能力，訓練是必須的。

- 自制的能力是必須的，因為人有罪性，且缺乏訓練。

- 當父母結合正面的鼓勵以及責罰並且始終如一的實行，孩子們很快會學會自制。

- 我們越早開始訓練孩子，對每個人來說都會更好。

教養問題

1) 為什麼發展自制是很重要的？

2) 描述一下缺乏自制的孩子是怎樣的。這種孩子的父母面對什麼問題？

3) 自制是什麼？請用一到兩種方法定義它。

4) 解釋一下要求型的孩子與滿足型的孩子對於世界的態度有何不同。

5) 有罪的天性如何使得訓練自制成為必須做的事情？

6) 為什麼父母親的目標是在於讓自制變成由內裡自發的而非外在的？

7) 父母親可以常做哪兩件事來幫助他們的孩子發展自制？

8) 為什麼有圍牆的花園是解釋這個過程的一個好例子？

9) 解釋抱怨通常如何開始。

10) 如果一個人從早期就開始訓練，為什麼可以避免許多管教？

第五章

孩子的訓練以及生活作息

課程目的: 幫助父母學會如何建立並維持孩子的生活規律。

我們可以有兩種選擇。一種是我們好好訓練孩子，使他們懂得自制，另一種則是他們永遠不會操練自制。有些人以為在生活中每一個領域都沒有節制自己的能力才叫做缺乏自制。他們錯了。一個父親只要在他生活中一個領域缺乏自制，就可以搞垮他的婚姻或家庭。無論是賭博、姦淫、怒氣或是偷竊，只要任何一個領域他缺乏自制，結果就是他會被這些事情所控制。隨之而來的是敗壞。以下兩段經文提醒我們自制的重要性。

　　人不制伏自己的心、好像毀壞的城邑、沒有牆
垣。　（箴 25:28）

　　不輕易發怒的、勝過勇士、治服己心的、強如取
城。　（箴 16:32）

　　為了有效的在孩子身上建立自制的能力，我們需要訓練
孩子，建立生活規律以及時間表。重複不斷的訓練過程，對於
建立自信、經驗以及相信這是他們生活中該做的事，有很大的
幫助。他們所熟悉的生活模式，在他們長大之後，會很自然的
變成他們願意採納的生活方式。他們會對這些規律產生質疑，
在後面幾章，我們會談到怎樣化解衝突。

　　在最後一章我們會看到關於訓練孩子的一些重要的一般
性原則。但是在這一章裡面，我們會經由幾個例子來看幾個重
要的方法幫助我們訓練、建立規律以及時間表，以及這些方法
如何發揮彼此加乘的效果。

有效的訓練

自制是經由許多重複性的訓練漸漸發展出來的。首先需要對付
的一個最重要的方面，在於讓孩子遵守父母親的話。當父母說
話時，孩子應該順服。當我們從孩子還只是小嬰兒的時候就開
始訓練，他們就會知道順服是唯一的選擇。這會省了親子間許
多的麻煩。在所有的情況中，訓練都需要時間，需要重複去
做。

　　有些父母不認為孩子需要每件事都順從父母，他們認為
這種壓力會傷害孩子。事實上，相反的想法才是對的。我們假
設絕大多數的父母都會教他們的孩子一些事情。大部分的父
母，因為沒有貫徹他們所發出的每一個命令，使得他們的教導

打了折扣。有時他們可能說一些話,但是容讓孩子不順服。每一次父母的前後不一致,他們就是在把混淆不清的信息傳給孩子。在訓練過程中,如果你前後不一致,會讓孩子覺得這個訓練不重要。所以他們就更加不順服。這樣結果導致更多的管教、更多的不順服,以及要花更久的時間訓練孩子。細心的父母可以藉著前後一致來避免這些困擾。把孩子只訓練到一半的這種訓練,事實上是訓練他們不順服,並與父母敵對。

　　父母越早開始訓練孩子越好。我們應該知道,訓練是一個持續不斷進行的過程。從孩子一生出來,我們總有事情要訓練他們。如果我們趁早建立我們的目標,我們就會有一個比較平靜、安詳的家,父母也可以與孩子有比較好的關係。

　　在小時候錯誤的訓練,會在長大後產生很嚴重的行為上的問題。我們來看看當一個孩子還是小嬰兒的時候,他的哭聲有怎樣的特徵。

從哭到抱怨

所有人都同意,小嬰兒應該受到好好的照顧。有智慧的母親在孩子小時候就知道,有時孩子哭是因為他們真的有需要,而另外一些時候則是用哭來操縱媽媽。當孩子才幾個月大的時候,他們就已經想嘗試用哭來堅持自己的想法。發出很大的吵鬧聲,並含著眼淚,這是一個小嬰孩唯一擁有的能力。這種藉由哭來控制周圍的環境,以滿足他們自己的慾望,是孩子第一個罪性的表現。

　　我太太說,小嬰兒有幾種不同的哭:餓了而哭,受傷而哭,尿布濕了而哭,受驚嚇而哭,以及「我要這樣」而哭。如

果父母親不仔細分辨這些不同的哭，孩子會開使用這些哭聲來操縱父母。比如說，孩子們都喜歡媽媽溫暖的擁抱。如果他哭了，他通常能夠獲得媽媽溫暖的擁抱作為回饋，或許還可以多吃一塊餅乾！

當然，媽媽的擁抱並非壞事。那是全世界最溫暖的一幅圖畫。但是當孩子在半夜仍然堅持要媽媽抱的時候，媽媽將無法好好休息。有時候媽媽會把孩子交給爸爸。這樣兩個人都無法休息。為了避免與孩子的衝突，或者避免聽不見孩子的聲音，有些父母會讓孩子與他們一起睡。這會導致更多的問題。當問題不是被解決而只是被躲開，將會有更大的麻煩產生。

父母親必須識破這個「詭計」。當孩子越來越大，小嬰兒的哭聲漸漸變成哀嚎，然後變成抱怨。如果容讓他繼續下去，就會變成要求與吼叫。過度的無法達成的要求就是鬧脾氣。請留意，當孩子所發出的吵鬧聲沒有經過訓練對付時，有什麼壞習慣會漸漸養成？

以正常的「餵食、清醒與睡眠」的規律作息，父母能夠更簡單的明白嬰兒的哭聲，以及如何適當的回應他們。那麼，當小嬰兒一切都

哭 ➔ 唉唉叫 ➔ 抱怨 ➔ 要求 ➔ 發脾氣

很好，沒生病、沒有餓到，尿布沒濕的情況下，仍然哭個不停，我們應該怎麼辦？我們需要讓他們哭一會兒。放著他們哭一會兒，會讓他們學會，他們的慾望並非全世界唯一最重要的

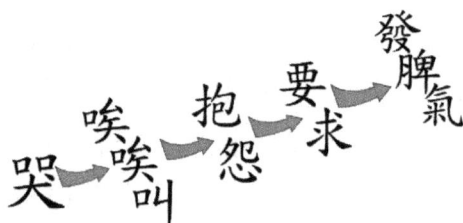

事情。他們自己也不是最重要的。其他人比他們更重要。他們
可以學會等待，甚至暫時終止他們的慾望。結果是什麼？

- 孩子在學習自制的功課上上了很好的一課。

- 小嬰兒學會靠自己入睡。

- 疲倦的父母親可以好好休息。

　　當我們面對年齡稍大的孩子時，我們需要知道，哭喊、
抱怨、哀嚎都是由不滿與要求的種子生出來的。他們不應該因
他們想要得到注意的無理要求而被獎勵。他們絕不應該得到他
們要求的東西。如果孩子的要求的時候大吵大鬧，他們絕對不
能得到他們要的東西。否則，我們就是在訓練他們以後吵得更
凶。

　　一個孩子說：「我想要看那個電視節目。」父母親回
答：「今天不行。」孩子抗議說：「我想要看！！」父母親溫
和的提醒這個孩子：「你知道，每當你對爸爸或媽媽大喊大叫
的時候，你都不能得到你想要的。如果你再繼續下去，你明天
也不能看了。」

　　孩子需要藉著遵守父母安排的時間表以及他們的意思，
來敬重父母。當然，時間表的安排需要考慮到孩子的需要。我
們需要幫助孩子藉著孝敬父母來順服神。這件事情能否容易的
達成取決於我們是否前後一致。不要給孩子有例外的情況。每
次的例外都使得訓練孩子的過程加倍的困難。

總結

父母親總是不斷的訓練孩子。當我們沒有按照目標好好訓練孩子，許多令人沮喪的壞習慣就會漸漸出現。就像一個「無知人的葡萄園」。（箴言廿四30-34）

如果父母沒有好好訓練孩子，那麼實際上就變成孩子在訓練父母！

暫停並回想： 你的孩子會哀嚎或抱怨嗎？首先省察你自己的生活有沒有類似的抱怨。求神在你自己的心中先賜下喜樂。

對我們孩子的期望

我們應該對於兩三歲幼兒有多大的期待？我們先提幾件事。你可以把你的想法繼續加進來。

能自己一個人高興的玩

我們的孩子應該學會滿足的自己一個人玩。這不會自然發生的。他們必須受過訓練。所以很多人會跟我們說，你們的孩子天生就很安靜。他們以為他們的個性就是這樣。他們不知道在背後我們花了多大的工夫訓練他們。

乖乖的坐在高椅子上

當你把孩子放在高椅子上準備吃飯時，他們有沒有大吵大鬧，以致於你需要把他們抱出來？或者甚至更糟的情況是，你以後再也不想把他們放在高椅子上吃飯，以避免過去這些衝突的場面重新又出現。

應用: 你的孩子能夠乖乖的坐在他的高椅子上嗎？

不會一直吵著要出去

不論我們要讓孩子待在哪個地方，我們的孩子都應該要能接受。是的，他們經過一段測試你耐心的時間，但總體來說，他們要學會，不論父母要他們待在哪裡，他們都可以滿足，不論是兒童遊戲圍欄，某個房間，或是兒童安全座椅上。一開始他們可能會吵鬧，但是在兩分鐘之內他們就應該安靜下來。

應用:當我們把孩子放在兒童遊戲圍欄中或者別的地方，他們是不是不斷吵鬧直到他們可以出來為止？

你如何使他們做到？

在家裡：不可以隨便碰「貴重物品」

孩子從小就應該學會知道，有些東西他們不可以隨便碰。我們應該還不需要小孩子來幫我們移動家中的貴重物品。我們都知道，小孩子可能會把植物弄死了或者把整個花瓶打碎。經過訓練可以讓他們不去碰某些東西。

應用: 你是否曾經從客廳中把一些東西搬走免得孩子把他們弄壞？

在戶外：不跑到超過父母允許的範圍

當我們把孩子帶到戶外，我們需要知道，孩子能否完全遵守我們所吩咐的去做。根據孩子年紀的大小，我們會以門口的走廊、院子的走道、屋外的人行道、以及更外面的馬路作為不同的界線。在孩子每長到一個年齡，我們就根據不同的界線來訓練他們。

應用: 你是否需要陪著你的孩子以確保他的安全？

我可以給大家一個例子。就在幾個月前，當我的小女兒Rebekah只有十五個月大的時候，她剛在學走路，現在她已經到處走了。有的時候她會在我的書房玩耍。她看得到在走廊上面有很多有趣的東西與事情，例如其他的兄姐們在玩。她想要離開我的書房，但是她仍然留在我的書房裡玩。她會挨著門看著外面，但是不會走出房門外，跑到走廊上。我讓她可以自由的開門或關門。我不需要把門關著，她也能自動待在房間裡。

我可以安心的完成我在書房的工作，因為在她身上已經內建了一種規則，會管理她。我不需要在旁邊當警察，一直監視她。這是怎麼做到的？當一個孩子有自制的能力，有兩件因素正在發揮作用。

(1) 他可以一個人自得其樂的玩耍。

她願意自己一個人獨處，也能夠自得其樂。我們並沒有什麼特別的玩具。即使我們真的有，孩子還是比較喜歡普通的玩具。有經驗的父母知道這一點。但是她能夠以這些玩具來打發很多時間。不只是五分鐘，而是一直玩到吃晚飯。當我在書房裡寫

這篇自制的文章，她能夠在我的書房玩一個小時以上。她在我的書房玩很多不同的玩具和書。我不需要陪著她玩。她可以自得其樂。

(2) 他遵守規則，管理自己

她遵守規則，不讓自己超越。她才15個月大，可是她不會自己走出房門，除非我批准，或者有別的大人帶她出去。她知道這些規矩。什麼規矩？最重要的一項是，她不能走出大門口，還有很多其她的。我在這裡需要澄清幾項。

有時候她會過來摸摸我的滑鼠或者書桌上其他的東西。我沒有為這些東西特別定規矩。如果這些東西只是暫時的放在那裡，我會把它挪開。但如果是我的書或者鍵盤，我會直接告訴她「不可以」。有時候，我輕輕的拍掌以強調這件事的重要。她有時候會嘟嘴，或者哭個15秒鐘，之後她就會走開去玩別的東西。

你可能認為她可能是非常安靜的孩子，但這樣想就錯了。當然，因為她是我們的孩子，我們會認為她很特別，就像所有的父母一樣。但我的重點是，你的孩子也可以做到一樣的事。她們不比她更差。每個孩子都可以被訓練。讓我們來看幾個具體的步驟以學習怎麼樣把這些控制法建立在孩子身上。

訓練的具體步驟

讓我們從一個場景開始。到達開始會走路的階段。一個孩子會變得好動，並且馬上察覺周圍有很多值得探索的空間。我們的情況不一樣，不過雷同。比如說，我們有一個在客廳的火爐，在冬天的時候，24小時開著，使家裡溫暖。這不是一個建在牆

裡面的普通火爐。這個火爐有一部份延伸到客廳裡面,它的爐邊突出牆面有四英尺長。

你會怎麼做?你的孩子剛剛學會爬。你看到潛在的危險。有的人會用圍欄把客廳分開,但是要分開我們的客廳,需要15英尺長的圍欄。另外的人可能想,就不要用火爐了。這可能很安全,但我們不想這樣。因為,要等到孩子大到知道不要靠近火爐,要等很長的時間。其它的一些建議也都是比較沒有效果的方法。一個孩子只要拉倒一個花瓶或者碰到火爐一次,就足以造成夠多的麻煩。讓我告訴你我們怎麼做,並且從中發掘一些具體可行的步驟來訓練孩子。

琳達很聰明。她覺得只是設定一個界線讓孩子碰不到火爐是不夠的。畢竟,這並非是個好的訓練地點。訓練包括矯正錯誤。她決定讓我們的寶寶不可以靠近火爐前面的那張小地毯。她指著小地毯,告訴孩子,不可以走到地毯上。她指著地毯,說「不可以」。她有一個小棍子,可以在孩子碰地毯的時候,在她的手心上輕輕拍一下。然後她會把孩子的手挪開。要注意的是,在剛開始訓練的前幾天,她需要陪在孩子身邊。你知道,當媽媽沒有在注意看的時候,小孩子會偷偷的看一下地毯,然後爬過去。但是一旦媽媽發現,並且按照剛剛的方法處罰,孩子會慢慢學會,不去碰地毯是比較好的。到後來,她就不會再去碰那個地毯。我們的火爐燒得火紅,而她連前面的地毯也不會靠近。這件事是發生在她剛開始爬的時候。

現在,當她在爬的時候,她會小心的避開火爐的地毯,以及整個木製火爐的範圍。

　　因為她從小開始就被訓練過，她知道「不可以」的意思。光有話語，並不足以變更她心中的慾望。我們需要把「不可以」這句話與用小棍子在她手心打一下的感覺連接在一起。並且，我們還會把她的小手從地毯上移到其他的地方。

　　她會吵鬧、哭一會，不是因為被打痛，而是因為她不能按照自己的意願作事情。以這種方式，「不可以」這個詞與小棍子所產生的輕微的不舒服感覺連在一起。這樣做過幾次之後，我們就再也不需要用小棍子，只需要簡單的說「不可以」。她仍然會有「我不高興」的哭喊，但是會很快安靜下來，做她該做的事。

　　讓我用一張圖來總結上面所說的幾點。我們的問題是，「當你的小孩開始學會爬與走路的時候，你該做些什麼？」我們會列出五個具體的步驟來訓練他們。

1) 參與：你會面對哪些潛在的問題？

我們需要先發制人，而不是被動反應。先發制人的態度讓我們可以冷靜的計畫。被動反應通常伴隨吼叫、怒罵與尖叫。「不，不要這樣做！」「我上次不是跟你說過…」

　　當孩子開始會爬，要檢視整個房間的環境。有哪些東西該拿走？要特別注意那些危險的、或者易碎的物品。父母親必須為著整個空間訂出一套規矩。每個規矩都需要訓練孩子做到。一旦一種訓練的模式在孩子身上實行了幾次，在其他的環境中再訓練就容易多了。

　　這種事先找尋問題的方法，在我們拜訪朋友、買東西或去教會的時候都會一再重複使用。他們在家裡學習，然後在其他的地方也按照這些規矩而行。當我們帶孩子到一個新的地

方，或者當他們開始會做一些新的事情，比如會走路了，我們需要再教導他們。如果我們遇到困難，我們應該看看我們是否有在某些場合中好好訓練他們。

2) 做決定：為了達到我們所希望的目標，需要設定哪些界線？

在上面那個例子中，我們不僅只限制孩子不能靠近火爐，而是限制他不能靠近地毯。年紀較大的孩子懂得，如果他們小心，靠近地毯其實無所謂。對我們而言這沒關係。我們只是用地毯作為訓練她的第一個地方。我們知道她會想辦法試探我們。

如果在一個桌子上有個花瓶，我們也應該把這張桌子列為禁止區，或許甚至整塊區域都列入。我們只是需要確保孩子能分得清楚什麼事情可以做，什麼不行。當孩子在我書房的時候，有不同樣式的地毯讓他們分得出來，他們現在在房間內還是在房間外。我們可能有時候需要用易黏膠帶或者一根杖，來標出分界線。如果我們決定要畫出界線，那我們就等於已經決定要始終一貫的做下去。如果我們前後不一致，那就是告訴孩子，這個界線只是有時候有用。不夠專注的訓練，等於是訓練孩子去做某些不該的事情。

3) 訓練：把這些規則成功的訓練在他們身上，最好的方法是什麼？

4) 重複：哪些事情使你無法前後保持一致？

5) 加強負面效果：我們如何設計一些規則使得孩子們的悖逆?

生令他們不喜歡的後果？

雖然我們在前面已經很具體的講出該做哪些步驟，讓我在這裡再做一次總結。我們需要不斷演練直到我們不再覺得「我不知道該怎麼做」。

要有好的規律與時間表

要有好的規律。這樣子孩子與父母都會開始瞭解，怎樣做才是正常狀態。這樣當發生某些問題的時候，父母親會更快的發現。我們在這章的後面會講得更多。

要從很小的時候開始

盡可能在孩子很小的時候，就給他們獨處的機會。睡覺的時候也一樣。除了你想和他玩以外，不要把嬰兒帶到你的床上跟你睡。在清醒的時候也一樣。如果沒有什麼特別需要，讓小嬰兒哭一會沒關係。有時候他們有一種疲倦的情緒因而需要哭一會。

　　我們越早開始，對孩子與對我們來說都會越容易。孩子被訓練的過程僅是被輕輕打一下，而不是厲害的打。他們很小的時候就受訓練，他們的意志力會比較快降服。父母也不會有挫折感而想要放棄。

參與家庭活動（例如：禱告）

當小嬰兒或小孩子醒著的時候，讓他們參與全家的禱告。我們通常會有一個人，牽著孩子的手，放在我們的膝蓋上。如果孩子還不能坐起來，我們就扶著他，讓他在我們身旁。連我們的

兩歲小女兒都能夠參加我們家中學校的主要課程。當然，我們對他們的期待也不會過高。

訓練他們知道，哪些事不能做、哪些東西不能碰，哪裡不能去

當嬰兒漸漸長大，會有一些他不能咬、不能拿的東西。我們盡我們的力量不讓孩子有機會去拿，但是有時候仍然要靠規矩的訓練。當孩子正在做一些不該做的行為，我們通常會特別指出那件事（用手指著），溫和的說「不可以」。當我們把那個東西拿走，孩子就知道原因在哪了。

孩子要學會，有些他們想要的東西，是他們現在不能擁有的。有些地方他們想去，但是不可以去。他們會學到這個生命中很重要的功課。從中「忍耐」的品格會被建立起來。

「不可以」這是一個特殊的詞彙，提示他們什麼事不能做。小棍子在手上的拍打，與我們口裡所出的話，會在他們心中產生連結。最後，他們只要聽到我們口頭的提示，就會很快的有回應。

輕輕打: 從樹上拔一根小小的，直的樹枝，把表皮的分枝全部去掉，使其光滑，用這個小棍子在孩子身上輕輕的拍他。如果他拿了某些不該拿的東西，我們打他的手。如果他去某些不該去的地方，我們打他的腳。如果他坐在某些不該坐的地方（例如坐在其他兄弟的手上）我們打他的屁股。[21]

---

[21] 這種打與痛的程度無關，主要是要強調這種訓練。我們會在另外一章裡面格外談到管教的問題。

　　叫他拿去還: 如果孩子拿了某些不該拿的東西，他們有責任去歸還。如果我們在很小的時候就教他們，這可以一種遊戲的方式進行。父母親用跟小孩子玩的口氣說：「這個東西應該放哪裡？」孩子把書放回原處，父母也趁機誇獎他正確的反應。

　　其他的情況: 父母親一定要讓孩子做錯事情的時候，會得到某些負面的結果，足以勝過他按照自己的心願去做事情所得到的快樂。如果孩子最後知道這樣做得不到什麼好處，他們就會放棄。在訓練過程中，父母親越能保持始終如一，孩子會學得越快。我們來看一些實際生活的案例。

坐在高椅子上

有個小女孩，當媽媽要讓她坐在高椅子上吃晚飯時，讓媽媽很不高興。當媽媽要讓她坐在高椅子上的時候，她一直吵鬧，扭著身體。她想要坐在大椅子上。讓她坐大椅子當然很容易，但是這就失去了一次可以訓練她的機會。這樣她以後永遠都不會想要坐高椅子了。媽媽把她的小棍子拿出來（是一個小小的樹枝做的）。當小女兒看到那根棍子，她救乖乖的安靜坐下，好像什麼事都沒發生一樣。媽媽其實並沒有用棍子打。她只要看到那根小棍子，她就知道媽媽對這件事是認真的，因而放棄了「試探」的態度。

戴一個漂亮的帽子

有一次我們想要把人家送給我們的一件好看的外套以及一頂帽子，穿在女兒身上。我們要她穿上。我們的孩子卻認為穿她自己的夾克比較好。她吵了一下，但是願意為我們的緣故穿上外

套。她的兄弟姊妹們都在旁邊說這件外套以及帽子多麼好看，但是都沒什麼用。她仍然不願意戴上帽子。她把帽子拉下來（當我們從家裡出發要去教會的路上）。

在我心中，我知道如果我們在這裡認輸了，從今天以後我們家裡就會開始有問題。我們就回家去把棍子拿出來，女兒馬上順從了，立刻把帽子戴好。更重要的是她裡面叛逆的試探的態度馬上改變成順從、歡樂的態度。

總結

規矩與限制是愛的表現。如果我們不教導我們的孩子建立自制的態度，我們就是在製造一個時常抵抗權柄的孩子。當孩子在某個階段，會嘗試著挑戰權柄。尤其是當他們發現做事情可以有別種選擇，例如他們可以有自己的自由意志（從兩歲開始）或者看到他們的朋友躲過父母的懲罰等等。

那些沒有好好訓練孩子的父母，最後會用某些不好的名詞叫他們的孩子，例如小鬼。（在我們家裡，我們不用這種詞）。雖然看起來我們好像失敗了，其實正好相反。只要仔細的再重新確認你所立的規則。　管教他（後面會談到更多）。忍受一些哭鬧，孩子最後會回到原來的順服的態度。他會向我們道歉，當然，我們也會原諒。所有的事情都恢復正常了。我們成功的調和了恩典與真理。孩子又能開心的生活了！

暫停並回想:　當我們想到我們沒有好好的從起頭就訓練孩子，因而虧負了主，以及我們大多數的孩子，我們就不得不謙卑自己。「神啊！請你赦免我。從現在起幫助我們能始終如

一的訓練，以致於我們可以讓孩子所受的痛苦降到最小。阿門。」

　　我們越早開始，對於參與其中的每個人來說都會越容易。

建立孩子的生活規矩

如果孩子從小嬰兒時期開始，就能有一套規律的生活規矩，自制的能力就慢慢的種在孩子的性格中。規律的生活使得良好的習慣易於養成，並且在其中自制的能力漸漸茁壯。如果生活沒有規律，小嬰兒或者孩子就不知道現在該做什麼。然後他就會把這看成是任意而行、放縱自己的慾望的機會。訓練的基礎是要有良好的作息。

生活規矩是一整套的每天日常生活具體應做事項。孩子必須受過訓練以做好其中每一件事。

　　生活規矩的意思是什麼？生活規矩是說我們在固定的時間，用同樣的方式，做某些事情。比方說，從第一次你把孩子放在高椅子上時，你總是說：「吃飯時間到了，來坐你的高椅子」。這是一種吩咐。然後很高興的把她放進去，把安全帶繫好，即使他吵、扭動身體，或者你覺得他不喜歡坐。不論如何，都按照同樣的方法作。

　　如果你總是用同樣的規矩作事情，他就會發現吵是沒用的，會慢慢接受這就是父母做事情的方式。

神在大自然中也設立了規律。我們看到白天、黑夜、月亮、星辰都規律的運轉。他們有時候會稍微有變化，但是整個過程總是固定的。在冬天，太陽比較早下山。然而，太陽一定會下山。黑暗籠罩大地，人與動物都進入安眠。只是這個過程在冬天比較早開始。四季之中包括了許多不同的事件。當一個走了，另一個接著來。

孩子一定會有不願意做某些事情的時候。在那時，決不要給他他想要的東西。如果他吵、不聽話、大哭或哀嚎，仍然按照生活規矩去做該做的事。如果他知道你不論如何都始終一貫的做事，他會放棄吵鬧。決不要更改生活規矩。他正在試著用自己的方法敵擋你的方法。父母必須決定怎樣做才是對的。如果我們開了一個例外，會讓整件事都變得更困難。一定要前後一致。

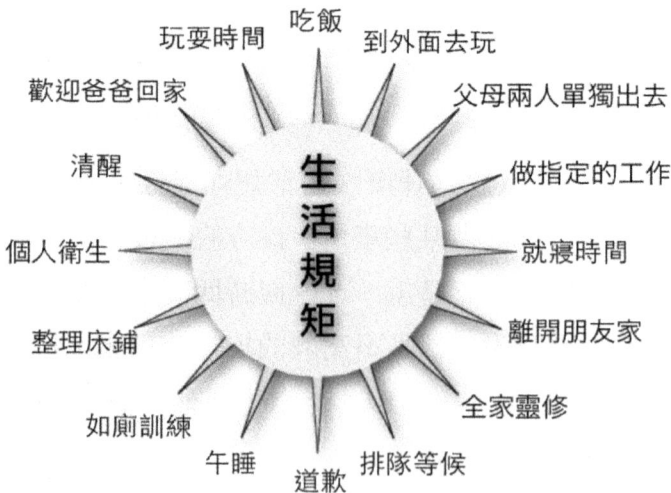

吃飯
玩耍時間 到外面去玩
歡迎爸爸回家 父母兩人單獨出去
清醒 做指定的工作
生活規矩
個人衛生 就寢時間
整理床鋪 離開朋友家
如廁訓練 全家靈修
午睡 排隊等候
道歉

在孩子的生活規矩中有許多的事要做。

生活規矩要按照孩子的需要來制訂。當一個孩子慢慢長大,生活規矩也應隨之調整。每次提出新的生活規矩時,記得要用快樂的話語及口氣。在孩子很累的時候,如果你用快樂的詞語告訴他該睡覺了,他會很高興。

　　如果你過去忽略了某些生活規矩,而且孩子已經習慣於自己決定有關飲食、睡眠、玩樂等等的事情,你需要把你喪失的權柄再次奪回。瞭解孩子的需要之後,決定你想要他應該有的生活規矩,然後採取一些步驟。以下是幾個需要生活規矩的地方:

* 訓練孩子上廁所,需要用規律的生活才能達成
* 良好的飲食習慣
* 良好的睡眠習慣
* 順服的態度可以藉著生活規矩而被加強

　　以上的圖點出了許多為了要讓孩子知道自己的角色而需要有的生活規矩。如果在小嬰兒的階段就已經開始有規律的作息,他們根本不會有任何知覺,並且也不會有什麼反抗掙扎。他們會知道「這就是我們家做事情的方法」。

生活規矩的崩解

我們要記得,每一條生活規矩都是由許多個別的成分所組成。比方說「興起,發光」或者起床時刻:

* 清醒　　　　　(孩子怎麼醒過來?自己起來?靠鬧鐘?或者靠人叫?)

- 起床　　　　（實際上花了多少時間才離開床？）
- 整理床鋪　　（按照母親的要求整理床鋪）.
- 穿衣服　　　（用對的方法穿對的衣服）.
- 收拾要洗的衣服（把睡衣以及髒的衣服拿去洗）.
- 個人衛生　　（上廁所（另一個小規律）刷牙、洗頭、洗澡）.

　　每一個生活規矩項目都可以把它分解成許多細部的工作。當孩子對於每個小工作都受過訓練，整個作息就會很順暢。比如說，我們的孩子如果沒有刷牙，他們會很不高興。有時候訓練的過程需要花時間。刷牙的過程包括：叫他們走進浴室，拿牙刷，倒一小杯水，把牙刷弄濕，在牙刷上放一點牙膏，把牙膏蓋子蓋好放回去，用正確的方法刷牙，漱口，喝一點水，沖洗牙刷，把牙刷放回原位，把杯子放回原位，離開浴室。父母親要解釋這些事情給孩子聽，並鼓勵他們用他們的力量來做到。父母剛開始需要幫孩子做一段時間，直到孩子能夠自己做為止。之後，孩子可以自己做，父母在旁觀察。當孩子能做好某件工作，並且之後在沒有父母觀察的情況下能夠自己完成整個過程，自制的品格就漸漸培養出來了。

挫折的原因

當你感到挫折，可能是因為在一個生活規矩項目中的某一個小工作沒有做對，或者少了某些工作。訓練是必要的。比如說，當孩子到家時，對於外套、靴子、帽子應該怎麼做？如果你對於這些衣物最後放置的地方不滿意，你需要更有效的訓練孩子。

　　你可以檢討整個「進門規則」以及你希望完成的每個小項目。這能使你對於有哪些需要做的工作以及整個「進門規則」的目的有更全面的看見。要記得，要使孩子願意配合，你需要有耐心、喜樂的態度以及堅持。沒有人願意和一個愛抱怨的人在一起，你的孩子也不願意。

生活規矩是工具，不是主人

我們很容易把我們定的生活規矩視為快樂教養的最終目標。這樣的作法會帶來困擾。神是設立父母來管理孩子，不是用一堆的規條。生活規矩是為了幫助孩子與父母。神設立父母來管理，是因為他們有智慧，能夠明辨神的目標，並且在適當的時候作調整。

　　我們發現，好的生活規律使得父母在必要時能有比較多的彈性。這禮拜五，我們要參加一個晚上的感恩禮拜。因為我們的孩子都在固定的時間上床睡覺，這是不是代表我們不應該去參加這個聚會？絕對不是。我們可以在白天讓他們增加一段午睡時間，或者讓他們明天早上可以睡晚一點，因為與神的百姓聚集一起讚美神的良善是很重要的。這件事比較重要。所以我們按照神的目的調整作息。有的時候會因為某些緣故，小孩子無法參加聚會（例如生病，時間安排有衝突等等），但絕不應該是我們要過於嚴苛的執行我們的生活規律。

　　我們需要讓神的旨意來掌管我們的生活。我們需要做些調整，孩子也會看到我們以神的事情為優先。他們就學會要把神放在生命中的首位。

孩子每日作息表

在每一天，有太多的事情要忙，媽媽很容易就會忙得暈頭轉向。如果能有一個良好的生活作息表，能夠有效的陳明她每天的目標，也能幫助她在別的事物打岔的時候，重新回到該注意的事情。

　　每日作息表包含了許多的規矩。我們在一天中可能會有九項固定的規矩，例如起床、吃飯等等，以及幾項不固定的規矩，根據今天是禮拜幾而有不同。我們可能會把去買東西以及拜訪朋友也包括在其中。作息表把所有該做的事情按照順序列出，使得父母與孩子都明白現在我們該做什麼。以下的時間表是我們對於在家上學的孩子們所設計的。並非一定要如此。當孩子漸漸長大，他們學習的時間可能會延長到下午。我們比較大的孩子也有他們自己的時間表。有時候我們需要核對一下彼此的時間表以確定能彼此配合，例如要開車接送某個孩子或者要有全家的靈修時間。然而，每個孩子都有自己的時間表。

7:00　　興起發光：起床(起床，整理床鋪，穿衣服，收拾睡衣，個人衛生)

7:30　　早餐餐桌上：全家靈修時間(集合、禱告、唱詩、讀經)

7:45-8:30 早餐 (吃飯，做指定的工作)

8:45-12學習 (聚集或分開)

Noon　午餐 (集合，吃飯，做指定的工作)

1:00　　午睡

1-3　　學習 (聚集或分開)

3-5　　朋友/ 圖書館/ 玩耍/電腦時間

5:00　　收拾指定的區域 / 看PBS TV 或者某些影帶

5:30　　擺碗筷（指定的人）

6:00　　晚餐（集合、吃飯，做指定的工作）

7:30　　上床準備（穿衣、個人衛生、收拾房間）

7:45　　全家靈修（集合、唱詩、讀經、禱告）

8:15-9:30　　　上床（8:15 Rebekah; 8:30 Isaac; 8:45 Benjamin, Kathryn; 9:00 Daniel; 9:30 Allison）

　　加入一些彈性。我們常提醒我們的孩子，雖然我們常常在固定的時間作固定的活動，但這不代表我們永遠都要這樣做。孩子有時會以為時間表的權柄比父母還要高。我們需要讓他們清楚，作主的是父母，如果父母認為有必要，他們可以改變時間表。

工作事項

我太太在廚房的入口放了一個小白板，每天的工作都記在上面。這是一個記錄「誰該做什麼」的白板。這樣他就不會常常聽到這句名言：「我剛剛沒聽到你說的！」他不需要一個一個的講。我們訓練每個孩子要去讀白板。

　　以上的時間表是一個半固定型每日計畫。其實還有很多該做的事裡面沒提到。父母自己也有時間表。父母不該以孩子的時間表為中心來安排自己的時間，而是以自己的時間表為中心，來安排孩子的。這會使生活變得簡單。當然，當孩子長大了，他們會有比較多的活動，這些活動可能變成比較重要的事情。總之我們應該使得生活盡量簡單。

運動與娛樂

有的父母，當孩子一有任何機會可以參加一些活動，就覺得非讓他們去參加不可。很快的，運動、學業、娛樂活動（看電影，參加party）就會扼殺所有其他的家庭生活。結果除了護送孩子去參加下一個活動的空檔以外，從來沒有任何全家性的活動。我們建議你要特意的營造一個以家為主的家庭。

我們的孩子可以騎腳踏車繞著附近轉。但是若要參加某個運動球隊，可能會因為壓力太多而不可行。身為牧師，我常常看到很多父母盡他們所能的參加孩子的每個運動活動，即使在主日也一樣。「我兒子要參加一個比賽，所以我今天不能來教會」。

我在想他們是否知道，他們正在訓練孩子擁有屬世的想法。討教練的喜悅比敬拜神重要嗎？父親需要決定哪些事情對他的家庭比較重要。他需要對全能的主負責任。願神幫助我們做正確的決定，而不是走世界的道路。

總結

神已經給了我們訓練孩子的工具，好讓我們訓練他們，不論我們是否在他們身邊，都去做正確的事情。我們不需要陪著我們的孩子去每一個地方（尤其當你有八個孩子的時候）。藉著訓練、生活規矩與時間表，他們大多都能按照我們所期待的去做，不會吵鬧。我們需要設立規矩、列出我們想完成的細部工作，找出問題，增強訓練，最後我們的規矩會被建立起來，正常運作。這使得我們的孩子能達成我們看為最好的生活。

　　這樣的訓練以及時間表的安排，使我們有許多的自由時間去作我們工作上或者家庭上該做的工作。我們也有分配時間來陪著孩子，享受與他們同在的時光。父親可能會帶他們去公園玩。母親可能會做一些甜點。我們盡力發展與他們之間的關係，而不是「總是」在批評他們還有哪些事情沒做好。

教養原則

- 孩子在成長過程中不斷受到父母的訓練，若不是變得越來越好，就是越來越糟。

- 正在爬與剛學會走路的孩子，應該要能夠明白並且去做我們要他們做的事情。

- 良好訓練的先決條件是事先設想周全的生活作息表。

- 訓練包括了教導並強制執行某些行為與態度。

- 生活規矩是父母訓練孩子必須去做的一套重複性的工作。

- 父母需要讓生活作息表有彈性，以達到神的旨意。

教養問題

1) 如果父母親沒有刻意的去培養孩子自制的性格，會有什麼後果？

2) 如果父母沒有訓練孩子正確的使用他們的聲音，會發生什麼事？

3) 寫出兩件我們可以要求會走路的孩子做的事情。

4) 訓練孩子的五個步驟是什麼？

5) 當一個孩子表現出哪兩件事的時候，我們可以知道他開始有自制的能力了？

6) 生活規矩是什麼？

7) 生活時間表與生活規矩有什麼不同？

8) 如果某些事情打亂了孩子的生活時間表，父母該怎麼做？

9) 當孩子做了某些事，或者忘了做某些事，使父母覺得很挫折的時候，父母應該怎麼做？

10) 太多的活動對於家庭生活會帶來什麼危機？

第六章

糾正孩子的惡習

目的：以聖經的觀點來瞭解如何處理不順服的孩子，使得他們能夠成為歡樂家庭中的一員。

父母親必須在孩子面前不斷持守他們對孩子的目標。他們不但需要為孩子敬虔的成長禱告，也需要在孩子們做出一些小小的進步時不斷的讚美鼓勵他們。

當我們來學習如何處理不順服的孩子，若單單注意個別的事件，我們會很容易受打岔。因為訓練孩子本來就是一個長期的過程，父母親必須把他們的眼光放遠，不能只看目前處理的單獨事件。

在我們上這章的同時，我們心中必須記得，小孩子有兩種的不順服。

首先，我們會來看當父母要糾正孩子的時候的一般性原則。因為人有罪性，所以每一個孩子，在某些時候，都會想要背離他們原本會遵守的規矩。我們會在下一章中談到有關管教（肉體上的糾正），今天我們要來談與管教相輔相成的幾個一般性的原則。

第二，我們會談到如何處理那些從未受過訓練的孩子。他們的自制能力很弱，藐視所有妨礙他們慾望的權柄。他們的父母需要一些特別具體的幫助來訓練他們的孩子。

父母應該是家中的權柄，可是孩子會挑戰他們。當我們要把孩子帶回到他們本來應該表現的情況時，我們會遇到反抗、喊叫、無禮的言詞、哭鬧等等。父母們必須深信，他們是按著神的方法來教養孩子。否則，父母們將會傾向於妥協、前後不一致。在不知不覺中，他們又回到他們本來的樣子了。父母們必須同心協力，使得在糾正孩子的過程中，能堅決的面對孩子的反抗。

暫停並回想：　　　你的孩子有挑戰你身為父母的權柄嗎？你如何回應他？

父母親訓練孩子的最終目標，是要使他們長大成熟的孩子滿有神的慈愛，遵守神的原則，並且與他們有極美的關係。所以讓我們來看看要達到這些終極目標所需要走過的幾個階段。在任何時間我們都應該知道我們的孩子目前處於哪個階段，以及我們應該與他們保持怎樣的關係。

美好親子關係的長程目標

醫生必須清楚知道，他的最終目標並非只是為病人動手術。如果他真的想，他可以在同一個病人身上動五次不同的手術。但是他必須嚴格的限制動手術的次數與過程，使得他的更重要的目標—病人的健康與痊癒—可以達成。

父母對他們孩子的目標

父母的工作
以身作則的教導
神的恩典與真理

尊重權柄
自制
照神的原則生活

態度
思想
行為

}

尊敬神
尊敬人

}

愛神
愛人

神的工作

　　父母們也必須有比單單糾正孩子更高的目標。我們有責任教養孩子，使他們尊重權柄，有自制的能力，能表達他們對神對人的愛。要達到這些，必須透過以身教與言教來教導神的慈愛與公義，並且訓練他們節制自己的慾望以便能服事神與其他人。

> 「你要盡心、盡性、盡意、盡力愛主你的神。’其次就是說：‘要愛人如己。」（馬可福音十二30-31）

　　父母可以在孩子面前活出對神和人的愛，但是他們無法改變孩子的心。他們必須為孩子禱告，循循善誘，甚至請求他們能夠好好愛主，但是至終，我們必須讓神的靈自己來做這個工作。

親子關係的發展

出生前-五個月	六個月-兩歲半	3~11歲	12~19歲	20歲之後
#1 照顧者	#2 訓練者	#3 老師	#4 教練	#5 朋友
父母給予孩子豐富的愛與關懷。孩子學習信任父母的話。	父母仔細的告訴孩子，需要遵守些規定，以及不順服的後果。	父母教導孩子，聖經的原則與他們所持守的命令有何關連。	父母指導孩子學習如何把神的原則應用在生活的不同層面。	父母是孩子的好朋友，聆聽他們的孩子暢談生活中的各種故事。
愛	學習	塑造價值觀	分辨	分享

讓我們來看看父母與孩子應該保持的關係。我們標出孩子成長中的五個階段。請記得，裡面所提到的年齡只是概略的而非一成不變的。我們只是用它們來強調父母與孩子在不同階段中的關係。不幸的是，許多父母從未讓孩子離開第一個階段，最後導致他們與孩子從來沒有建立真正的關係。

我們對孩子的最終目標，是希望他們成為我們在世上最好的朋友之一。我們已經長大的孩子與我們的關係，是我們過去教養成功或失敗的最佳試驗。

暫停並回想：在這幾個階段中，你希望與你的孩子保持怎樣的關係？可能嗎？你要如何達到這些目標？

在我們家，每天晚上十點或十點半的時候，我和我太太通常準備好要開始禱告，突然從樓上傳來一些響聲。很大聲的怦怦走路聲音。我們的兩個最大的女兒會從樓梯衝下來加入我們，與我們有一段交談的時間。他們其中一個常會欺負爸爸，可能會坐在他的大腿上。有時候兩個人都會！我們都開懷大

笑，開心的聊天。有時候也會談一些嚴肅的事。我們都很高興我們是一家人。

> 聖經一再地應許要透過我們孩子的生命為整個家帶來祝福。孩子們不只是一個帶來歡樂與愛的群體（詩篇127:3-5），他們也延伸了神賦予家庭的使命（詩篇103:17）。

> 兒女是耶和華所賜的產業，所懷的胎是他所給的賞賜。少年時所生的兒女，好像勇士手中的箭。箭袋充滿的人便為有福。他們在城門口和仇敵說話的時候，必不至於羞愧。（詩篇127:3-5）

> 但耶和華的慈愛歸於敬畏他的人，從亙古到永遠；他的公義也歸於子子孫孫（詩篇103:17）

神的心意是要透過孩子帶來祝福，並且不只是在他們還未滿六個月大，還很可愛的時候。我們身為父母的人，應該訓練孩子以致於他們能成為我們生命中的喜悅。透過孩子，我們的工作、愛與喜樂可以傳遞給世人。透過他們，世人可以聽見讚美神的聲音。

> 因為，他在雅各中立法度，在以色列中設律法，是他吩咐我們祖宗要傳給子孫的（詩篇78:5）

所有能幫助我們建立這種關係的重要觀念都與這個大架構相合。第二與第三個階段是最重要的。如果前三個階段都確實做到，後兩個階段會很自然的達成。第二個階段主要是讓糾正與口頭的命令產生關連。第三個階段是以聖經的原則來幫助孩子肯定父母的教導以及價值觀。當孩子明白背後的原則時，他們通常都願意遵守。

聖經一再重複且毫無保留的說道，孩子是神的祝福。但是現今很少人會這樣想。他們想要有小孩，但是害怕孩子長到兩三歲的時候的頑皮，又懼怕十幾歲青少年時期的叛逆，不知如何是好。

這種情況聽起來一點都不像是祝福。一個充滿喜樂的家庭，同時每個人都樂於是其中的一份子，這樣的情況才是祝福。我們需要讓我們的眼目專注在我們所設定的目標上，持之以恆的以此正確的訓練我們的孩子，並且糾正他們不順服的態度。

現在我們已經有了一個大方向，我們需要來看有哪些實際的步驟是可以採行以幫助我們達成目的。我們會在下一章中特別提到關於管教的問題。我們現在首先要來看幾個也是很重要卻常常被忽略的主題。

深入探討：觸摸孩子的心

孩子不會自然而然的順服。有些孩子比較容易順服，但是他們都常與不順服的天性交戰。順服不是自然而有的，悖逆才是！

事實上，每一個孩子，不論好壞，都會在某些時候現出他們悖逆的靈。他們自父母繼承了悖逆的天性。他們不做我們希望他們做的，或者不照我們希望的方式來達成。有些父母可能會認為他們的孩子是個例外。他們說他們的孩子沒這麼壞。其實，是因為他們不夠仔細觀察。

驕傲與比較的態度常常蒙蔽了父母的眼睛。他們的標準比較低。他們會說：「我知道我的喬伊絕對不會做…」。可能他們說的是真的，但是很多父母其實並不清楚自己的孩子在做

些什麼事，他們可能也不知道以神的標準而言，他們應該為孩子負多大的責任。我們必須以聖經中所記載神的話語來判斷我們的孩子。

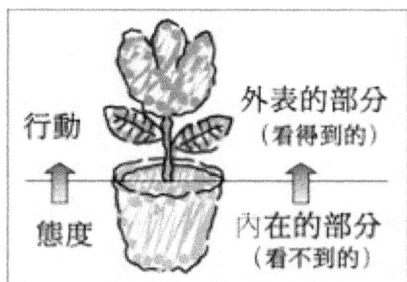

另外，有些父母抱持相對主義，或者他們強調表達自我。他們沒有絕對的標準。他們認為不論孩子做了什麼事，他們都是好孩子。當然，這樣的想法並沒有幫助孩子達到神的目標，反而傷害了他們。

暫停並回想： 你的孩子表現得多好？真正足以衡量的標準是神對他們的評價。因為這比較難判斷，我們可以以另一個比較容易可行的方法來判斷：你的鄰居認為你的孩子如何？

另外有一些父母，他們認為他們的孩子沒這麼壞，因為他們只注意孩子外表的行為，這是我們今天所要談的重點之一。他們從未檢驗孩子內心的態度。因此，許多父母暗暗的在家中種下了悖逆的種子。一場大戰即將到來，平安已經失去。以下是幾個例子：

- 在斥責或管教之後，孩子聳聳肩，慢步離去，顯示出他根本不在乎父母說了什麼。
- 女兒說「借過」，但是是用一種無禮的口氣，讓人感覺十分不舒服。
- 父母警告孩子要趕快把房間收拾乾淨，但是他仍然繼續玩著玩具，就好像沒聽到一樣。

- 媽媽告訴兒子，不要再看電視了，快點去做功課。兒子起身，用力的踱著步走回房間。

悖逆會在人的態度裡生根，然後在行為中表現出來。就像一個植物，他的根深埋在土裡。雖然我們看不到根，但是只要我們看到一株植物，我們知道它的根就在下面。聖經常說到一個人所說以及所做的一切，其實正反映出這個人內在的情況（也就是他的心）。當我們訓練孩子時，我們常常只注意到他們的行為而忽略了態度。我們可以發現他們傲慢的語氣、不悅的表情、慢吞吞的動作正顯示出他們不好的態度。態度，與行為一樣，可以是惡的而需要被徹底移除以享有一個平靜的家。

> 泉源從一個眼裡能發出甜苦兩樣的水嗎？我的弟兄們，無花果樹能生橄欖嗎？葡萄樹能結無花果嗎？鹹水裡也不能發出甜水來。（雅各書三11,12）

> 善人從他心裡所存的善就發出善來；惡人從他心裡所存的惡就發出惡來；因為心裡所充滿的，口裡就說出來。（路加福音六45）

泉水的性質是由地層下的東西所決定的。不是苦的，就是甜的。不可能同時又苦又甜。只有善才能產生善，惡只會產生惡。你是否曾經看過一個孩子照著你要求的事情去做，但仍然覺得有些地方有問題？你不太能夠確認到底什麼地方有問題。很有可能是你注意到他有不好的態度。他們用他們的態度與其他的反應來表達他們的悖逆。

如果我們容忍這些對我們父母權柄的微細的挑戰，我們的孩子會持續這樣做。如果我們希望他們有甜美、溫和、良善的反應，我們必須訓練他們。

只要我們還容忍這些悖逆的態度，我們永遠不能成功的訓練孩子的內心。身為父母，我們要的是他們真正心悅誠服。我們不能接受這些具有敵意的態度因為神不喜悅這樣，而且這種態度會危害我們與孩子的關係。

我們需要確認問題所在，並且設立一些規矩來正確的處理這種情況。我們需要判斷，怎樣的態度與怎樣的行為連在一起的時候構成了不尊敬的表現，並且這樣的行為是不被允許的。這些標準必須很清楚的定出來，並且要讓孩子很清楚，如果他們這樣做會受到什麼懲罰。不同的文化對於不尊敬的態度有不同的表達方式，但每個文化都具有這種態度的表現。

比方說，孩子可以用一種很壞的口氣，噘著嘴說「謝謝」。他們的確說了謝謝，但態度不好。身為父母，我們需要模仿他們，讓他們看看他們自己的表情與聲音聽起來如何。然後我們可以用有禮貌的態度說「謝謝」給他們看，讓他們重複我們做的事。我們用一種良善、溫暖的表情說「謝謝」，讓他們知道應該要怎樣講才對。

生命中最令人失望的經歷，就是看到一個孩子，外表順服，心中卻不然

暫停並回想： 你能指出在你孩子身上的一些壞的態度嗎？把它們寫下來，找個適當的時機，與他們分享這些你觀察到的態度。

我們應如何實際的做出改變？

我們必須為著過去不知道他們某些不好的態度是多麼不可容忍而道歉。把這些態度列出來。他們現在已經很習慣如此做了，因此可能他們自己也不知道自己有這種態度。正是因為我們過去對這些態度缺乏管教使得這些壞習慣能形成。

讓他們知道現在一切開始不同了。他們需要知道從現在開始你不再容忍他們這樣的行為、聲音、表情。告訴他們如果他們再這樣做會有什麼處罰。

幫助他們確認自己的問題。他們可能自己也沒有發現問題所在。所以或許在頭兩次的時候，先不要處罰他們。當他們出現那種表情或態度的時候，學他們的樣子給他們看，或者學他們的聲音讓他們聽。提醒他們，下禮拜（或從某時開始）如果再犯就要管教。

我們的目標是要越過外在的悖逆的表現，達到深藏背後的態度。藉著這樣做，我們可以除去他們對父母權柄的細小卻明確的反抗。這無法改變人的心，但卻能勒住他們，使得健康的親子關係能夠漸漸成長。

信任與自由的原則

神所賜的目標能幫助我們記住我們該做什麼。當我們看到我們的孩子偏離了他該做的事情，我們需要判斷哪裡出了錯，加以糾正。我們需要處理每一個不順服的情況。每一個不順服都像一顆種子，會漸漸長大並且破壞其餘的部分。我們看到保羅所

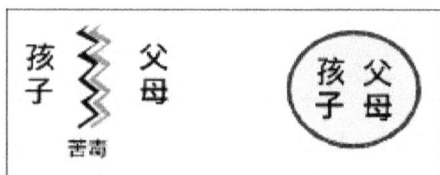

用的比喻。「一點酵能夠使全團發起來」。當我在做麵包的時候，只需兩茶匙的酵母就能使三個大麵包發起來！

　　以下的原則幫助我們分辨孩子的情況並糾正他們，從小到大都適用。讓我們首先討論原則，然後討論為什麼這些原則是可行的。自由是建立於我們信任他們會聽話。

如果我們無法在我們看得到的時候信任他們。

那我們也無法在我們看不到的時候信任他們。

　　順服會帶來信任。一再地順服產生自由。悖逆產生不信任，並且他們所得的自由將會減少。孩子必須能夠在父母親在的情況下就能夠很守規矩的照父母的意思做事，然後他才能被允許可以在父母親不在的時候做某些事。如果孩子在父母親在的時候都無法乖乖的遵守他們的話，當然他在鄰居家裡的時候也不可能會遵守。

　　孩子們能夠瞭解這個邏輯。如果他們在家裡不聽話，當然大人無法相信他們在別人家會聽話。我們還可以說得更具體。可以應用在許多事情上。如果孩子不能在他們自己的臥房裡好好的玩，他們就必須在我們的監視之下玩耍。比較實際的意義就是，他們需要整個下午都與我們在一起，或者一段足以使我們判斷他們的態度與行為已經改變的時間。

　　聖經描述了這種成長過程。孩童首先被律法所看管，這只是暫時的狀態。律法是一種外在的刺激，一種他們有義務達到的標準。律法就像是保護花園的四面圍牆，保護他們的安全。我們的目標是要看到律法被內化在他們裡面，以致於不論

他們或近或遠，他們都行在律法之內。這些律法可以用基督的
生活方式來總結（亦即愛神與愛人）。

> 這樣，律法是我們訓蒙的師傅，引我們到基督那
> 裡，使我們因信稱義。（加拉太書三24）

　　這種方法的好處，在於它把解決問題的擔子放在孩子的
身上。他們都希望有可以自己自由自在在臥室玩耍的權利，等
大一點，他們希望能自由的和朋友在外面玩。他們知道父母的
規則。因為過去他們曾經犯了錯，他們只好失去以前有的自
由。沒有人願意失去過去已經有的自由。他們不能責怪爸爸或
媽媽。但是他們也知道解決的方法。如果他們希望重新得到自
由，他們就需要糾正自己的行為。

　　這個解決方法強調他們必須持續不斷的堅守自己會聽話
的承諾。他們會十分願意去做。

　　順服帶來自由。[22]　如果我們在他們不聽話的時候限制他
們原有的自由，並前後一致，他們就不太會不聽話。他們對自
由的渴望會使他們注意到順服的價值與獎賞。

責任與自由

用漏斗可以很清楚的描述這個原則。

　　不論孩子們在漏斗（生命）中的那個階段，他們都有責
任活在界線（父母的吩咐）之中，即使在父母不在身邊的時候

---

[22] 我們最早是由Gary Ezzo知道這個漏斗的原則，雖然他們使用這個原則的
方法與我們稍稍不同。

也一樣。[23] 在後面的課程，我們會談到對不同的階段，如何設立不同的界線。

當一個人從漏斗的小口往下走，他的自由開始增多。自由包括了可以去更遠的地方，可以做更多的活動，可以和朋友來往。作一些父母或上帝所不喜悅的事情絕對不在自由的範圍之內。[24]

當自由增加時，責任同時也增加。雖然孩子對父母的順服程度並未改變，但是這個原則必須時常應用在更廣的範圍。父母必須幫助孩子定義這個原則如何應用在不同的情況中，孩子必須順服，並且在父母沒有提到的領域中同樣應用這個原則。

前提是：不順服的孩子擁有太多的自由。他太靠近下面的闊口，離真理（父母親）的距離已經太遠。他們沒有遵照父母的命令行，所以出了問題。解決之道是把他們帶回到漏斗的頭部。這代表在某些地方他們將會喪失某些自由。當然，我們可以對他們某些行為的結果提出警告。

---

[23] 請注意，這種自由的擴大剛好與孩子的自制能力的發展成正比，此時外在的律法逐漸內化進入內心。對於那些尚未證明自己在某些特殊情況下具備自制能力的孩子，我們不敢給他太多自由。

[24] 主告訴我們，這種「自由」是一種奴役。

聖經提到我們有一種與生俱來對自由的渴望。孩子渴望長大的原因是希望能更自由。然而，自由必須與我們願意為他人，而非自己而活的責任感連結在一起。

弟兄們，你們蒙召是要得自由，只是不可將你們的自由當作放縱情慾的機會，總要用愛心互相服事。（加拉太書五13）

原則是：他們的自由取決於他們負責任的程度。生活不也是如此？這個原則可以解釋給任何瞭解簡單邏輯的孩子聽，可以用在他們身上，不論年齡多大，都可以使用同一個原則。[25] 父母的吩咐形成孩子生活的基本規矩。當孩子長大了，父母的吩咐會稍微調整。界線會漸漸擴大。

如果孩子老是不遵守規矩怎麼辦？這會讓孩子慢慢變得沒有責任感。孩子會有罪惡感，因為他的罪沒有被對付。孩子會漸漸對神、對父母都變得剛硬、苦毒。他會想要脫離父母，而不是與父母同在。

有時我們會發現當孩子離家久了，他們會比較叛逆，不像以前在家的時候那麼順服。這很可能顯示出一個剛硬的罪惡之心。在我們允許他們可以跟朋友一起玩之前，我們要求看到心（態度）的轉變。因為我們不知道他們的「罪」在哪裡，我們不能責打他們。但是這正是這個原則厲害的地方。他們不喜

---

[25] 那些尚無能力瞭解為什麼的孩子解釋道理是沒有用的。父母常常試著對太小，還不懂事的孩子解釋道理，最後讓自己很生氣。我們只需要設定規矩，然後去執行。（看上面的第三個階段）

歡失去他們的自由，因此他們很願意主動順服。這也幫助他們看到悖逆是不划算的。[26]

　　暫停並回想：當孩子不在你身邊的時候，你能信任他嗎？如果不行，你的孩子還需要加強哪方面的自制能力？

一個小孩的例子

一個小孩剛學會走路。他非常愛走路。我們必須為他設定一個可以走的範圍。有時候他必須被限制只能在一個房間或一個區域內玩耍。我們可能用門當作具體的界線或者畫一條想像的界線，告訴他不可以跨越這條線。

　　當孩子習慣了這些界線，有時候可以讓他有更大的玩耍空間。同樣，在這個新的範圍，孩子首先必須知道他們可以或不可以做哪些事。如果他們違反了一項清楚的規矩，他們就要被管教並且被限制回到原來的房間去玩。

　　遊戲圍欄是一個很適合訓練的地方。很小且安全。他們可以常常被限制回到遊戲圍欄來加強他們對於自由與責任的觀念。這個訓練也可以應用在他們沒收好的玩具，被允許與朋友或兄弟姊妹一起玩的自由等等。

一個大一點的小孩的例子

一個大一點的孩子可能已經很熟悉既有的界線，例如待在院子中，或者不要轉到某幾個有線電視的頻道。我們如何在新的領域訓練他們，例如在人行道上，或者在家中的另一塊地方？

---

[26] 老實說，當這種情況發生時，常見的情況是孩子繼續在家裡十分調皮，直到他們被責打，他們的良心被清潔為止。

我們同樣的告訴他們，我們希望他們要做或不要做的事情。我們必須觀察他們一陣子，看看我們還需要再多加些什麼命令，或者修正我們的命令。當然，我們會提醒他們，只有「長大且負責任」的孩子可以在街上的人行道玩。這代表他必須留意聽從父母的話。我們會警告他不聽話的後果：受管教，並且自由被收回，直到我們看到他順服為止。

處理不順服的孩子

我們經常使用這個原則在許多事上，例如看電視、打電動、吃飯、講電話睡覺時間等等。任何事都可以。在每個領域，父母都可以設定規則，小的時候有規則，等他們大一點了，規則可以稍做修改。沒有孩子願意回到以前的規則。

如果他們在某個領域不聽話，處罰他們，並確定他們的處罰與他們該受的相稱。如果他們熬夜不睡，那麼之後的幾天他們每天晚上都必須提早上床。如果他們繼續不聽話，那麼很清楚的，他們需要進一步的被訓練，使他們能早點睡覺。

如果他們對朋友說話不禮貌，那麼他們將無法在一段時間中跟朋友一起玩。如果一再地冒犯朋友，加長限制的時間。如果他們偷吃某個零食，罰他們某一段時間內都不能再吃這個零食（可能兩天）。

我們的天父也時常做同樣的事。在我們不順服的時候祂同樣管教我們。我們看到亞伯拉罕，因害怕而犧牲自己的妻子，以致於後來很久都得不到他想要的東西（一個兒子）。雅各這個欺騙者更慘，被他的岳父欺騙。驕傲的約瑟也因苦難而謙卑。

總結

類似的情況永遠說不完。當孩子還小的時候，我們就只是限制他們的自由。我們並不需要解釋。當孩子長大了，我們需要多一些解釋他們的過犯所會導致的結果。我們繼續加強他們自制的能力。我們需要知道，有一天，我們無法陪在他們身旁，漏斗的下緣繼續擴大，希望到那時所有重要的原則都已經內化到他們的心中，使他們很容易順服主的旨意。

　　暫停並回想： 你有機會可以開始操練這件事了嗎？你有因為他們不順服而限制他們的自由嗎？你如何慢慢的給他們更多自由？你有向他們解釋在各種情況中你對他們行為的新的要求嗎？

認罪是靈魂清潔之道

要讓孩子擁有一個健康快樂的生活，認罪是很重要的一部分。只要有罪還沒有被對付，孩子們心中就有重擔。有罪的人，不論老少，對人的反應都十分的激烈，並不謙卑。這使得要解決問題更加困難。

　　時常認罪，加上管教，使得大人與孩子能馬上恢復和好的關係。孩子與父母都喜歡這樣做。

　　罪就像攔阻在人與人之中的一道牆。罪讓我們把自己藏起來。我們會想要盡量不遇到我們得罪的人。我們可以在亞當與夏娃犯罪的伊甸園裡面很清楚看到這個原則，他們躲避神。約翰福音三章20節很清楚的教導我們，罪會使我們與神相離，因為「光明」會威脅「黑暗」的存在。

「凡作惡的便恨光、並不來就光、恐怕他的行為
受責備。」

你有沒有想過人間最大的仇恨來自哪裡？是在家庭裡，
當有許多錯誤沒有被對付時。當人被家中很親近的人傷害而問
題沒有解決，苦毒自然會累積到一個很大的程度。

暫停並回想： 你家中的人會因為他們做錯事而道歉
嗎？這樣做的結果如何？

這正是神的愛可以極美的流露的時候。藉著耶穌基督，
我們的罪可得著神的赦免，我們也可以把這種赦免藉著對人的
恩慈與憐憫繼續傳承下去。[27]

父母所需要做的一件大工程是要在孩子面前示範如何解
決人際關係間的問題，並訓練他們這樣做。與人維持關係比維
護自己的面子要重要得多。藉著以身作則示範謙卑的榜樣，我
們正預備我們的孩子將來有一天願意尋求主耶穌赦免他們的
罪。

聖經中提到基督徒的一個使命是成為使人和睦者（哥林
多後書五17-21）。我們被呼召要使我們自己與他人和好。真
正的宗教是由這裡開始的。

這就是神在基督裡、叫世人與自己和好、不將他
們的過犯歸到他們身上，並且將這和好的道理託
付了我們。所以我們作基督的使者、就好像神藉

---

[27] 彼此饒恕並不會挪去神對某個人所做某件錯事而有的憤怒。神仍然會要
他們為此負責。然而，在神面前悔改並且相信耶穌基督為救主及生命的
主，卻可以徹底的清潔我們每一種罪。「我們若認自己的罪、神是信實
的、是公義的、必要赦免我們的罪、洗淨我們一切的不義。」（約翰壹書
一9）

我們勸你們一般，我們替基督求你們與神和好。
（哥林多後書五19-20）

所以你在祭壇上獻禮物的時候、若想起弟兄向你
懷怨、就把禮物留在壇前、先去同弟兄和好、然
後來獻禮物。（馬太福音五23-24）

父母親藉著示範認罪的態度與行為來讓孩子知道如何謙
卑自己。孩子應該常看到父母常互相道歉，願意對外人道歉，
甚至當他們錯待孩子的時候也願意向孩子道歉。有這樣的根
基，孩子們就不會覺得道歉是很彆扭的，反而認為這是日常生
活中的一部份。

然而，如果父母親對某人心中有苦毒，這個培育赦免之
心的過程就會受阻礙。這樣的孩子通常會對父母懷有苦毒。他
們心中「罪惡之牆」從來沒有被挪開。

讓我們來練習一遍，當家中的兩個孩子開始大哭且彼此
互罵的時候，我們該做些什麼。這些原則也同樣可以應用在父
母與孩子之間或者孩子與他們的朋友之間。

1) 召開會議

所有可能犯錯的人都必須帶到父母面前。有時候也需要有可作
證的人，但不是必須的。通常此時他們的口都在控告對方的
錯。我們要求他們，如果還沒有輪到他說話，先安靜。如果他
們仍堅持要講話，他們會被修理（下一章會談得更多）。所有
人安靜下來之後，我們開始進行會議。

2) 舉手認錯

我通常藉由問這個問題開始：「有做錯事的人請舉手。」他們
（通常有一個以上）會很快的彼此看看，之後舉起手來。沒有

任何一個孩子有做錯任何一件事的情況相當少見。他們通常都
知道自己做錯的一兩件錯事。

3) 認罪時間

我逐一詢問每個人犯了什麼錯。我在此時會特別要求其他人不
要透露任何消息。如果需要，我等會可以再回去問他們。我要
在孩子心中耕耘一種能夠承認錯誤的態度與能力。同時，他們
也會看到，雖然他們控告其他人做錯了某些事，他們自己也同
樣有錯的地方。另一個好處是可以預備他們的心接受福音。藉
著認錯，他們會看到他們需要基督。

4) 更詳細的審查

通常我會由詢問年紀最小的孩子開始。他通常已經說過他做錯
了什麼。現在我需要明瞭整件事的來龍去脈以致於公義得以伸
張，並且能圓滿的解決整個衝突。通常藉由問最小的孩子可以
達到這個目的。我集中注意力。我逐一詢問（從最小的到最大
的）為什麼他們做了這些事，所以每一個孩子都有機會說出自
己的怨言。

5) 糾正錯誤

有時候他們已經彼此修理得夠了，以致於我幾乎不需要多做任
何事。他們已經做好了。我們不是要報復孩子。我們是要管教
他們。但是很多情況下需要用鞭子來管教他們做錯的地方。如
果不嚴重，可以令他們為了自己所做錯的事，或者自己不好的
態度，向對方道歉。有時候是某人的玩具被搶走。有時候僅是
一個需要被澄清的誤會。我們處理過很多次！

6) 最重要的

我們對孩子的目標是要他們有清潔的良心與美好的關係。我們無法救贖他們，但我們可以讓他們感到自己需要救恩。認罪與道歉並不能潔淨他們的靈魂，但他們的良心可以得清潔。他們不用明明知道自己做了錯事卻假裝自己很好。

當他們承認所犯的罪並且受過處罰之後，他們的態度會截然不同（如果不是這樣，代表還有些問題沒解決）。如果你還沒有經驗過這種由道歉與管教所帶來的極大的改變，那麼你和你的孩子錯過了一段生命中最美好的經歷。

每個人都必須向他冒犯過的人道歉，從最大的到最小的。父母不用做這件事，但有時候需要從旁提醒他們。如果某個孩子才剛學會說話，或者他搞不清楚狀況，父母可以一句一句帶著孩子道歉。他們該說什麼？

- 「很抱歉我…（打了、傷害、很自私）」

要具體，把所有的罪都列出來，不論是不是很丟臉。

- 「請饒恕我」

不要忘了這重要的一步。不要讓其他的人說這不重要。這句話很重要。如果其他人也有錯，他們也應該道歉。

- 等候對方的答案。在對方說沒關係之後，兩個人互相擁抱

擁抱並非聖經規定我們要做的[28]，但是這是重建友誼的一個好方法。低於5％的情況下我們會看到不情願的擁抱。這

---

[28] 不同的文化有不同表達和解的方法。某些肢體動作的表示與饒恕的言語可以相輔相成。

可能代表有些罪沒被發現，有人認為自己沒得到公正的對待。此時一定要回頭去看還有哪些問題。

我們從小就按這種方法訓練他們，所以之後每當我指出他們有哪些罪的時候他們都自動自發會這樣做。事實上，我常常要他們（六歲到十二歲的孩子）自己去道歉與和解。他們通常都能做到。

暫停並回想：在你家中，你需要採取什麼步驟來建立這種認罪與道歉的習慣？最難的部分是什麼？父母親有常常彼此道歉嗎？

關係的重建使得兄弟姊妹、朋友、親子之間都能常保良好的關係。

對未受過訓練的孩子施以訓練

如果受過訓練的孩子不聽話，我們有上述的方法處理他。對於那些未受過訓練的孩子怎麼辦呢？或者更特別的情況，對於那些剛開始發現自己需要訓練孩子順服的父母而言，他們該做什麼？

暫停並回想：你有按照神的標準來訓練孩子嗎？如果沒有，你準備好要採取適當的步

驟來開始做嗎？為什麼？

如果孩子在成長中沒有受過類似的訓練，他可能會有一些嚴重的反抗。我們建議父母採取以下的步驟：

(1) 在新計畫上取得共識

父母兩人必須在即將採取的行動上取得共識。哪些事情是神指教你，而你現在想要在家裡實行出來的？認清楚神對你的家所設定的目標。

(2) 設立榜樣

身為父母，要以身作則示範這些原則。要記得，每個原則都有它實際上的用途。比如說，為了自己臉色不好而謙卑的向配偶道歉，可以讓孩子看到我們每一個人所該有的謙卑的態度。如果我們錯待了孩子，我們也應該向他們承認我們的罪。

(3) 承認自己的錯

父母需要解釋為什麼要改變原來對待孩子的方式。從認罪與道歉開始，為了之前沒有好好訓練他們道歉。根據孩子年齡大小，解釋的方式可能會不同。解釋是很重要的，因為這會讓孩子知道你是很認真的。再次提醒，你願意改變的心，會幫助孩子看到他們也應該在某方面開始改變。

(4) 對孩子敏銳

讓孩子有機會開始為了他們所做不對的事情認罪並道歉，但不要強求。為什麼？我們是這樣覺得，我們花了很長的時間才瞭解這些原則。我們也應該給神一些時間在他們的心中做工。他們的確需要在某些行為上立刻開始運用這些原則，但是在另一些方面，可能沒那麼快。記得要像神一樣有恩典與憐憫。

(5) 解釋聖經的原則

解釋從今天開始，你會持續應用的聖經原則。包括某些行為、言語、態度會帶來的懲罰。

(a) 如果孩子比較大了，很清楚的告訴他們為何要做這些改變的聖經根據。父母要解釋，神對我們的命令要求我們這樣做，並且我們自己也渴望與他們保持一個良好的關係。 參考之前的圖表，提醒自己關係發展的五階段。身為父母，你對孩子永遠有權柄，但是要 用不同的方式表現出來。

(b) 找出他們不好的態度。記得神不只是要對的行為，祂也要求對的態度。向他們解釋 我們要對的行為，也要對的態度。要具體。清楚的說明出來。比方說，如果我們要他們在吃飯時要求別人傳遞某盤菜的時候要有禮貌，我們不只是告訴他們，要講「請傳…過來」，我們也告訴他們用一種謙卑柔和的態度說這句話。

(c) 對他們解釋，每個原則都很重要。如果我們沒有看到他們有耐心的一一達成父母的要求，那麼他們在某方面的自由就必須受限制，直到他們能夠老實的完成這些要求。

(d) 當他們做了不對的事，他們需要認罪並且向他們得罪的人道歉。

這聽起來可能不容易，可是這會開始讓孩子的態度產生很大的轉變，因為他們看到你很認真，也希望與你的關係更好。他們可能會測試你，看你對此事是否很認真。要認真！

教養的原則

- 我們的終極目標是要產生出愛神、愛人的孩子

- 良好的教養會孕育親子間的美好關係。

- 孩子的成長會有不同階段，在不同階段我們需要用不同方式對待他們

- 父母必須有效的對付孩子的叛逆、以及其他的行為，以維持良好的親子關係。

- 對孩子的信任建立在他們的順服上。

- 只有對於那些你相信會順服你的孩子才能充分給他們自由。

- 要使孩子們的自由意志朝向順服父母發展，必需限制他們的自由。

- 要保持良好的親子關係，並且預備孩子發展與上帝的關係，認罪與道歉是很重要的一部份。

教養問題

1) 我們與孩子的關係的終極目標是什麼？

2) 列出親子關係的五階段。

3) 為什麼對付孩子的態度與對付他的言語行為一樣重要？

4) 父母對孩子的信任與他們所賦予他的自由有什麼關連？

5) 這種自由的觀念如何讓孩子有願意順服的動機？

6) 解釋漏斗的觀念。

7) 為什麼靈魂的潔淨這麼重要？

8) 父母如何確定在他們與孩子的關係中沒有苦毒產生？

9) 如何訓練未受過訓練的孩子？列出至少兩個步驟。

培養敬虔的後代
幼兒以上

第七章

以愛施行管教

目的：　建立一種合乎聖經的體罰的觀念，並說明如何適當的實施在孩子身上

　　在以前，社會上普遍認為，不管教孩子的父母是不好的父母。在今天，現代思潮大大的改變了社會，以致於打孩子的父母被描述成為不愛小孩、殘忍、不好的父母。的確，很多事都改變了。是否體罰孩子仍是需要的？如果是的話，原因為何？

　　神的話很清楚的提到管教的重要性與實行面。聖經中關於父母的主要任務的教導，可以全部濃縮成一個功課。光在箴

言裡就有十七節經文提到管教這個字。[29]要培育一個有智慧的孩子，管教是十分重要的。希伯來書十二章有對於管教的綜合描述。

第一部份提到關於糾正孩子的重要觀念。這些觀念使我們對於如何有智慧的管教提供了正確的根基。我們終極的目標是要培養能愛神與愛人的孩子。我們藉由教導孩子尊敬我們身為父母的權柄來漸漸達到這些目標。我們繼續與他們建立親密的關係。我們必須挪開在親子中間成為攔阻的任何事物，照著我們天父的榜樣行，祂既有愛又有權柄。使用棍子對於達到這些目標是很重要的。

棍子只是這個矯正過程的其中一環。這並非全部的過程。棍子或杖只是一個好用的工具，用來完成這些特殊的工作，而這些工作必須做在孩子身上。首先，我們來看看聖經對於這個主題有什麼教導，接著我們來注意幾個關於實際執行時的問題。

管教證明父母親對孩子的愛。

瞭解管教

在我們開始的時候，我們先來對幾個重要的詞彙加以定義。我們承認有時因為人們對同一個詞有不同的理解而產生混淆。即使在這裡，有些詞彙也會交替用到。

---

[29] 箴言三11, 六23, 七22,十二1, 十三1, 18, 24, 十五5, 10, 32, 十六22, 十九18, 20, 27, 廿二15, 廿三12-13。做一下詞彙的研究。與你的孩子一同背這幾節聖經。他們很快會發現使用棍子管教不是他們父母發明的，而是出於一位慈愛的創造者。

教導：教導是要求孩子遵照某種行為規範去做所需要施行的口頭或者行為上的勸導。

管教：管教是你教導孩子成為順服的整個訓練過程。

體罰：體罰（或杖的使用）是指為了使孩子能達到某種要求或者行為的改變而施加在他們身上的肉身的痛楚或者不舒服。

紀律：紀律是一個名詞，用來描述一組有規則的行為，例如守時、節制飲食，或其他好習慣。「他有很好的紀律」。

術語能幫助我們更瞭解別人想要說的內容。在這篇文章中，我們會用體罰一詞單指在訓練與糾正孩子的過程中所施予他們身上的肉體的痛楚，這整個訓練過程一定會包含杖的使用。

以弗所書六章四節可以幫助我們清楚的看見神對我們父母親所說的話。使徒對於父親如何養育孩子有許多可以提的教導。他提到了一個負面、兩個正面的命令。

你們作父親的，不要惹兒女的氣，只要照著主的教訓和警戒養育他們。

父親應該負責任的在兩方面照顧他的孩子：透過主的教訓與警戒。我們可以把這兩件事想成一個欄杆，用來防止車子在山路上行駛時掉到懸崖下面的欄杆。

有一次我們全家坐公車遊覽中台灣著名的橫貫公路，它座落在崇山峻嶺之間。有的地方路面實在是太窄了，以致於兩台公車會車時很難通過。有時候一台車要等另一台，也有時候他們車身互相摩擦著通過，因為真的沒有多餘的空間了。

我們所坐的公車是在懸崖這一邊的。這台車一面摩擦著懸崖的圍欄，一面緩步前進。車子發出尖銳刺耳的響聲，但是更重要的是，我們從窗戶看不到懸崖的邊緣在何處。車上每個人都很自然的跑到離懸崖遠的那一邊。我們不喜歡摩擦圍欄所產生的刺耳噪音，但是有圍欄卻是比沒有更好！它使我們不容易開到懸崖下面。這就是教訓與警戒對孩子所產生的功用。它使得孩子走在正確的路上。

在懸崖邊安裝圍欄需要花費許多功夫。在開拓橫貫公路的時候許多人因此喪失生命。安裝圍欄真的值得嗎？當然值得。開了一條山路卻不安裝圍欄是不合理的。同樣，生了孩子卻不在他們身邊放下圍欄也同樣是不合理的。

這裡用到的兩個希臘字非常有啟發性。「教訓（*paideia*）」是指訓練孩子的整套方法。這包括了體罰與教育。英文中的 '*training*' 這個字如果加入了體罰的含意，則跟它的意思相近。「警戒（*nouthesia*）」是指輔導、勸告與警告。話語是用來建造、指導、鼓勵孩子的。

抑制不正當的慾望

這兩個詞都暗示我們，孩子缺乏適當主導自己的能力。沒有父親在他們生命中放下這些圍欄，孩子會走出路的邊界外而掉到懸崖下。我們時常看到孩子掉下去。為什麼孩子需要幫助？

在另一面來說，這可能僅因為缺乏知識。父母需要教導什麼是對的，什麼是錯的。有時候，這樣的教訓並不能輕鬆得來。似乎有些東西會阻撓、扭曲他們的學習過程。

另外有個問題可以解釋這點。孩子們通常有一種抗拒順服的天性。所有的父母在他們孩子身上都會發現。這種罪性對於權柄是悖逆的，並且會想要實現自己的慾望，不顧他人的需要。沒有人會說想吃東西的慾望不對，但是如果一個很餓的人跑進餐廳，坐下來，抓起別人的食物大快朵頤一番，這種行為是不可忍受的。孩子必須被訓練以致於能體諒他人的需要，並且願意為了以恰當的方式行事為人而甘心損失自己的利益。

藉由以下的課程內容，我們可以針對不同情況發展出不同的指導方針。藉由一般性的原則，套用在每個人所面對不同的情況，可以發展出各種各樣的界線。

要訓練孩子成為「關心他人」的人，在主裡的教導與管教是必要的。他們需要知道如何抑制那些滿足自己的慾望。棍子在這方面很好用，藉著以痛苦的感覺使孩子克制自己心中會傷害別人的慾望，例如搶走朋友的玩具。口頭教導不只能引導孩子，當他們長大後，也能幫助他們自願的採取這些原則。這是在孩子心中灌輸自制的最終目標。

之前我們有個鄰居，他們的孩子想要什麼玩具就搶來玩。周圍的鄰居十分討厭這個小孩。他似乎完全無視於他人的不悅與訝異的表情。

種下正確的行為

管教（訓練）與教導有共同的目的。圍欄的目的是確保路上車子的安全。當父母親只是要讓孩子躲開危險，而沒有積極的引導孩子的方向，就會產生誤用體罰的情況。很多時候，父母親只在孩子激怒鄰居或是打擾到父母本身的時候才加以管教。對於訓練的最終目的而言，這是不夠的。

在這種情況下，孩子只會注意，做什麼事情是可被允許的。他可能平常跟朋友玩的時候一向都很大聲，可是有一天，父親卻因這個緣故打他。原因是因為那一天父親剛好頭痛，被他吵得無法休息。這種情況下，孩子無法知道「圍欄」的界線在哪。說不定在馬路中央。這就是「惹他們的氣」的一種方式。

管教的真正目的是給予能力、引導、確認正確的行為、以及幫助孩子。使用棍子背後的動機是出於愛而非父母的自私。

體罰可以幫助孩子建立對權柄的尊重，並發展自制力，以致孩子能夠發揮身為一個人類所具有的全部潛能。沒有這樣的管教，孩子對生活的不正確的態度以及缺乏自制的能力，會使他們成為自己罪惡本性的受害者。即使沒有父母加給他們問題，我們的孩子在生活中的問題已經夠多了，

暫停並回想：　　你自己的爸爸是怎麼做的？他是否有管教，也有教導？你比他做得更好嗎？請試著解釋。

體罰的聖經觀點

希伯來書十二章

我們的造物主很清楚的知道父母們必須清楚的認識管教的各個層面。希伯來書十二章總結了在許多其他的經文中所提到的事情。讓我們從這段經文中擷取幾個原則，並且看看如何把這些原則應用在管教孩子上面。作者比較我們的天父管教祂的孩子以及地上的父親管教孩子的方式。他藉著比較熟悉的事物（在家中的體罰）來教導比較不容易瞭解的事物（神的方法）。老實說，今天我們許多人都應該學習神的方法，應用在我們的家中。我們的社會已經大大的敗壞了。

* 因為愛 (12:5-6)

真正管教的動機是愛。

你們又忘了那勸你們如同勸兒子的話，說：我兒，你不可輕看主的管教，被他責備的時候也不可灰心；因為主所愛的，他必管教。（希十二6）

神不想讓祂的孩子走離正道。祂給他們一種特殊的照顧使他們能停在正途上。就如同神管教祂的孩子，父親也應該體罰他的孩子。父親的愛驅迫他拿起棍子來打孩子。管教是一個很嚴厲的工作。父親必須完全掌握孩子的狀況。出於對孩子的愛，一個好爸爸會這樣對待孩子。一個缺乏自制的孩子所表現的行為不讓人難過嗎？

暫停並回想： 你體罰孩子的原因是什麼？

* 所得到的是疼痛(12:6)

如果不痛，就沒用。

又鞭打凡所收納的兒子。（希伯來書十二章6）

我們不用假裝管教的某些層面不會產生疼痛。事實上，「鞭打」這個字是很強烈的，它告訴我們，有時候體罰必須產生很大的疼痛以達到目的。

不可不管教孩童；你用杖打他，他必不至於死。
（箴言廿三13）

雖然父母可能覺得他們在「傷害」孩子，其實，管教會帶來更大的好處，這種好處以其他的方式無法達成。聖經不否認孩子受體罰時會受苦，但是那只是暫時的，他不至於死。聖經卻重複提到，缺乏體罰，孩子會受更多苦。

有些人極盡全力避免痛苦與衝突。[30]這些人無法愛他們的孩子。孩子必須經驗到體罰所帶來的痛苦的感覺，訓練才能成功。神也會訓練父母親！

那些馬拉松選手很嚴格的鍛鍊身體。他們身上也有疼痛。而這一切都只是為了一場比賽。現今的世代並不反對自我訓練。他們反對的是，由一個人施予另一個人的強迫行為。

---

[30] 許多父母對與疼痛與體罰有不好的回憶，因此他們避免這樣做。事實上，他們需要知道，問題出在濫用管教，訓練仍是應該的。他們對孩子的訓練，應該由原諒自己的父母開始，思想這幾節經文，並開始一步一步，仔細的訓練孩子。一種過度的反應不代表另一種極端是對的。我們的孩子比我們的心理障礙更重要。

* 一種特殊的從屬關係(12:7)

神只體罰屬他的兒女。

你們所忍受的、是神管教你們、待你們如同待兒子．焉有兒子不被父親管教的呢？（希伯來書12:7）

要注意，這裡暗示父親應該管教他的孩子。每一個父親都應該管教兒子。這也包括體罰的意義在內。如果父親忽略了這個責任，代表某些事出了問題。我們應該毫無疑問的管教我們的孩子。

暫停並回想： 你有體罰孩子嗎？

* 被遺棄、成為孤單(12:8)

孩子極其需要受父母的管教。

管教原是眾子所共受的、你們若不受管教、就是私子、不是兒子了。（希伯來書12:8）

如果孩子沒有受管教，表示他不是家中的一份子。擁有權帶來責任。沒有管教，說明了這個家對孩子沒有擁有權。我們瞭解有些孩子的父母從不管教他們。這樣的家庭運作不正常。

或許，在管教中所帶來的特殊作用，是安全感與歸屬感的基礎。否則孩子會覺得自己不重要。這或許正是今日自尊危機的根本原因。父母從不管教孩子。孩子因此覺得不受到重視。

暫停並回想： 你為孩子的自尊感到擔憂嗎？有些父母認為打孩子會導致自尊受損，這使得問題更嚴重。聖經所說的剛

好相反。除非孩子們受到疼愛，以及體罰，否則他們無法擁有對自我及他人的珍惜，並健康的成長。

* 視為父親加以敬重 (12:9)

這裡提到管教與尊敬兩者的明顯關連。

再者、我們曾有生身的父管教我們、我們尚且敬重他、何況萬靈的父、我們豈不更當順服他得生嗎？（希伯來書 12:9）

當地上的父親管教孩子，孩子後來會尊敬他。天父為了在祂的孩子心中產生同樣的尊敬，也管教祂的孩子。孩子心中有對父親的敬重是很重要的。得到敬重的方法也相當清楚。為何現在許多人都不喜歡這個方法？

* 更高的目的 (12:10)

神對我們更高的目的，使得管教不但是合乎倫理，也是必要的。

生身的父都是暫隨己意管教我們．惟有萬靈的父管教我們、是要我們得益處、使我們在他的聖潔上有分。（希伯來書 12:10）

操練身體、益處還少．惟獨敬虔、凡事都有益處．因有今生和來生的應許。（提摩太前書 4:8）

父親管教孩子。天上的父神也管教祂的孩子。他們都是為了更高的目的而做的。他們往前看到更遠的美景。訓練所帶來的果效使得這一切都值得。運動員注目的是訓練的結果—贏得獎賞。父母也必須這樣。他們需要訓練孩子得著敬虔的生命。

* 美好的果效 (12:11)

管教是一件吃力的工作。值得這樣做嗎？

凡管教的事、當時不覺得快樂、反覺得愁苦。後來卻為那經練過的人、結出平安的果子、就是義。（希伯來書 12:11）

是的，我們都知道管教使人痛苦，不但是孩子，也包括父母。沒人喜歡這樣。當一個人看到經過適當訓練的孩子所發出生命的果效，每個人都會驚訝。聖經描述這種果效為「平安的義果」。這就是我們的目標。這使得疼痛變得有意義。[31]

* 穩步向前 (12:12)

我們需要瞭解管教的目的，
並且因此得到鼓勵。

所以你們要把下垂的手、發酸的腿、挺起來。（希伯來書 12:12）

孩子通常會對剛打過他們的父母心中懷怨。透過觀察其他的事情，孩子發現父母並不真的關心他們。在他們心中並沒有遠大的目標。有時候，甚至父母也犯孩子被責怪的同樣錯誤。我們應該向孩子分享我們心中更高的目標。把目標擺在他們前面，使他們知道這個階段有一天會過去。讓孩子持續走下去。

---

[31] 事實上，我們應該注意，過著一個沒受過管教的生活所帶來的痛苦，絕不會少於從鞭子來的痛苦。注意其中的差別，「愚妄人藐視父親的管教·領受責備的、得著見識。」（箴言 15:5）

* **清楚的界線** (12:13)

> 只有當孩子行在對的路上，他才會得到保
> 護。鼓勵孩子行在對的路上。

也要為自己的腳把道路修直了、使瘸子不至歪
腳、反得痊愈。（希伯來書 12:13）

　　要使得他們前面的路十分明確。告訴孩子你期待他們怎
麼做。如果你跟他們談話時他們不專心，看著他們的臉說。如
果他們說他們忘記了，就叫他們在每次你說完之後重複一次你
剛剛說的。

總結

希伯來書十二章對於父親在他家中施行管教的責任與重要性做
了總結。現在讓我們來看看，當我們要去作聖經叫我們做的事
情時，所產生的實際情況。

愛✧疼痛✧歸屬感✧被遺棄✧尊敬✧目的✧結果✧鼓勵✧界線

關於體罰的實行

以下是一些父母親關於體罰的常見問題。

體罰孩子是一種虐待嗎？

體罰是訓練過程的一部份，絕不是虐待。當父母在自己被激
怒、很生氣的狀況下來處理小孩，那才是虐待。父母應該先冷
靜。有時父母個人的問題會在他們虐待孩子的行為中顯現出
來。藥物，例如酒精，會加重這些問題。這並非管教。

如同上面所說的，當父母完全忘了要體罰孩子，也會導致虐待的發生。在這個過程中，父母心中的怒氣不斷累積，一直到有一天突然全部爆發在孩子身上。這也不能叫管教，因為這並非有計畫性的建造他們的生命。

若沒有管教，沒有一個孩子可以在生活中很輕易的成功而不經歷受創傷的過程。

如果鄰居大驚小怪怎麼辦？

體罰有時候很大聲的！有時候你的鄰居聽到你的孩子尖叫，他們開始擔心。他們並沒有看到你對孩子的愛，以及你心中長遠的計畫。當孩子還是嬰孩的時候就開始訓練他，這是極其重要的。這會使你的孩子從很小開始就對於你說「不」的時候非常認真。這並無法完全消除管教的必要，但是會大大的減少管教。

我們訓練過我們的孩子，當他們哭的時候要搗住嘴巴，尤其是大哭的時候。真的有用！[32]我們也不容許他們極大聲的哭鬧或吼叫。吼叫是背叛的一種表達。孩子需要因這種不順服的態度受警告，如果需要的話，甚至受處罰。仔細聆聽你孩子的哭聲以分辨其中的不同。

選擇在有隔音效果的隱密處施以管教。如果你住在公寓，選一個離大廳比較遠，而且有隔音設備（例如地毯）的房間。你可能需要暫時堵住出風口。牆內壁櫥是一個不錯的地方。

---

[32] 如果他們不依從我們的話，我們需要用棍子打他們的手，讓他們知道這件事的重要性。感謝主，這件事不需要常常做。

　　當父母含著怒氣處罰孩子，他們會養出充滿敵意的小孩。父母對小孩吼，小孩也吼回去。父母打，小孩吼。這決不是我們要的。

我對於自己的怒氣要如何處理？

有時父母會對孩子的行為發怒。這使得父母心中有一種想立刻體罰孩子的衝動。問題在於，如果父母本身自制能力不夠，他對孩子的打罵可能會超過他所應做的程度。如果你生氣了，首先，使自己冷靜。在這段時間，先叫孩子在另一個房間等你。向他解釋，你生氣了，但你希望能恰當的給予他處罰。他會十分感激你。

我們應該在公眾場合管教孩子嗎？

不應該，這是不恰當的。告訴他，回家之後他會受處罰。如果你回家已經是晚上，而且你住在公寓，或者離家裡還有很長的一段路，在車裡就體罰他。把所有的事情都對付清楚，使得他上床睡覺的時間不會被耽誤。

　　有時候孩子的態度很差。若不糾正，你知道會有更多的問題。把他帶到一個隱密的地方管教他。[33]有時候可以帶著他出去走走，然後用力捏他的手，讓他感到痛。

　　如果在崇拜之中，我們會先警告他們，然後開始舉手指。每隻手指代表回家以後會打一下。[34]

---

[33] 教會的廁所會有很大的回聲。試著帶到教堂以外的地方。

[34] 也有人建議每一隻手指打五下。這留給每個父親自己決定。

我們所做的事情違法嗎？

有些執法機關對於打孩子不高興。他們不瞭解這個問題。那些被現代思想洗腦的人已經把他們的學說廣為宣傳，並且政府出錢讓他們這樣做。每個地區的情形不同。然而，這是一個道德問題。聖經原則正受到挑戰。如果需要，我甚至願意為這個原則坐牢。[35]如果體罰是愛的一種表明，那我必須愛我的孩子。

多半的情況下，如果我們可以向人們解釋我們管教的方式以及長程目標，人們會知道我們的訓練與虐待孩子是不同的。執法機關對那些真的虐待孩子的父母會加以處罰。他們光處理這些人就夠忙了。如果孩子被愛、被照顧，他們不會有空來管的。

虐待與體罰兩者有天壤之別。體罰並非一種處罰或是報復，而是教育孩子擁有正確的判斷力與敬重權柄。如果你的鄰居喜歡向警察檢舉人，你可以考慮搬家。人們只會聽到孩子的哭聲，不知道其中的差別。

當我體罰孩子的時候，應該如何向他解釋？

當孩子需要管教的情況發生之前，父母應該早就把規矩清楚的告訴孩子，並且告訴他們不遵守的後果。事先有了這樣的教導，之後才可以體罰。

父母並非把孩子當作仇敵來對待。如果孩子事先就瞭解父母定的規則，他們就更能夠看到自己犯錯的地方，以及自己不願意順服的態度。我們希望他們心中能覺得「我以後再也不

---

[35] 在美國，人們仍然可以以宗教信仰的理由為自己辯護。我們不知道這種情況還可以持續多久。

要這樣了！」父母是強制者。父母可以說：「我也不喜歡這樣做，但這是為你好。你自己知道，如果你…會有什麼處罰。」孩子需要為他自己的態度與行為負責。體罰會使得他發現當自己不負責任的時候所產生的問題。

我們需要先確認他的確犯了錯，然後體罰他。我們應該鼓勵孩子先自我認錯，即使你已經看到整個犯錯的過程。我們希望建立他認罪的習慣。[36] 讓他自己很清楚說出他做了什麼。如果他需要旁人的協助，你可以說：「你同意你不應該做…嗎？現在我必須處罰你。」

我們也可以考慮限制他的某些自由。比如說，有一次我們的孩子在吃飯時間在教會裡到處亂跑，這違反了我們的規矩。在下個主日，我們規定他在整個吃飯的時間，都必須乖乖的坐在位子上。我們向他解釋我們所做的事情，以及為什麼我們要這樣。

可以用其他的方法處罰嗎？

父母有許多種糾正孩子的方式，但是斥責與用棍子打是兩種最基本的。在許多情況中，光用說的沒辦法徹底改變孩子的態度。沒有其他的方式可以取代聖經裡面關於用棍子體罰的教導。體罰並非唯一矯正孩子的方法，可是它是唯一一種可以恢復孩子對父母的尊敬的方法。

適當的使用棍子可以清潔孩子因犯錯而產生的罪惡感，並恢復他對父母的尊敬。之後，關係很快的就會完全恢復──就好像這整件事從未發生過一樣。

---

[36] 參考第五章以得到更多關於對於這。

其他的方法，例如關廁所，通常效果比較差。許多時候，很多方法完全不管用，因為這些方法無法重建關係，或者父母一直不想用棍子打孩子。為了除去孩子心中的愚頑與悖逆，非要用體罰不可。我們可以用其他的方法，例如限制他的自由、斥責、分散他的注意力等等，與棍打的方法共同矯正孩子。

棍子的定義為何？

棍子是一段小樹枝，有時候我們稱它鞭子。尺很容易斷。而且要錢。鞭子會發出嗖嗖的聲音。可以輕輕的打，也可以很用力，端視情況而定。試著找一個容易彎曲的鞭子，不要找已經硬掉的，或者太重的。用塑膠管也可以。

要如何適當的使用棍子？

棍子可以用來訓練，也可以用來體罰。當用於訓練時，棍子幫助孩子以適當的態度回應父母的「不可以」。一旦孩子建立起這種連結反應，他們之後就不用太多體罰。孩子心中已經建立起懼怕感。在訓練的時候，棍子要馬上開始用，但是對於年紀小的孩子要輕輕打。他們通常並非不聽話，只是忘了父母親規定的事情。我們的女兒在十個月大的時候就已經非常明白我們說「不可以」的意思（如果他沒有被別的事分心）。

在過犯發生之後立即的管教是最有效的。

在體罰的時候，因為孩子很清楚的表現出不順服，所以必須用棍子在他身上產生疼痛的感覺。在這種情況下，棍子是為了悖逆的態度使用。有兩種悖逆。1）公開的悖逆是不順服

的態度加行為。2）默默的悖逆，是只有表現出不順服的行為。[37]

孩子會不會有時候忘記了？會，但是多半的情況下這只是用來掩飾他們悖逆的藉口。孩子有時候的確會忘記，或者因其他的事分心。如果真是這樣，我們不處罰他們。相反的，我們只警告他們。但是當我們知道他們很清楚的不順服我們，我們必須使用棍子。

在這種情況下，可以用棍子打他們的手背。叫孩子把他的手放在一個平坦的平面上。這樣疼痛感會均勻的分佈在整個手，而不會只集中在某一處。如果孩子穿著厚的褲子，要打他的屁股比較不容易，因為他可能並沒有被打到。有時候又會打的太重，因為你以為他不夠痛，而導致處罰太嚴厲。

記住，當第一次用棍子的時候，你自己要先打自己看看。這樣你可以很清楚的判斷到底有多痛。我們不需要太重的體罰孩子。

我們可以先警告他們嗎？

在很多時候，如果我們對他們下的命令並不清楚，應該要先警告。比如，我們可能警告孩子不要走進鄰居的院子。但是因為過去一年來孩子常常拜訪鄰居，走進他們的院子，我們可能在開始的前幾天先警告他們。之後宣布在某一段時間後，你就要開始用棍子了。事實上，你已經在訓練他們不要走到那裡去。

---

[37] 也有別人稱之為主動與被動的悖逆。

很多時候，在孩子很清楚的做了違背良心與我們的規定的事情，我們想要警告他。但只有用棍子才能使他回頭，並與父母恢復適當的關係。

關於第一次的順服？

第一次的順服是指，當父母要求孩子做某件事，孩子第一次就聽話了。很多時候，父母一次又一次的警告孩子。他們以為藉著他們溫和的態度，他們正幫助孩子，這是自己騙自己。相反的，他們使孩子搞不清楚狀況，最終反而需要更嚴厲的體罰。

當然，我們需要努力達到第一次的順服。第一次的順服是順服。第二次的順服是不順服。我們再深入思想這個問題。

一旦父母警告了孩子，孩子會變得習慣於受警告。換句話說，孩子不再對父母要求他們做某件事有積極的反應。他們知道，在父母親提高音量喊叫之前，不會有任何事發生，而這可能要等他們重複他們的命令三次之後。為什麼多走這一段呢？這導致親子關係中極大的摩擦。

如何訓練孩子第一次就順服？

首先，我們需要向年齡夠大的孩子，解釋我們從現在開始對待他們的方式即將改變。告訴他們，過去你對待他們的方式是不正確的。當然並不是最好的。接受責任。向他們道歉，並告訴他們新計畫。

由訓練開始是最好的。他們過去受的訓練是錯的。現在他們需要重新訓練。設計一些練習用的場景，使他們可以在其中學習。使這個場景感覺像玩遊戲（如果他們年紀還小）。比如說，叫他們站在房間的另一頭。當你說「過來」的時候，他

們需要馬上過來。你可以設計幾個類似的情況。因為這只是重新訓練，不要把他們的不聽話視為悖逆，至少前幾次先不要。提醒他們。設定一個時間點，過了之後，如果他們不來或者不作父母第一次要求他們做的事情，就開始打了。

　　從早上就提醒他們家裡的新規矩。中午再提醒一次。他們遵守後，恭喜他們。跟他們解釋這種新方法有哪些比以前好的地方。比方說，媽媽不會發脾氣、吼叫了。父母應該隨身攜帶一個小棍子，以在孩子不順服的時候立刻處罰。重新訓練是困難的，但卻是必須的。

為什麼有許多的書都不鼓勵體罰？

現代思潮的中心思想，是認為一個不受任何規則律法限制的人是最自然的，因此也是最自由、最快樂的。他們認為真自由需要消除所有的限制，好讓人自由表達他們的感覺，滿足他們的慾望。現代思潮並不相信管教，以及塑造孩子的想法。他們不喜歡對孩子設下限制，他們用勸導的方式。他們不想干涉孩子選擇的自由。他們相信孩子可以正確的區分對錯。他們錯了。

　　聖經的觀點剛好相反。聖經強調，唯有限制一個人滿足私慾的自由，才能使他能達到他被創造的目的：愛神與愛人。聖經很清楚的指出，不受管教的孩子是愚頑的。聖經說這樣的人按自己的情慾生活，而非按原則與智慧生活。他寧願選擇比較容易的路，也不選擇最好的路。

現今世代的「不管教」原則	合乎聖經的管教
無法無天	清楚的規矩
不用杖責打	用杖責打
人性本善	人性本惡
表達自己的意見是一種自由	順服才是自由
缺乏管教，註定帶來羞辱	管教能開發孩子的潛能
勸說（講得很多）	命令（講得很少）
父母與孩子平等	父母有權柄
這樣的管教方式產生被寵壞的、驕傲的、不體貼別人的孩子	這樣的管教方式產生謙卑體貼別人、並且有自制力的孩子

現代思潮與聖經教導的比較表

就是這些現代思潮改變了現代社會，並且把現代人帶入一團混亂之中。政府正在教化百姓一種對權柄的不尊重，到最後會導致政府自己被人們棄絕。

暫停並回想：　你有受現代思潮的任何影響而需要被神的話語改變的地方嗎？

用手打與用棍打的差別呢？

有些人十分反對用手打孩子。我們建議用棍子，但是用手比較「方便」。換句話說，有時候你找不到棍子。（可能孩子把它藏起來了！我們就發生過。我們最近修了幾根蘋果樹枝來補充我們的存貨）但你隨時都有手。

誰有體罰孩子的責任？爸爸或媽媽？

神很清楚的設立父親來管理家庭。父親需要對孩子全面性的管教負責。然而，神也呼召媽媽來作爸爸的助手。她需要從早到晚都一貫、有效的執行紀律。

有時候，媽媽在感情上很容易參與孩子的感覺。如果父親看到這個情況，他必須介入並完成體罰的過程。

結論

今天很多父母對如何教養孩子並不瞭解。規則很容易學，但是要說服你的心同意這些規則困難的多。很多父母不知不覺中同意了現代思潮的想法。即使在你身邊的各種各樣的狀況都證實現代思潮的愚昧，許多父母仍然這樣做。或許更糟的是，他們以為他們找到了一個中庸之道。

如果父母親不同意體罰，他們與神的關係也會有問題。因為神與他的百姓有親密的關係，而祂仍然處罰他們。這顯示神關切我們真實的幸福。

> 你當心裡思想、耶和華你　神管教你、好像人管教兒子一樣。你要謹守耶和華你　神的誡命、遵行他的道、敬畏他。（申命記 8:5-6）

身為父母，我們需要向我們的天父學習如何管教。如果我們的孩子對我們是很重要的，那我們就需要持之以恆的這樣做。趁早開始訓練他們。建立他們心中對父母的尊敬，以致於他們第一次聽到父母說甚麼話的時候就願意去做。必要的時候要體罰。心中要記住我們的總體目標是要教育出愛神愛人的孩子。

　　如果你忠心，神是信實的。你會教養出不只你自己喜愛，別人也喜歡的孩子。你會想要親近他們。他們會想要親近我們。畢竟，這是我們辛苦訓練的第一個果子——一個美滿的親子關係。

教養原則

- 體罰是藉著帶給孩子疼痛以使得他願意從心裡順從。

- 父親需要為訓練孩子的整個過程負責。

- 使用棍子對於養育敬虔的孩子是非常重要的。

- 在體罰之前,我們必須清楚說明所設定的界線以及破壞規矩後產生的後果。

- 在體罰過後,父母應該親切的與孩子談話。

教養問題

1) 體罰是什麼?

2) 體罰與管教有何不同?

3) 以弗所書六章四節告訴父親要做哪兩件積極的事?

4) 為什麼體罰是必須的?

5) 如果我們的孩子在公開的場合中需要被糾正,我們應該怎麼做?

6) 如果有人認為體罰孩子是在虐待他,你如何向他說明?

7) 為訓練的目的使用棍子與為管教的目的使用棍子有何不同?

8) 我們可以在哪裡找到父親應該管教孩子的最好的範例?

第八章

設定界限

課程目的：使父母瞭解如何建立、實作以及維持對孩子所設定
的界限。

簡介

許多父母對孩子的要求與孩子真正所作所為有很大的落差。解
決這個問題的方法其實比父母所想像的容易多了。要達到這個
目的有三個關鍵因素：

- 父母的權柄使父母應該採取行動。如果不瞭解這點，父
  母會不想讓孩子順從他們的期望。他們可能會採取其他
  的方法，類似說服，但他們可能會覺得做起來很無力。

- 管教以及隨之而來的體罰能確保父母對孩子的期望確實實現。前面一章已經詳細討論過了。[38]

- 本章的主題集中在第三點：設定界限、與孩子溝通、並實際實行這個界限。換句話說，我們要告訴我們孩子去做什麼事，以及我們怎樣使他們能真的做到。

父母對他們的孩子有許多的期待。有些期待是希望他們長大之後能有所成就。我們講的不是這些期待。我們的討論會集中於個人品格或美德的塑造基礎。[39]這會使得不論他將來作什麼，他都能表現優異。品格重在一個人的為人，成就則看重他所做出的事情。

因為我們所討論的是有關年幼的孩子，我們需要從一些家裡發生的小事開始訓練起，例如隨手收拾東西，好好愛護玩具、自己折衣服等等。很多情況中，父母不知道應該要求孩子做哪些事，或者怎樣能使他們願意去做。更多時候，父母開始對這些情況產生焦慮。以下是這種壓力的幾個例子。

- 有些父母想出許多不同的工作要求孩子去做，但他們卻無法使得孩子願意去做。

- 有時候孩子一開始做得很好，但是因為缺乏鼓勵或指導，後來就不做了。

---

[38] 第二章提到父母的權柄。第五六章提到管教。第一章的目標也與設定界限這個主題十分有關。

[39] 我們承認許多事務性的工作，像是自己折衣服，並非道德性的問題。但是一旦父母要求孩子去做，這就變成了道德性的問題。因為孩子必須聽父母的話。

- 有時候父母要孩子做某件工作，但他們從來不訓練孩子如何去做。孩子會受到挫折。父母因為孩子沒有聽話而生氣，但是父母沒有仔細的教孩子怎麼去做。

- 有時候孩子因為其他事而分心。最後只做了一半的工作。

最後，父母與孩子雙方都需要自身的紀律以完成在這過程中彼此的責任。父母必須有耐心的在一旁幫助孩子，直到他在某方面自制的能力被培養出來為止。

高標準的重要性

父母為孩子所設立的規矩與界限使孩子能夠全然發展他的潛能。很多人以為這種潛能可以不藉著神的真理與神的工作而達成。不可能的。我們來看看為什麼。

神藉著孩子的父母施加給孩子的管教，使得孩子能壓抑他心中為自己打算的天然傾向，並能對他人的需要敏銳。沒有被要求到的地方會成為他生命中未被訓練的地方。這會成為將來他生命中的許多問題。

倘若你們不趕出那地的居民、所容留的居民、就必作你們眼中的刺、肋下的荊棘、也必在你們所住的地上擾害你們。而且我素常有意怎樣待他們、也必照樣待你們。
(民數記 33:55-56)

在聖經中，相對應的教導，是在警告以色列人必須把住在應許之地的所有仇敵都趕出去。任何沒有趕出去的仇敵，神說，一定會成為以色列人的「刺」。神說：

「（他們）也必在你們所住的地上擾害你們。」
（民數記卅三55）

　　父母對孩子施予的訓練，能幫助孩子馴服心中各種慾望，不然，這些慾望會變得無法控制。父母越徹底的實行訓練，對孩子越有益處。他們心中邪惡的種子會被徹底治死。每個種子代表我們心中某方面的邪惡。這個清單只是代表性的，並非把所有的邪惡都列出來。

> 因為從裡面、就是從人心裡、發出惡念、苟合、
> 偷盜、兇殺、姦淫、貪婪、邪惡、詭詐、淫蕩、
> 嫉妒、謗讟、驕傲、狂妄．這一切的惡、都是從
> 裡面出來、且能污穢人。 （馬可福音 7:21-23）

◆ 缺乏對權柄的尊重 （驕傲）

〰 缺乏對情緒的控制 （怒氣）

⏳ 缺乏對慾望的控制 （私欲）

⌂ 對他人的需要欠缺敏銳 （自私）

◈ 缺乏欣賞他人的能力 （爭競）

✚ 缺乏滿足 （貪心）

　　如果不去控制，這些特徵會像野草一樣漸漸長大。孩子需要受訓練，以致於能夠放棄這些慾望，按照神的原則生活，這樣的過程叫做自制。那些缺乏自制的人會被許多「荊棘」所控制，在生活中將會遇到更多問題。

　　右邊的圖說明，如果這些慾望當中有兩種在孩子的生命
中長大，會對他有什麼影響。這會開始影響孩子的正常生活，
例如教育、交友、與父母的關係，當然，還有與神的關係。如
果不在某個時候制止，這些慾望會毀了一個人。神使用父母來
控制這些污穢的慾望。

　　暫停並回想： 你會
不會偶而放縱自己？有
沒有一些你無法控制的
慾望？把它們列出來。
這些就是以前沒有好好
保護的領域。

邪惡的種子會長大並影響孩子的一生。

　　在父母的訓練中，我們觀察到有一些問題：

- 父母在自己有軟弱的地方，比較不容易嚴格執行紀律。
  如果父母會看「庸俗」的電影，通常他們會讓孩子觀賞
  一些令人反感的娛樂節目。我們看到，罪就是透過這個
  方式，由一代傳到下一代。

- 即使父母在他們自己有軟弱的地方仍然對孩子要求十分
  嚴格，孩子會懷著苦毒成長，並且認為父母是偽君子。

- 有時候父母對於神在生活中許多方面對我們的要求很容
  易忘記。

　　當父母以身作則的示範他們希望孩子做的事情，孩子會
看到這是獨一無二的過生活的方式，並會漸漸習慣。成為一個
好父母的意義，在於我們在孩子面前活出生活的見證。

　　暫停並回想： 在你自己的生活中，有哪些地方有爭戰？
你什麼地方容易失敗？你什麼地方容易剛硬，並且不願意被改

變？你有沒有在孩子身上，針對這些方面，設立高的標準？結果如何？

劃定界線

父母知道他們要什麼（目標）。他們需要知道如何強制執行他們想要做的事（紀律）。然後父母必須求神設立祂自己的高標準，以滿足並實現祂的命令。

　　然後父母要訂出這些界線，並且把這些界線告訴孩子。通常父母會參考其他父母所設的規矩。這是好的。有時我們不知道孩子在他這個年齡能夠做到什麼要求，或者父母可以要求什麼標準。父母要對自己所設的標準在神面前負責。

　　或許舉一個例子可以對我們有一點幫助。假設我們對孩子的目標是希望他成為一個喜樂的孩子。這是聖靈的果子之一。我們如何能讓一個孩子喜樂？當然孩子會有他自己的個性。除此之外，喜樂是一種特質，使一個人在各種情況下都能對神所賜與的一切感到高興。當我們設定界線的時候，需要思考哪些方面的態度與行為是我們不允許的。我們也必須思考我們如何能夠積極的教導，並以身作則，彰顯這樣的特質。

> 因為全律法都包在愛人如己這一句話之內了。你們要謹慎．若相咬相吞、只怕要彼此消滅了。我說、你們當順著聖靈而行、就不放縱肉體的情慾了。（加拉太書 5:14-16）

　　以這個情況為例，我們會不允許孩子在遇到自己不順利的時候抱怨、發牢騷、表現不好的態度或哀傷等等。積極方面，我們會以身作則，並教導他們有關神的良善、慈愛，以及祂全能的手在生活的每件事上掌權。與孩子分享神透過什麼方

式愛我們的家。喜樂來自於透過愛神與愛人實現神的旨意。我們會上教會，在那裡服事人。我們會在家裡學習如何彼此服事，透過這些機會得著喜樂。我們會教育他們一種喜悅的心態，即使別人心中的驕傲與苦毒使我們不悅，我們仍然能服事他人。

　　暫停並回想： 你以前怎樣對孩子設定界線？你有沒有被現代思潮所影響？怎樣影響？

第一個場合：家裡

在家裡，孩子的生活標準應該是怎樣？

典型的作法

父母到處追著孩子跑，以避免他出亂子。當然，父母的用意是好的，這樣可以確保孩子不會做些危險的事情。但這只是保護孩子不遭遇危險，卻沒有訓練他在父母不在身邊的時候能去做他應該做的事情。

- 毒根（天性的邪惡）: 缺乏界線，享有過度的自由能去作自己想做的。
- 發芽（短期的結果）: 被累死的父母，不順服的孩子，缺乏自制，忽視要求，孩子與父母之間的摩擦。
- 長成（長期的結果）: 相信他們自己是最重要的，其他人應該服事他們；相對主義，不可靠的個性。

神的作法

孩子應該被訓練以致能夠控制自己去做一切父母要求他去做的事。一次一項。身為父母,你要求孩子要做什麼或不要做什麼?跟孩子好好溝通。[40]看著他們說話,以確定他們真的有聽到你講話。如果有需要,叫他們把你剛說的命令重複一次。通常,如果孩子還小,父母只會想到要求孩子不要做某些事。

這裡有一些例子:不要摸、不要去、不要動、不要跳、不要跑、等等。當然父母必須要很清楚的說明何時(當爐子很熱的時候不要摸)、何地(不要在客廳玩耍)、以及哪些(不要碰那些在書架上的書)。當孩子還小,我們最好設定一些永不改變的規矩。「不要靠近爐子。」「不要碰客廳書架上的所有的書。」

所有物

孩子必須尊重他人的所有物(不論有或沒有生命,所有存在的東西)。人是神的管家,要好好管理神創造的每個事物,包括人、昆蟲、樹木、玩具。當孩子漸漸長大,他會學到某些東西屬於某些人。在他可以用這些東西之前,必須得到擁有者的同意。但即使對於某些沒有主人的東西,孩子也必須知道,他們

---

[40] 記得,如果很早開始訓練,這些規矩要隨著孩子的成長一條一條加上去。然而,如果孩子以前是放鬆慣了,後來才訓練,這些規矩可能會讓人覺得很累。先專注在幾個大的規矩上,然後當你看到有進步的時候,再慢慢的調整其他的細節。比如,如果希望孩子把整個房間收乾淨,先幫助他知道如何整理書架。每天都跟他一起做,直到他可以自己完成。然後就可以擴展到房間的其他地方。

所有的一切都是神給的。我們必須好好照顧它們。如果我們不能好好的管理某個東西，那我們就無權使用它。

即使某個玩具是屬於他們的，他們也無權把它弄壞。我告訴我們的孩子：「如果你不好好照顧你的玩具，我們會把玩具送給其他會好好照顧的人。」他們不可以亂摔玩具。如果這樣倒不如把玩具送人。

我們是管家。家具不是玩具，所以不可以在上面跳，床也不可以跳。當他們學會在家裡好好照顧一切的東西，他們在公眾場合就會延伸這個原則，而能夠好好照顧屬於其他人的東西。

收乾淨

如果孩子吃飯或玩玩具的時候搞得一團亂，他們應該把所有的東西收拾乾淨（如果他們年齡夠大）。甚至他們應該把所有髒東西掃起來。當孩子只有四五歲，父母，或者他的兄姐，可以在一旁幫助他收拾。更大一點之後他們就能夠自己做了。

亂丟東西

孩子應該被教導這個規矩，「不可以在家裡亂丟東西」。他們應該把這個規矩應用在家裡所有的東西上面。但有時候父母需要更進一步說明。他們不可以亂丟食物。在我們家，孩子可以丟紙飛機或者氣球（在你家或許不行）。

馬上來

如果叫他們，他們應該回應「馬上來」。如果他們無法馬上來，他們應該問父母是否許可他們晚點來。孩子應該說誠實的話，並且在父母第一次說話的時候就願意順服。

五分鐘原則

當父母親叫孩子做某些事的時候，他們應該給孩子一點時間，讓他們可以做完他們現在正在做的事，或者暫時收拾乾淨。即使大人也需要時間準備自己參與一個新的活動。在吃飯的時候，我們用搖鈴的方式。第一聲鈴響的時候，他們就要開始整理手頭上的東西。第二聲鈴響，他們就應該去洗手，然後直接到餐桌前。這可以使已經辛苦煮飯的媽媽減少許多的工作。這也能幫助孩子建立責任感，會自動整理身邊的環境。

衛生

父母應該訓練孩子保持衛生習慣。我們不能讓孩子自己決定他們想做什麼或不想做什麼。他們有時候甚至會用牙膏畫圖！相反的，父母必須讓他們好好刷牙，好好清潔馬桶，洗手的時候用肥皂好好洗乾淨。他們必須被訓練，以致於在適當的年紀可以自己做之前父母幫他們做的工作。

秩序

神是有秩序的神。規律作息是好的。父母應該設定上床睡覺以及起床的時間，而不是讓孩子決定。父母要設定何時吃飯，而非聽從孩子哭叫來決定。父母甚至應該設定起床與睡覺過程中

的種種細節。這包括醒著的時間，穿衣服，處理髒衣服，衛生習慣，吃飯等等。

　　　訓練孩子自己照顧自己能使得家裡很有秩序。洗完澡後，孩子應該把毛巾收好。剛開始的時候，與孩子一起做，之後，你可以指派孩子負責做這件事。如果是在對的靈的掌管之下行出來（例如「你已經長大了」），他們會想要自己去做。他們需要人教導他們如何折衣服，一步一步的教。你做第一步，他們做下一步。不知不覺中他們就已經把整件事做完了。

服事他人

當孩子開始會走路之後，父母就應該尋找機會訓練他們去幫助別人。有一部份的訓練集中在如何幫助他們注意到別人的需要。

　　　昨天，當我走進我在家中的辦公室時，我發現我的書桌非常乾淨。甚至我的椅子也整齊的靠在桌子旁，我的毛衣整齊的掛在椅背上。後來我才知道這一切是我的六歲大的女兒一手完成的。我們要培養這樣服事的靈。我們對她的體貼表現出我們的喜悅，並且盡我們所能的告訴其他的人，她這樣做是多麼的特別。

總結

我們不讓他們有選擇。我們幫他們選擇。我們一開始與他們一起做事情，然後他們很快就學會自己做，並且願意幫忙。他們學會尊重父母所說的話。這是不需要有很大的衝突就能建立對父母的尊重的一個好方法。

暫停並回想： 你是不是追著孩子跑，要盡量避免他們做錯事，還是你訓練他們去作對的事情？你是否能前後一致的去做？

第二個場合：餐桌

你如何訓練孩子好好吃飯？

典型的作法

父母看孩子想要什麼，就做什麼給他吃。

父母怕如果沒有問孩子想吃什麼，就煮東西給他吃，他可能會不喜歡。父母看重孩子的吃的慾望過於看重營養或者訓練他的自制能力。孩子想要什麼就得到什麼。每次他吵著要吃什麼，父母就給他。這樣會培養出挑剔以及不感恩的食客。這會讓他覺得自己是全宇宙的中心。

- 毒根（天性的邪惡）：缺乏感恩。

- 發芽（短期的結果）：　不感謝，索求無度，疲倦的媽媽，抱怨，發牢騷，挑剔，吃沒營養的東西。

- 長成（長期的結果）：缺乏對神以及配偶的感恩，不健康，沒禮貌，沒規矩。

神的作法

孩子並不知道什麼事情對他最好。叫他們幫你去逛街購物，你會很驚訝他們幫你買的東西！為孩子決定他真正需要什麼，給他好的、有營養、平衡的飲食。

孩子應該吃父母給他吃的東西。如果他不吃，就讓他去。如果他懂得什麼是好的食物，他就會養成良好的飲食習慣。不應該給他們任何零食，除非是年紀很小的孩子，或者特殊的場合。幫助他們建立良好的胃口，並且由其中產生感恩的心。

他會藉由觀察父母而學會感恩。如果爸爸對神以及媽媽表達出真實的感謝，這會大大的幫助孩子產生感謝的心。孩子應該被訓練，對於媽媽以愛心準備三餐表達感謝。

這並不是說孩子不會發展自己的愛好。每個孩子的情況不同，但是一味的去迎合他的喜好，避免他不喜歡的東西，並不能給他機會學習在困難的環境中忍耐。當孩子不喜歡某個東西的時候，他需要信賴父母的判斷。孩子可以決定他自己想吃的零食的顏色、大小、種類等等。

吃飯的目的

父母要問的問題是，「他們所吃的東西，吃東西的方式，對預備食物的人的感恩的態度，有沒有榮耀神」。除了感恩之外，孩子需要學習不要浪費。他不應該拿超過自己吃得下的份量。通常食物都夠讓他們可以拿第二盤。這總比他們多拿而吃不下最後倒掉好多了。

謝飯禱告

向主感恩是很重要的，不只是在吃飯前，也應該在每一件事情上。[41]我們訓練還是嬰兒的孩子要雙手合什禱告。我們就把他

---

[41] 凡事謝恩，因為這是神在基督耶穌裏向你們所定的旨意。（帖撒羅尼迦前書 5:18）

們的手緊緊的握在一起。這很有用。小孩子會習慣這樣做。等他大了一點，他會自願的想要這樣做。但是也要準備好。他會經過一個他不願意這樣做的階段。

如果這個情況發生了，就再一次把他的雙手握住，直到他自願雙手合什禱告。我們不希望孩子在這個時候嘻笑玩耍，我們要他們表現對神的恭敬。孩子要等到說完阿門之後，才可以開始用餐。

父母可能會想，到底要怎樣讓孩子去吃他不想吃的食物。同樣的原則，如果我們從很小的時候就開始訓練，父母只需要餵他們決定給他吃的東西就行了。不用問他他想要吃什麼。當我們這樣做，孩子自然的會習慣去吃一切父母要他吃的東西。如果孩子沒有這樣被訓練過，則必須用體罰的方式重新建立對父母權柄的尊重。

當孩子還小，不要讓他們的手去碰盤子。記得，孩子一定瞭解媽媽說「不可以」的意思，並且當他們坐在高椅子上的時候，會乖乖聽話。有時候，媽媽可能需要抓著孩子的手。

不愛吃？

當孩子還小的時候，有時孩子把吃的東西吐出來，而父母就誤以為這代表他們不愛吃。在這階段，孩子才剛開始學習怎麼吃飯。他們的舌頭還不夠熟練。媽媽可能以為孩子不愛吃，但事實上他是在嘗試著如何吃下去。當寶寶吐出來的時候，媽媽的臉上透露著不悅的表情，因為她以為寶寶不愛吃。寶寶從媽媽負面的反應，或者聽到她說「喔！你不愛吃」而開始學習。媽

媽應該給寶寶正面鼓勵的話語,以及有信心的表情,告訴孩子說,你會喜歡吃的。然後幫助寶寶歡喜的吃下去。

全家一同用餐應該是一件很快樂的事。父母與孩子應該在吃飯的時候聚在一起。除非有特別情況,否則不應該有電視或廣播等等的干擾。[42]我們家在一起的時候常常說很多的話。我們不允許說一些控告別人失敗的言語,我們想愉快的聊今天所發生的事情。

總結

如果孩子可以被訓練得願意吃所有提供給他的食物,許多吃飯所造成的壓力就可以避免。藉著買菜、煮菜以及提供孩子一頓營養的飯,以及營造一個美好的用餐氣氛,父母傳達了神的良善。

暫停並回想:你們吃飯的規矩如何?你希望在餐桌上能發生哪些美好的事?

第三個場合:公眾場所

你如何訓練孩子在公眾場所能表現良好?

典型的作法

父母希望與他人有些社交關係,但是孩子常常干擾父母。孩子在不該亂走的時候亂走,跑來跑去製造混亂,或者有些淘氣的行為,使得父母無法專注於那些與他們交談的人。父母用許多

---

[42] 凡事謝恩,因為這是神在基督耶穌裏向你們所定的旨意。(帖撒羅尼迦前書 5:18)

沒營養的零食來說服孩子聽話。當然，這樣做只能讓他們下次
繼續的不聽話。

- 毒根（天性的邪惡）：不順服會帶來獎勵。

- 發芽（短期的結果）： 父母什麼事也做不了；無法外
  出；會很不好意思。孩子控制父母。他學會用不聽話來
  得到他想要的東西。

- 長成（長期的結果）： 孩子認為他可以逃走，而且還拿
  了獎品。他操縱父母與其他的權柄以達成自己的目的。
  [43]他們的身體也不健康。

神的作法

父母應該期待孩子能夠有禮貌、舉止合宜，並且留意父母對他
的期待。孩子應該要能體會別人的心。他們應該回應父母對他
們的期待。

要有禮貌是來自聖經的教導。一個人應該視他人比自己
更重要。

> 凡事不可結黨、不可貪圖虛浮的榮耀．只要存心
> 謙卑、各人看別人比自己強。各人不要單顧自己
> 的事、也要顧別人的事。（腓立比書 2:3-4）

孩子應該學習注意到他人的需要，並為此控制自己的話
語和行為。如果父母在講話，他應該觀察到，並知道自己不應
該吵鬧。如果他感覺到自己太吵，或是聽見或看見爸爸在注意
他，他應該立即安靜下來。

---

[43] 這就是騙子的心態。

合宜的行為是非常重要的。不合宜的行為包括做一些危險的事情，讓他衝撞到別人，向別人丟東西，傷害別人，吵鬧，不好好照顧東西，或者不收拾自己所造成的髒亂。我們希望我們的孩子表現得十分合宜，以致於我們根本不會注意到他們。

我記得有一個教會在聚會後把兒童遊戲室關起來，不讓孩子在裡面玩。那個有玩具的房間，絕對是最適合孩子玩的地方。但是因為他們把整個房間搞得一團亂，他們後來決定聚會結束後就把它關起來。如果訓練每個孩子隨身收拾玩具，那不是更好嗎？或者如果在父母要走之前，全體孩子都同心協力一起把玩具間很快的收好，豈不更好？我看過這樣的作法，這是有效的。

我們無法要求孩子在公眾場合能明白所有父母所要求的每一項規矩，尤其當他到一個新環境時。但如果一個人有教孩子在家裡不可以在家具上亂跳，那孩子也應該被教導不可以在別人的家具上亂跳。一般的原則是，「如果你在家裡不可以做某件事，你在別的地方也不要做。」當孩子在家裡有被好好的訓練過，他們在公眾場合通常可以表現得很好。[44]

孩子對父母的要求必須十分的留意。父母必須告訴孩子，他希望孩子做什麼，比如應該待在什麼地方，不要做哪些事。如果父母親發明一種手勢或暗號，讓孩子知道，如果他現在不安靜下來，回家就會挨揍，這可能會有幫助。當父母叫孩子，他應該馬上過來。沒有例外。在家裡，我們要孩子立刻回

---

[44] 不乖的同伴可能會讓孩子的行為變壞。父母必須事先看到這種危機並且訓練孩子如何處理這種狀況。

答「馬上來，爸爸」，或者「好，媽媽」。在公眾場合可能比較不合適。

　　父母也要考慮到午睡時間，孩子的年齡，孩子可能餓了，或者前一天如果沒睡好，孩子可能會發脾氣。有愛心的父母不該濫用權柄，反而應該仔細體察孩子的需要。平衡是需要的。如果孩子出現不尋常的吵鬧，他可能生病了，父母應該早一點帶他回家。當然，如果孩子到家後變得很好，那我們可能誤解了他哭鬧的原因。

總結

父母在家裡應該好好訓練孩子，以致他們在公眾場合能表現良好。如果因為你孩子表現很好而被人誇獎，那是多麼棒的一件事！這是一個很好的機會，讓你試試看經常應用神的話語所產生的能力。

　　暫停並回想：你會因為孩子在外的表現感到不好意思嗎？你的孩子不乖的行為打擾到你正專注在做的事情嗎？其他人喜歡你的孩子嗎？

第四個場合：在教會的聚會中

你如何訓練孩子在聚會的時候表現良好？

典型的作法

父母親通常會不好意思參加聚會，因為他們年幼的孩子在旁邊會吵。所以通常父母就不去聚會，或者讓媽媽留在育嬰室照顧孩子。一旦孩子知道他可以不必乖乖的坐在椅子上等一個小

時，你可以確定他一定會盡他的全力「逃脫」。父母就會說，
孩子沒辦法安靜的坐著。他們就這樣相信。

- 毒根（天性的邪惡）： 追求自己有興趣的事，勝過對權
  柄的尊敬。

- 發芽（短期的結果）： 不尊敬神與父母。父母被孩子控
  制，卻不自覺。孩子沒有學會自我控制，安靜坐著，專
  心聽講。

- 長成（長期的結果）： 孩子藐視那些被他們控制的人。
  他們會逃避那些他們曾經藐視過的事情。

神的作法

孩子可以學會安靜的坐著。對於年紀小的孩子，這是一個比較
長的訓練，但這的確有用，而且有必要。孩子很容易在敬拜聚
會中變得沒耐心。父母認為，希望孩子能靜靜的坐著是不可能
的。這些父母應該想想，他們可以安靜的坐在電視機前面，同
樣一段很長的時間，卻動也不動。孩子必須控制他們的身體，
以致於能夠回應屬靈的事物。

> 你若留意聽從耶和華你　神的話、謹守遵行他的
> 一切誡命、就是我今日所吩咐你的、他必使你超
> 乎天下萬民之上。你若聽從耶和華你　神的話、
> 這以下的福必追隨你、臨到你身上。（申命記
> 28:1-2）

很多父母認為他們的孩子天性很「好動」。雖然這也是
對的，但是這可能只是缺乏訓練的一個藉口。其實父母應該記
得，他們注意到孩子的時間並不長。如果父母希望孩子在聚會

的一部份或全部的時間都能安靜的坐著，他們應該要訓練他們。

　　我們的理念是要訓練他們以致於他們不知道有其他的選擇。這不表示他們很安靜。他們其實很吵，可是他們自己不知道。我們有一個十八個月大的孩子，她很乖，可是她不能在教會裡安靜的待很長時間。她並不瞭解「安靜」這個命令的意思。她可能會在大家禱告的時候唱歌，或者坐在爸爸的腿上高興的說話。不幸的是，這些動作還是太吵了。所以父母中有一人必須把她帶出去。

　　如果我們立刻把他們帶到遊戲間，他們很快就會產生一個聯想：只要吵鬧就可以去遊戲間玩。如果我們這樣做，那我們就被自己害了，以後他們會重複這種行為。他們一開始並非想要控制父母。但我們所做的事讓他們會這樣想。一旦他們心中有了這種聯想，他們只要吵一吵，父母就會帶他們走了。

　　很多父母以為我們家的孩子在教會比較安靜，因為她們是女生。我們頭三個孩子是女生。他們可以以此作為自己安靜的理由。但事實上，他們之所以能夠安靜的做一個半小時，直等到聚會結束，是經過嚴格的訓練的。神現在給了我們三個男孩，來證明真正的差異在於缺乏訓練。男孩子比較有精力，但是他們也能夠在整個聚會，中安靜的坐著，就如女孩一樣，如果有好好的訓練過。那麼，我們要如何訓練孩子？

訓練

我們從他們什麼都不知道的時候開始訓練。我們不希望他們知道，除了安靜坐著還有其他選擇。一旦他們知道了他們可以有

自由，要訓練他們就難許多，雖然並非不可能。如果還是很小的嬰兒，可以把她帶到育嬰室。或者讓她留在你身旁也可以。只是要記得，這樣媽媽聚會比較不容易專心。媽媽通常很留意嬰兒的需要。

訓練的關鍵在於孩子開始察覺他周圍環境的改變。在六到八個月大的時候，孩子開始熟悉主日敬拜的流程。十個月大的時候，孩子應該與父母一同參與敬拜。父母中有一位必須要準備自己，一旦孩子吵到他人，就要立刻把她帶走。坐在後面的位子。這種情形不需要體罰。孩子其實不知道自己吵到別人。以我們家為例，如果可以，爸爸會起來把孩子帶出去。這樣做可以使媽媽專心聚會。爸爸即使抱著孩子，也同樣可以專心聽講道。

通常孩子會哭鬧幾個月，但是父母拒絕把她帶到比較「好玩」的房間，或者用糖果來賄賂她。他們需要讓孩子很清楚的知道，吵鬧不會帶給她任何好處。事實上，如果孩子以為她可以到處亂跑，通常爸爸會抱著她，不讓她下來。他就是抱著他們。過了六個月之後，孩子開始察覺到他所製造的噪音，並且開始接受訓練。一旦孩子開始懂了這些界線，例如服從父母，要安靜等等，就可以開始體罰他。當然，我們並不在教會裡體罰，而是在家裡。我們無法百分百斷言多大的孩子才能瞭解這些事，這也和他在家中所受的訓練有關。[45]

我們的孩子在這些很長的聚會中坐著直到結束。其實大部分的聚會並不長。如果父母流露出無聊的表情，孩子會從他

---

[45] 屬靈紀律的訓練應該在家庭崇拜的時候實行。我們會在後面的課程更多討論這點。

們的態度中立刻察覺。這會使訓練更困難。父母會為了自己的面子而不好意思表示出其實不想來參加聚會。孩子卻不管這些。如果父母表達出對於來聚會敬拜神的興奮，孩子也不會介意參加聚會。他們也能體會到那種期待。

記得，對於一些特殊場合，或者父母已經事先考慮過的狀況，這些實行的細節都有轉圜的餘地。如果有一天教會聚會的安排改變了，父母需要事先討論該怎麼辦。如果可以，我們盡量不把孩子送去參加青少年崇拜。我們並非律法主義，或者很驕傲的以為我們自己的方法是最好的。我們所考量的是怎樣作才能對孩子最好，不論是短期與長期而言。每個父母都需要負責想出他們自己訓練孩子的方法，使得孩子能愛神愛人。我們發現青少年崇拜透過許多事情來訓練孩子。他們沒有被訓練得更專注與忍耐，反而比較會分心。

目 的

人被命定要來敬拜可頌可畏的全能造物主。特別為了敬拜的時間訓練孩子，是對的。他們必須被訓練，以致於能存謙卑的心來到永活神的面前。如果他們控制父母以達到要去玩樂的目的，這與真正該做的事完全背道而馳。我們去教會的目的並非玩樂，而是要去遇見神。我們並非為了找朋友或者吃飯而去。我們服事神。這代表我們需要好好訓練孩子，能夠經常性的聚集在神面前，放下他們的玩具與玩樂。這些是我們更高的目標。

暫停並回想： 你對你的孩子在教會的行為表現，目標是什麼？這些目標討神喜悅嗎？你愛神超過世上任何事物嗎？你怎麼知道？你如何表現出來？

實際執行時的一般性原則

1. 留意心中的挫折感。比如說，父母要孩子在離開房間之前把房間收乾淨。這些心中的挫折感通常是對的，反映出一個人心中更深的標準。很多父母不容易清楚說出到底家裡哪裡有問題。他們只覺得有問題。在這個例子中，我們可以看到，房間沒收乾淨代表秩序的觀念、對東西的好好照顧以及清潔的規矩都被破壞了。

2. 觀察你們想做的事情，與孩子有什麼樣的關連。剛會走路的孩子還不會掃地，可是他會撿紙屑，收玩具，把書架中的書弄直。

3. 把一個大工程分成許多小工作來做。小工作可以是房間中許多需要打掃的小地方，或者該完成的幾項活動，或者規定好的清潔時間等等。

4. 選一個孩子有能力作的工作。比如孩子可以把標著字母的玩具按順序排好。

5. 與孩子一起做這個工作。注意他有哪些地方需要大人幫忙。在上面的例子中，他可能不知道如何高興的把他的玩具收好。做一次讓他知道怎樣用有趣的方式完成工作。

6. 如果這個工作要求孩子做某些他做不到的事，例如去拿某個他拿不到的東西，把工作內容或要求修改一下。我們可以，比如說，把東西放在比較低的櫃子。

7. 一旦某個工作變得容易完成，就開始做另一件，直到全部工程都完成。

8. 設定一個工作必須做完的期限。我們可以說，吃完晚飯後就要把房間收乾淨。（他還沒有幾點的概念）。

9. 設定一個不聽話的處罰。如果需要的話，加上體罰來執行。

10. 持之以恆的讓孩子去做。想辦法鼓勵他。誇獎他正慢慢建立的美德，例如喜樂、做事徹底、專心、忠心等等。不要讚美他的外在，或者所做的事。這會讓他驕傲。

　　暫停並回想： 按這些步驟來做。從你心中有的挫折感開始。有什麼事情是你希望你的孩子去做而他目前並沒做到的？按照這些步驟來做。有沒有什麼實行上的問題？

總結

父母不只能夠令孩子去做他們該做的事，而且在神面前，也有責任這樣去做。

教養原則

- 神要父母去使孩子做應該做的、正確的事情。

- 每個孩子都有不想去做正確、該做的事的傾向。他們需要受訓練。

- 在任何層面,只要父母忽略了教導孩子正確的行為舉止,孩子就會慢慢發展出錯誤的行為與態度。

- 藉由專心訓練孩子去做該做的事,不知不覺中父母就消除了孩子的錯誤行為與態度,並為孩子建立起良好的紀律。

- 要養出健康的孩子,生活的規律是必要的。

教養問題

1) 為什麼父母可以強制孩子執行他希望孩子做的事情?

2) 實務上,父母如何強制孩子去做那些事?

3) 為什麼以高標準訓練孩子那麼重要?

4) 缺乏情緒管理會導致什麼?

5) 一個孩子應該如何對待所擁有的東西?

6) 為什麼生活規律這麼重要?

7) 為什麼應由父母決定孩子用餐的時間以及該吃的東西?

8) 有哪些聖經基礎支持人該有一般性的禮貌?

9) 為什麼孩子必須學習安靜坐著敬拜神?

10) 我們應該讚美孩子的品德還是成就?為什麼?

培養敬虔的後代
幼兒以上

第九章

培養敬虔的孩子

課程目的：發展及應用聖經的原則以為孩子提供適當的靈性的
照顧。

> 「小強尼，我會為你禱告，願你成為一個敬虔的
> 人，愛神，並且願意為了幫助別人而花費自己的
> 金錢、恩賜與時間。」

我們想要的是好孩子還是敬虔的孩子？這是我們對孩子的要求
的中心問題。在世俗化的世界，很容易就把神放在訓練孩子的
過程之外。不論父母承不承認，唯有按照神的真理來養育孩
子，一個小孩才能成為一個「好」孩子。他們可能很享受神創
造的世界，享受神所賜與他們的東西，例如生命、身體，但他

們卻不感謝神。這是世俗化的一個記號，說明人可以不靠神過自己的生活。

我們想要的是敬虔的孩子，他們不但知道過美好生活的原則，也認識神自己。我們希望我們的孩子有對神的愛與渴慕，以致於湧流出對人類的愛。沒有耶穌基督的幫助，我們饒恕、愛人以及憐憫的能力都會受到極大的限制。在基督裡，我們有基督在我們裡面，活出祂自己的生命。

我們對孩子養育的目標必須遠超過我們單靠自己所能做到的事，靠自己所達成的目標只會讓我們驕傲而已。我們必須訓練孩子信靠神，並且過一個超自然的生活，在這生活中與聖靈同行。世上有許多的聲音告訴我們如何教養孩子，但是絕大多數都拒絕神對孩子的計畫。因為許多基督徒家庭都採用了世俗的思想，他們的孩子就過著一種不道德的生活，正如他們所接觸社會上的人一樣。現在正是改變我們家庭歷史走向的時刻。藉由一些少數願意按照神榮耀偉大的應許來生活的家庭，神可以成就極大的事情。

在這章，我們會先從申命記第六章來看神對於養育孩子的原則，之後，我們歸納幾個實行時的重點，以瞭解如何實行這些改變生命的原則。

對申命記第六章的觀察

原則一：建立屬神的標準，並以此生活（申六章一節）

> 這是耶和華你們　神所吩咐教訓你們的誡命、律
> 例、典章、使你們在所要過去得為業的地上遵行
> （申命記 6:1）

在前一章，摩西再一次清楚的把十誡告訴百姓。神是聖潔的，因此為了要討祂的喜悅，我們要照祂的方法做事。因此，我們需要知道主說了些什麼，並且確實的順服祂所說的話去做。摩西教導以色列人神的命令，好幫助他們在周圍的異教國家中能活出敬虔的生活。我們的標準必須來自於神的標準。這些命令如何傳給我們，我們也需要把它們教導下一代。

原則二：傳給下一代（申六章二節）

> 好叫你和你子子孫孫、一生敬畏耶和華你的
> 神、謹守他的一切律例、誡命、就是我所吩咐你
> 的、使你的日子得以長久。（申命記 6:2）

神要我們以一代一代的觀念來思考。我們不只要想到我們的孩子，還要想到我們孩子的孩子。「你」、「你的兒子」、「你的孫子」總共提到三代。我們在自己的生活中所做的事會對下一代產生很大的影響。「敬畏神」表示察覺神的同在，這會影響我們的生活。許多人過生活的方式好像神完全沒提過他們該如何活。

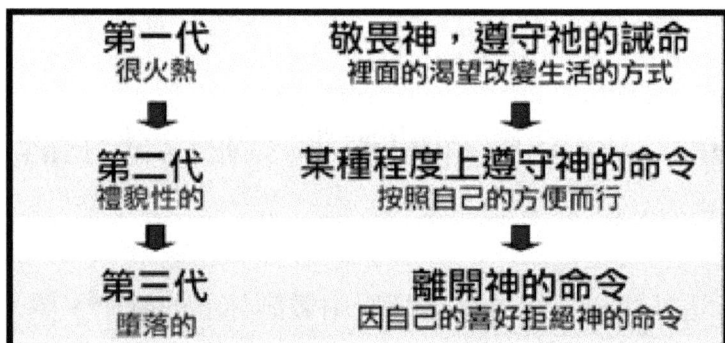

當神的話語對一個人的行為產生微不足道的影響，我們可以說他已經世俗化了，即使他可能還參加宗教性活動。「敬畏神」不在他的生命中。我們的目的不只是要把主的命令傳下去，而是要孩子能敬畏神，並遵守祂的命令。光知道神的命令是不夠的。知識必須轉變成生活的改變。

如果有一代人光有對神命令的知識，而沒有喜愛祂的道路（這就是為什麼基督教會退化成一種宗教），那麼下一代人將會離開這些誡命。

我們該如何避免下一代的遠離神？父母必須把對主的敬畏傳給他們的孩子，以及孩子的孩子。基督徒的父母必須盡其所能的把他們對主的心、對主的火熱以及對主命令的知識傳遞下去。

從積極面來說，如果我們在孩子面前活出敬虔的生活，他們很有可能會承繼這樣的火熱。我們必須小心的教導他們有關主的一切以及祂的道路。忽略了這一點，會導致下一代尊敬我們生活的方式，卻沒有屬靈的能力。

如果我們過一個妥協的生活，那我們的生活就好像已經變成第二代的階段。大部分的情況下，我們的孩子會離開主。

他們不信的原因是我們其實並沒有真實的相信。真實的信心會改變我們生活的優先次序。只有虛假的宗教信仰才會把「信仰」與生活分開。我們的孩子會觀察我們生活中的良善，遠超過我們口中的話。他們是對的。如果我們不按照我們所說的方式來生活，他們會看到我們的假冒為善。這會產生可悲的、苦毒的生命。

暫停並回想： 你對神在你的生活中所做的事感到興奮嗎？如果有，你有和你的孩子分享嗎？如果沒有，你真的期待你孩子的火熱能超過你嗎？

原則三： 使他們相信他們需要神的祝福（申六章三節）

> 以色列阿、你要聽、要謹守遵行、使你可以在那
> 流奶與蜜之地、得以享福、人數極其增多、正如
> 耶和華你列祖的　神所應許你的。 （申命記 6:3）

神的路總是帶來最好的祝福。我們被祂的教導塑造多少，我們就有多少的能力能夠按祂的標準生活。當我們仔細的在我們的生活中應用這些教導，我們就會看到神的祝福怎樣的充滿我們的生活。有部分的祝福是物質性的。[46]另一部份是人數增多。神希望使所有的良善增長。擁有許多的孩子是我們主

---

[46] 我們要瞭解，這並非表示神不會試驗我們。申命記八章2-3節告訴我們，試驗的目的是為了知道他們的內心如何。祂使得他們會飢渴的尋求祂對他們的回應。管教（八章五節）是為了他們的益處。在當時不容易明白，但是對長遠來說是好的。

的祝福之一，我們不該阻擋它。[47]「他必愛你、賜福與你、使你人數增多、也必在他向你列祖起誓應許給你的地上、賜福與你身所生的…」（申命記 7:13）

　　我們可以相信我們所有的福氣都是依靠遵行神的話而來，或者也可以不相信。我們順服多少，我們就蒙多少祝福。我們的目標應該是「快跑」尋求祂的誡命。只有這樣，我們才有一種對神的熱愛，並且值得傳遞給下一代。

原則四：對雅崴（主）獨一的忠誠（申六章4-5節）

> 以色列阿、你要聽、耶和華我們　神是獨一的主。你要盡心、盡性、盡力、愛耶和華你的神。（申命記 6:4）

　　因為主是獨一的，我們絕不能把對祂的愛分給別的事物。如果有許多神，我們的忠誠就會分散。因為祂是獨一的，我們的奉獻、靈感、力量應該全部被用來做祂所吩咐的。祂的話在我們的生活中是最重要的。神要求，甚至吩咐我們，我們應該把我們的工作、家庭、個人的計畫全都拿過來，重新安排，以致於祂成為我們生活的中心。比如說，一個醫生如果被要求進行墮胎手術，他應該選擇放棄他的工作。他不該謀殺嬰兒。對生命的承諾會要求他不可以傷害人。

---

[47] 在99.9%的情況下，避孕手段敵擋了神良善的旨意。只有在身體健康需要的情況下才應該使用。在歷史上，基督徒一向拒絕使用任何避孕方法。

　　耶穌告訴我們，我們只能愛祂，或者愛財富（瑪門）（馬太福音六章24節）。如果一個家崇拜的是金錢，他們的決定會按照心中已有的這個思想來走。最終，我們只能尊崇一位神。我們全家需要把自己委身於服事主。這個決定會把我們的家庭從其他事物中分別出來。把這個觀念傳遞給孩子是很重要的。

　　暫停並回想：　神在你的生活中居首位嗎？如果你的遭遇真的很糟糕，例如工作方面，你會放棄神嗎？

原則五：委身於祂的話（申六章六節）

　　我今日所吩咐你的話、都要記在心上（申命記 6:6）

　　如果我們以為我們可以把孩子養育成敬虔的男女卻不需要有對神以及祂話語的火熱，那我們是在欺騙自己。祂的話必須存在我們心上。反省我們花了多少時間使神的話在我們的心中更新，藉此我們可以判斷我們委身的程度。當我們花時間在祂的話語上時，是因為我們真的渴慕祂的話，還是因為這是該做的事？在屬靈生活中我們會經歷高潮低谷，但真正的考驗是，在這一切的情況中我們愛神有多少？

　　暫停並回想：　在一個禮拜中，身為父親的你，有幾次默想神的話語？

原則六：委身於教導孩子（申六章七節）

也要殷勤教訓你的兒女、無論你坐在家裡、行在
路上、躺下、起來、都要談論。（申命記 6:7）

在這裡有兩個命令。首先，我們被要求要「殷勤教導我
們的兒女」。這是指正式的教導。第二，我們要「談論」祂的
道路，這是指非正式的教導。

正式教導

父親有責任殷勤教導他的兒女。有趣的是，我們沒有看到神吩
咐牧師、長老或主日學老師來做這件事。因此，我們一定要拒
絕任何逃避做為父親教導孩子的傾向。相反的，我們應該擁抱
這個從神來的責任。身為父親我們該做什麼？

我們需要殷勤的把神的話
教導我們的兒女。我們教導的
內容是神的話或誡命。我們必
須教導他們正面與負面的命
令。並且許多教導是參雜在一
些有趣的歷史故事裡面，我們
也必須把這些故事念給他們

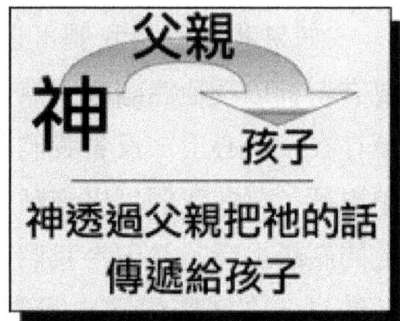
神透過父親把祂的話傳遞給孩子

聽。神透過父親，把對神的意識灌輸給孩子。這也會對我們的
生活帶來極大的祝福。

只要稍微觀察一些典型基督教家庭的父親，我們就能明
白為什麼許多基督教家庭的孩子都遠離神。父親沒有教導孩
子。有些孩子聽過爸爸教導別人聖經，卻不教導他。

事實上，直到最近　我自己也是到最近，當我在想如何使我的孩子在出去面對外面這個狂野的世界，能有比別的孩子更好的裝備，我才開始持守這個真理。直到那時，我才發現，雖然我常常在外面訓練門徒，我卻從未一對一的訓練我的孩子。我以前知道一對一帶門徒的好處，但卻從未應用在我家的情況。我疏忽了以一對一的方式帶領我的兩個大女兒，我因此被降卑了。我決定我要開始與我最大的兒子有固定的聚會，教導他神的話語。

當我更瞭解該如何進行以及各種需要之後，我把這種一對一的門徒訓練擴展到每一個能讀書的孩子。[48]我並沒有完全忽略比較大的孩子。從一開始，我們每天晚上就有家庭靈修的時間。但是這種以個人化的方式把神的話輸入到他們的生命中，是建造他們的一個很重要的方式。

這種家庭靈修或者個人化的門徒訓練，最大的困難，在於父親可能對神的話不太瞭解。如果一個父親不愛神，不愛神的話，這是很丟臉的一件事。他們的孩子會拒絕他們虛假的宗教，因為他們的信仰已經成為宗教了。如果一個父親真的愛神，他會愛神的話，研究神的話，並把它傳給他的孩子。[49]

---

[48] 如果你想要瞭解更多，可以到網站上看我與他們上的前幾章。網站上的資料一步一步的告訴你我是怎樣與我的兒子開始上前幾章，甚至連他畫的圖也在上面。請看 www.foundationsforfreedom.net/Topics/DiscipleshipConcepts/Sons/IntroSons.html.

[49] 有些父親需要被更新。請參閱「更新我們的個人禱告」來明白如何更新我們對神的愛 www.foundationsforfreedom.net/Topics/Devotions/Devotions000.html.

另一個困難是父親可能覺得自己並非在教導人上面有恩

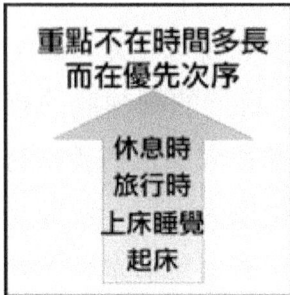

賜。換句話說，他們相信只有那些有

教導恩賜的人才能教導。我們必須拒

絕「有教導恩賜的爸爸才能教導孩

子」的思想。我們來想想，神的話要

求作父親的人要做什麼？祂是不是要

求我們要愛慕祂的話，並且教導我們

的兒女？所以不要讓「有恩賜的教

師」這種想法來攔阻你。如果我們定期的與神相遇、讀祂的

話，祂自己一定會給我們一些可以教導的事情。我們可以把神

教導我們的功課教導兒女。

　　與這種錯誤想法一起來的觀念，是認為只有受過神學院

訓練的人才能正確的教導教義。這是不對的。同樣的，這樣的

觀念與我們所學到，對父親的命令相違背。父親有責任教導兒

女。以弗所書第四章告訴我們，牧師與教師是為了裝備神的百

姓。這表示神吩咐牧師與教師警戒、教導神的百姓。神的百姓

中，許多人是父親。這些父親就必須教導他們的兒女。每個父

親都有責任教導他自己的兒女。每個父親都應該想出方法來正

式的教導兒女。不這樣做，孩子就被忽略了。我們的孩子在家

裡上學。這給我們有更多機會可以用神的話，而不用世俗的教

材，來教導他們。

　　暫停並回想： 身為父親，你如何對你的家正式的教導神

的話？有多少時間？在哪裡做？對象有誰？

重點不在時間多長
而在優先次序

↑

休息時
旅行時
上床睡覺
起床

非正式的教導

　　也要殷勤教訓你的兒女、無論你坐在家裡、行在
　　路上、躺下、起來、都要談論。（申命記 6:7）

　　有些父親，因為不知道這段經文是對他們說的，會嚇一跳。有些父親的確與孩子有家庭靈修的時間，但他們通常都太忙了，沒有空與孩子在一起談心。

　　這整套方法，唯有在父親真正的以他的全心、全意、全力來愛神的時候，才會發生果效。這種對神的火熱是正常的。沒有這種火熱就是冷淡退後。比如說，昨天因為過敏的關係，我的頭很痛。我的頭痛，但我的心卻有喜樂。當我躺下來的時候，我想到我的主，以及祂對我的愛。稍後，在這段休息時間，我與我的孩子們分享主如何保守我，使我不抱怨，也不懷疑祂對我的愛。我們必須與孩子分享生活的經歷。爸爸應該什麼時候作這件事？這段經文給我們四個場合。

1) 坐在家裡

有些爸爸忙著看電視、上網、看球賽，以致於他們沒時間好好陪孩子。另有些爸爸有空，但主不在他們心中。他們談論足球得分、最近新買的東西，或者他們工作上的專案時，他們會很興奮。但是他們真正該做的專案應該是要認識神以及神的話。這種對神缺乏火熱的態度，在他們的兒女身上也非常明顯。他們的心對某些事情很感興趣，對神卻不然。他們其實只是在學爸爸所做的。

2)行在路上

(今天的情況可能是坐車或開車)。有時候爸爸聽音樂或是某些電台節目，使他們無法專心與孩子談話。孩子喜歡交談，也愛問問題。你有問他們今天過得如何嗎？你喜歡與他們說話嗎？他們很愛與你說話。

3)躺下

(準備好上床)。在古時候，房子比較小。有時候男生睡在同一個房間，女生睡另一間。這讓大家有許多分享交通的機會。我記得好幾次與我爸爸的美好的交通發生在出外露營的時候。就在準備睡覺前，我們談了一會。如果孩子們有各自的臥房，父母親應該停留在每個房間，在他們睡著之前與他們有些交談。回顧一下這一天。給他們擁抱與親吻。

4)起來（清晨）

清早能決定我們一天的生活步調與態度。父親應該與孩子分享他早晨靈修的感動，或者說幾句話幫助孩子好好的面對每一天。父親應該早起，使得當其他的家人起床時他可以鼓勵他們。

　　每一天我們都會面對許多處境，在這些處境中，主要教導我們一些功課，使我們能傳遞給我們的孩子。我們把家裡的電視搬到三樓的閣樓，沒裝cable。他們只能看無線的三台。這使得我們在樓下的時候不會被打擾。吃飯時間也是一個彼此分享學習的一個好機會。我們也要提醒你，非正式教導並非教導的唯一方式。這是對於正式教導的一個很好的輔助。

原則七：展現神的話（申六章8-9節）

> 也要繫在手上為記號、戴在額上為經文。又要寫
> 在你房屋的門框上、並你的城門上。（申命記
> 6:8）

我們會把自己所愛的東西放在身邊。如果我們愛神的話語，它會在我們身邊。我們可以把經文放在我們的電腦螢幕，牆上，經文框等等。我們應該把我們以前所珍藏的東西丟了，以我們對神話語的熱愛來取代。把那些偶像、以及所有與其他宗教有關的東西都丟掉。把電影、明星的海報都拿下來。如果有些圖片太過憂鬱，用詩篇廿三篇來取代它。還有，與你的孩子一起背經句，學習寶貴神的話。

存放神的話最好的地方是在我們的心中。在我們牆上掛著的東西，應該是反映我們內心的狀態。我們把神的話放在家裡，並非因為別人命令我們，而是因為這就是我們所愛的東西。

暫停並回想：　你用什麼事物裝飾你的家？如果別人在你家裡走一圈，他們能立刻感覺出你是個十分愛主的人嗎？

總結

爸爸需要重新思考從神來的呼召。他們不只是丈夫；他們也是父親。他們需要領導、教導。從類似申命記第六章這樣的經文我們瞭解到家庭對社會的重要性。當家庭分崩離析，社會就死亡。當家庭興盛，父親好好帶領，社會就變得更好。我們身為父親的人願意開始認真的面對自己的角色嗎？還是就讓我們的

孩子被現代思想所荼毒，或者被世俗文化的墮落所纏住？我們對神的託付的回應會顯明我們的回答。

　　　看哪、耶和華大而可畏之日未到以前、我必差遣先知以利亞到你們那裡去。他必使父親的心轉向兒女、兒女的心轉向父親、免得我來咒詛遍地。　（瑪拉基書 4:5-6）

對家庭靈修的反思

家庭靈修是說一個固定的時間，全家在主面前聚在一起。雖然現在許多人都在講細胞小組，但是家庭靈修，或說「家庭祭壇」，其實是一個年代更久的一種小型聚會。因為現在的家庭變小了，成員分散四方，所以我們才需要人為的小組。對於現在的細胞小組，我們沒有意見，但是這應該也成為對身為父親者的提醒，讓他們看到正式教導孩子的重要性。全家應該定期的聚集在父親身邊，學習他對神的愛，以及對神的認識。

　　　就像個人靈修一樣，家庭靈修通常也有唱詩歌、背經、以及討論神的話、禱告與分享。這段時間越是個人化，越與孩子的生活有關，它對孩子的幫助越多。我們不會深入討論如何帶領家庭靈修，而會討論一些兩三歲幼兒的父母所會遇見的實際問題。

何時開始？

在孩子出生之前就應該開始靈修了。這是對的。如果沒有其他親人同住，這個時候只會有丈夫與妻子參與。當第一個孩子出生，全家會經過一段大約三個月的過渡期。丈夫與妻子在這段期間盡可能繼續他們的靈修生活是很重要的，即使只有十分鐘

也好。我和太太通常每晚一起分享禱告。我們不看電視，我們談話，並禱告。這的確需要花時間，但是想一想所帶來的好處。我們不會吵架。我們是一對和睦的夫妻。我們喜愛我們的婚姻生活。我們藉此省下了很多時間，不然這些時間可能會花在惱怒、擔憂、懼怕上面。

　　當孩子可以坐著的時候，就該是讓孩子參與靈修的時候了。雖然我太太和我仍會有另外聚會的時間。我們喜歡這樣做。在家庭靈修的時候我們不能分享太深的事情，我們不滿足於這樣的深度。與孩子在一起，我們需要有另一種層次的談話與焦點。

唱詩歌

我們唱一些簡單的兒童詩歌，也唱一些古老詩歌。小孩子喜歡一起唱，即使他們不懂詞的意思。他們拍掌或者擺動身體。在孩子識字之前，他們可以學著一起唱詩歌。我們只需要訓練他們。請他們跟著你念一些字。他們的記憶力相當好。

　　如果我們看到某個孩子（可能年紀大一點）不願意唱一首已經很熟的歌，這不是因為他們不會唱，而是他們正表現出一種「安靜」的反叛。他們有意的不唱。如果我們要他們唱，那我們需要與他們一起唱。他們可能也需要體罰，否則他們背叛的靈會破壞了整個敬拜的氣氛。

神的話

我們要孩子學習神的話。我們讀神的話，引用神的話，唱神的話。我們真正的目的是要讓我們思考神的話的含意。有些人用

一些教材幫助他們，例如聖經故事書。可以用這些作為輔助材料。

　　一個月專注於一個主題可能比較好。被幾段合適的經文。討論這些經文。讀另一些可以應用的經文。藉由網路上一些搜尋工具，我們可以很快的搜尋到關於「忍耐」的經文（我們這個月正在研讀這個主題），會有一長串的經文可以討論。我們尤其喜歡有一些主題的月曆，可以在每個月給我們一個基督教的主題，可以全家一同來思想。另外一種方式，有一些類似教義問答的教材可以給孩子背誦。我們比較喜歡討論孩子們主動提出的教義問題，但是有一些輔助教材是好的，可以幫助他們更豐富的瞭解我們對神話語的知識。

背經

小孩子能夠背許多聖經節。如果我們不相信，不讓他們去做，這是一件很可惜的事。當然父母需要與他們一起背，但這是好的。為何不早一點把神的話給他們，好讓神的話早點塑造他們？他們不需要知道其中的意涵。等他們長大自然會懂。

　　當然父母可以決定怎樣做最好，但其實他們可以背整章聖經，也可以背幾節特別選的經文。我們通常在靈修時間考驗他們。我們的孩子可以背詩篇第一篇、廿三篇、第100篇。這對他們很容易（對記憶力漸漸喪失的爸爸來說比較難！）我們就停在這裡嗎？不，我們要繼續下去。這裡有幾個實行的方法。

　　為每個孩子預備一個資料夾。把所有全家背過的經節都印出來。我們也把全家唱過的詩歌放在裡面。如果家裡說兩種

語言的，有一些可以用中文、另一些用英文。讓這件事變得有趣。我記得在我們研讀加拉太書五章22-23節之後，我們會每個人輪流說一個聖靈的果子。

　　暫停並回想： 你的家一起學習過哪些經節？你覺得他們該學哪些？

在靈修時，你如何讓孩子都安靜的坐著？

禱告的時候是最難的。但是如果我們早點開始訓練，這些麻煩在某種程度上就可以避免。比如說，當孩子還是嬰兒，媽媽可以緊握住他的手，在餵孩子之前帶他謝飯禱告。當他們可以坐高椅子時，也要這樣做。在靈修的時候，我通常會把最小的孩子帶來放在我的大腿上，握著他的手。當嬰兒學會在禱告的時候要雙手合什，需要有一段時間幫助他們持續保持這個習慣。一旦他們抗拒，我們就再回來用我們的手幫他們握緊。

　　我們無法強迫孩子安靜，但我們可以幫助他們乖乖坐著。比如說，剛會走路的孩子與爸爸或媽媽坐在一起。當他們開始會到處亂跑時，我用我的腿把他們夾住。我們可以不理他們發出的吵鬧聲，這和在教會中不同。

你怎麼禱告？

這與孩子的年紀大小有關。教孩子認罪、求上帝幫助，以及鼓勵他們為別人禱告，是很好的。我們鼓勵他們這樣做，但我們知道在他們承認基督為他們的主以及救主之前，神不會聽他們的禱告。然而，我們會為他們禱告，神會垂聽。禱告是基督徒的特權。

　　我們會記錄代禱事項。小孩子很能記得特殊的需要。我們為宣教士禱告。為你的家選一個特定的宣教士。我們決不敢只為自己禱告。當我們為他人禱告時，主要做更大的事。

　　我們有很多小孩，因此我們輪流禱告。如果小孩少一些，可以每個都開口禱告。可以由父親開始，母親結束；孩子在中間禱告。通常在六歲之後，孩子會想要開始禱告，有時候會更早。如果年紀還小，我們只要拉著他們的手，為他們禱告。「神啊！為每一件美好的事感謝你。阿門！」

總結

當孩子生病，或者很累的時候，靈修可以簡短一點。如果你很晚才回家，就趁他們在床上的時候，按手在他們身上為他們禱告。這不是一個律法的規定，而是一個尋求神祝福你家庭的機會，並且趁此機會把你對神和祂話語的熱愛教導他們。

對屬靈餵養的幾點想法

現在讓我們來看看關於用屬靈教導來餵養家人的幾個方面。

為你的孩子禱告

每個孩子都是不同的。每個孩子有他自己的聲音、長的樣子、高矮胖瘦、掌紋、指紋。我們對每個孩子應該有不同的禱告。禱告不是什麼神奇的東西；它是父母為孩子所做的一個懇切的祈求，希望他們能夠長成他們該成為的樣式。這個禱告是一個漸進式的禱告。當我們看到孩子漸漸長大，我們我們會看到某個孩子身上發展出特殊的恩賜，或者面對特別的挑戰。我們需要集中禱告的焦點來為孩子禱告。

通常我們會在每個孩子身上看到特殊的長處與短處。我們應該鼓勵他們，為他們禱告，使他們能勝過罪與身體的軟弱，以致能實現神的美好計畫。我們尤其可以透過與他們一同背誦的經節來裝備他們。在大多數的情況中，每個人都會有一項特別需要對付的罪。身為父母，我們要知道這是孩子要成為敬虔的人的最大的敵人。只要我們還在世，我們的禱告可以成為他們的盾牌。

有了這樣的觀察與禱告，我們可以期待孩子將來成為敬虔的人，　充滿基督的靈。我們發現為他們取特別的名字會有幫助，就像聖經所做的一樣。什麼意思？你為什麼會想要為某個孩子取一個特殊的名字？禱告神，讓這個名字的屬靈意義能實現在他身上。

母親的角色

有些人好奇，為什麼在申命記第六章、以弗所書第六章，以及其他的經文都提到父親對於養育孩子的屬靈的責任，卻沒有提到母親？因為父親是需要負全責的。藉由第四節，特別對父親所說的話，可以看出來。父親是家裡的頭。然而，我們也看到，要塑造孩子的生命，光有父親是不夠的。

> 你們作兒女的、要在主裡聽從父母、這是理所當然的。要孝敬父母、使你得福、在世長壽．這是第一條帶應許的誡命。你們作父親的、不要惹兒女的氣、只要照著主的教訓和警戒、養育他們。（以弗所書 6:1-4）

在第一節，我們看到孩子應該聽從父母。不論父親或母親都要聽從。如果我們對於這點有懷疑，第二節再次的讓我們

肯定這點。尊敬與孝敬和誡命與應許連在一起。當孩子小的時候，[50]我們看到媽媽對孩子的細心呵護，但是父親必須知道，主的教訓以及整個訓練過程必須實現在孩子身上。妻子與丈夫必須同工，一起達到這個目標。妻子具有一種特殊的洞察力與能力，能夠幫助孩子。好的父親知道這一點，並且與他的妻子緊密配合。注意這裡說，在家中妻子該扮演的角色。

> 好指教少年婦人、愛丈夫、愛兒女、謹守、貞潔、料理家務、待人有恩、順服自己的丈夫、免得神的道理被毀謗。 （提多書 2:4-5）

孩子應該從母親身上獲得對於慈愛與溫和的體驗。這並非表示母親不管教。管教是愛的表明。如果孩子不聽母親的話，讓母親難過，他應該知道，當爸爸回來的時候，爸爸會管教他。然而，一個妻子決不敢把所有責備與教導的工作全部留給父親來作。因為父親在訓練孩子的事上不像母親一樣能及時的管教，並且能完全清楚當時所發生的每一個細節。母親主要應該要表達溫柔的愛。她需要記住這點。父親與母親應該和諧的、合一的來管教孩子。當我們讀到關於信主的婦女嫁給不信主的丈夫的經文，我們會更加瞭解母親的影響力。

不信的丈夫

有些婚姻，夫妻兩人一人是基督徒，另一人不是。這樣的情況中，信主的母親不要灰心。提摩太是由敬虔的祖母和母親所養大的。他後來成為早期教會的一個偉大的牧師。

---

[50] 「如同母親乳養自己的孩子。」 （帖撒羅尼迦前書二章7節）

想到你心裡無偽之信，這信是先在你外祖母羅
以、和你母親友尼基心裏的，我深信也在你的心
裡。（提摩太後書 1:5）

後面，我們讀到提摩太藉著她們的教導而明白聖經。並
且知道你是從小明白聖經，這聖經能使你因信基督耶穌有得救
的智慧（提摩太後書 3:15）。

這讓我們更肯定使徒保羅在哥林多前書七章14節所說
的。因為不信的丈夫、就因妻子成了聖潔，並且不信的妻子、
就因著丈夫成了聖潔。不然、你們的兒女就不潔淨，但如今他
們是聖潔的了(哥林多前書 7:14)。

只要不信的丈夫（或妻子）願意與信主的另一半同住，
信主的另一半就可以對他的孩子有極大的影響。

全家的目標

我們必須看見，最終的目的不只在孩子本身。當我們讀聖經，
我們看到神要透過家庭成就極大的事。孩子可視為父母思想意
志的延伸。身為基督徒的父母，我們必須棄絕個人主義的觀
點，要知道神要我們傳遞我們的服事、意向、愛心等等，給我
們的下一代。

比如說，如果我們看到一對夫婦很好客，很有可能他們
的孩子也學會這樣做。我們從父母身上看到憐憫、關懷與慈
愛，同時透過孩子模仿父母親，我們也看到孩子有這些特質。
我們並不是說，父母要強迫孩子將來作某些職業，而是說，我
們可以對於主將要在孩子身上所做的工有一種一般性的期待。
這會鼓勵我們以身作則，建立一個好的榜樣，使得孩子可以把
這些美好的事再傳給他人。

看一下亞伯拉罕、以撒、雅各。注意他們都有不美滿的
婚姻，而這個負面的因子代代相傳。我們也可以看到積極的一
面，他們對主的信心代代相傳而更堅固。他們持守神的應許以
及應許之地。

但我們也要小心。在孩子長大的過程中，他們不但會傳
承好的事物，也會傳承不好的事物。當我們有空，我們應該承
認我們的罪，靠主的力量來改變。即使有些較年長的孩子已經
被不好的身教所影響，這也會鼓勵他們。如果父母開始改變，
他們會知道他們也需要改變。

我們對這些事情越清楚，要朝著這個目的前進，並與孩
子們分享就會越容易。「你知道我們偉大的神要如何使用我們
家嗎？祂使用我們幫助我們家附近的那個窮人。我來跟你說說
我們家如何⋯」這種分享會在孩子心中灌輸一種偉大的異
象，遠超過個人眼界，並且以主的旨意為中心，而非以金錢或
權位為中心。

暫停並回想： 透過你們全家，主正在做怎樣的工作？你
有哪些恩賜？主如何透過你身為父母的身份來把祂的恩典祝福
給別人？

正面的教導

雖然在前幾章我們曾經提過，我們應該在這裡再說一次。身為
父母，我們不應該只傳給孩子負面的警戒。警告是需要的。我
們的孩子不應該說謊。但我們應該超越這個層次，並告訴他們
該去做哪些好的事情。我們越把我們的焦點放在以「愛鄰舍如

同自己」為中心的好事上，我們就越能在孩子身上灌輸對這種美德的異象。

這些正面的教導會成為一條孩子們可以行走的道路。孩子無法忽略這些事情而獨立生活。他們會思考他們應該做哪些正面的事。我們應該讓他們知道這個重要問題的答案，否則他們就會去別的地方尋找。讓我告訴你一個例子。我剛剛聽到我們家一個三歲的孩子哭鬧，因為他想要得到另一個哥哥有的東西。我告訴他，他不應該用哭的方法來得到想要的東西。但是之後，我繼續告訴他，我希望他做什麼。

首先，我吸引他的注意力確保他有在聽。我告訴他，我希望他與其他的兄弟姊妹分享東西，並且友善的與他們一起玩。我們就這樣結束了我們的對話。這是我希望他記住的事情。

暫停並回想： 把過去這一週你給孩子正面的教導一一列出來。要記得，只有當孩子長大到能夠理解、推斷事理的時候，這個方法才會開始有果效。但我們可以先開始訓練自己。

關於孩子的得救

每個孩子都需要認識主。記得，孩子應該尊敬神，以及他們的父母。即使一個不信主的孩子，我們也可以訓練他擁有這種態度。但是要愛神與愛人，需要福音的能力。孩子們生來就有罪性。因為父母是罪人，所以他們生來就是罪人。我們是罪人，因為我們的父母也是罪人。這個論述可以一直推下去，直推到亞當。在羅馬書中談到亞當的時候，保羅對此做了個總結。

> 如此說來、因一次的過犯（亞當的罪）、眾人都
> 被定罪、照樣、因一次的義行（耶穌的義）、眾
> 人也就被稱義得生命了。（羅 5:18）

當亞當犯罪的時候，整個人類都被污染了。無論在哪裡，所有的人類都需要被救贖。小孩也一樣需要。人並不是長大到夠成熟，可以為自己的道德負責之後，才需要救恩。正如上面所說，他們生來就是罪人。[51] 對孩子而言，得救的過程與所有人都一樣，但有些地方需要特別留意，因為他們比較會尊敬父母，並會想要取悅他們。這種想要取悅父母的願望與得救是兩回事。

有時候我們把得救等同於做決定。這方面的問題在於，做決定的時候，有許多的層面。決心包含心思、意志以及情感層面。當孩子想要取悅爸爸或牧師，他可能會說，他想要成為基督徒，或者點點頭表示他願意接受救恩。這很可能只是一種情感性的決定。他們可能根本沒有得救。因此我們必須尋找其他得救的徵兆。

我們首先應該清楚的告訴他們關於人的墮落以及人需要被救贖脫離神的憤怒。我們需要把孩子的罪指明給他們看。我們不是用一種指責的口氣來說，而僅是指出事實。我們要提醒他們，光是因為他說謊的罪，他就應該要下地獄。我們不需要把事情弄得誇張，只需要告訴他們真理。從小他們就能開始明白這點，並把他們的罪與得罪神連結在一起。我們絕不能強迫他們說他們是基督徒。這並不會改變他們的內心。

---

[51] 這就是為什麼墮胎絕對是個屬魔鬼的工具。他們的命運就是要下地獄。是的，他們並沒有出於自願的犯罪，但他們卻落在神一般性的憤怒之下。

　　我們要尋找的是，他們能察覺自己有罪。我們應該要看到他們裡面有悔改的靈。他們應該會自動的問有關主、天堂與地獄等等的問題。然後我們就知道主的靈正在作工了。我們可以說類似這樣的話鼓勵孩子相信：「我希望你能早日成為一個基督徒。你不會想要過沒有主耶穌的生活。」我相信，現在我四個最小的孩子，還不算是基督徒。但他們知道我仍然愛他們。他們有聽到我怎樣為他們能認識主而禱告。他們知道成為基督徒是一生中最好的事。我可以很容易的請他們跟我作認罪悔改的禱告，但這不會拯救他們。他們需要聖靈的工作使他們知罪以致於他們願意尋求救恩與十架。

　　不幸的，「決定」這個詞已經取代「悔改，信靠基督」的意涵。我們需要回到正確的根基。注意在以下的經文中提到，神的大能如何在人信主的過程中工作。

> 我告訴你們、不是的．你們若不悔改、都要如此滅亡。(路 13:5)
>
> 因為我們的福音傳到你們那裡裡、不獨在乎言語、也在乎權能、和聖靈、並充足的信心．正如你們知道我們在你們那裡、為你們的緣故是怎樣為人。(帖前 1:5)
>
> 因為他們自己已經報明我們是怎樣進到你們那裡、你們是怎樣離棄偶像歸向神、要服事那又真又活的神、等候他兒子從天降臨、就是他從死裡復活的、那位救我們脫離將來忿怒的耶穌。(帖前 1:9-10)

　　悔改是一種靈裡的信心，從神而來，相信一個人的罪是他身上最可怕的咒詛，會得到神的定罪，因此他尋求一條路以逃離罪惡。

　　當我們的孩子有受正確的訓練，我們會在他們身上看見許多美善的果子。不要認為這代表他們得救了。並不是。事實上，如果父母認為這與得救是同一件事，他們就被騙了。父母會告訴孩子以及牧師說，他們的孩子得救了，但事實上沒有。孩子們只會有基督徒的外貌，卻沒有基督徒的心。

　　悔改與相信是一起來的。孩子必須相信或知道基督是他們的救主。神會賜他們信心。這不僅是瞭解基督為他們死在十字架上的知識而已，而是一種確信，深信救主真的把他們從可怕的罪裡拯救出來。即使最好的孩子，如果有這種確信，他也會承認自己是邪惡的罪人，應當受神的審判。

　　暫停並回想：　你的孩子有哪幾個已經得救了？你有在他們身上看到這種悔改與相信的過程嗎？

養育敬虔的孩子

父母應該設立養育敬虔孩子的目標。我們應該期待在孩子的童年，他們就能透過主耶穌基督認識神。我們也應該期望他們愛神，喜悅神的道路。他們應該建立規律的個人靈修習慣，例如讀聖經、禱告、敬拜神。

　　父母可能會強迫孩子要保持這些習慣。我們盡量避免把這些要求強加於孩子身上，除非他們已經認識主了。身為基督徒的父母，我們自己做這些事，但我們以禱告的態度，等待神去攪動孩子的心。我們希望看到他們回應神的呼召，不是回應我們。藉著觀察我們在我們自己靈修的時候所做的事，他們會學到他們該作什麼。你會幫助他們有良好的習慣，以致於他們學會有規律的靈修來自己尋求神。

父母應該仔細聆聽孩子在家庭靈修時間所做的禱告，看看他們有沒有感謝神、敬拜神、請求神的赦免，以及為別人的需要與得救禱告。這是父親所能給予的另一種教導。家庭靈修是一定要有的，個人靈修則是他們個人向主的一種表達。

我們世俗化的社會影響了我們的觀念，以致於許多基督徒把聖經當成一本書來讀，而不是神的話。他們甚至也不知道有什麼差別。他們沒學過要如何透過讀祂的話來傾聽神的聲音。當父母火熱的在神的話裡來尋求神，他們會尋見祂，並且可以把這些經驗分享給他們的孩子。藉著這種方式，他們可以把他們屬靈的產業傳承給下一代。

總而言之，我們應該記住，一個敬虔的孩子，不只是有美德的，也不只是受過良好訓練的。一個敬虔的孩子有這些特質，但他更具有對神的道路、神的話以及神自己的熱愛。我們應該訓練、禱告，並尋求神工作在孩子身上，以致於孩子從心底愛神，而不僅僅是遵守祂的道。

暫停並回想：　　你的孩子敬虔嗎？什麼原因使你這樣覺得？你有規律的為他們的敬虔禱告嗎？

總結

屬靈的教導，無疑地，是教養過程中最重要的一個方面。何等可悲，它已經變成教養過程中最被忽視的一環。願神賜恩典給每一位父母，使他們能忠心。願祂呼召父親們起來，在他們的地位上大膽的在神的愛與神的道中來訓練孩子。

教養原則

- 神期待父親在家中負責屬靈的教導。

- 整個家庭都領受了要「盡心、盡性、盡意、盡力」愛神的命令。

- 父親對主的愛、順服與火熱會大大的影響全家人。

- 妻子協助丈夫完成他的責任。

- 一個父親必須以兩種方式教導孩子關於主的事：正式與非正式的方式。

- 家庭靈修是重要的，也是必要的，可以訓練孩子，並啟發他們自己敬拜主。

- 父母應該對孩子指出他們需要接受主的救恩，但是要等候神來攪動他們的心。

- 父母應該為每個孩子的未來禱告，並且禱告他們能成為敬虔的孩子，實現神對他們的旨意。

教養問題

1) 誰有責任在主裡教導孩子？為什麼？

2) 這個人可以以哪兩種方式實現這個屬靈的責任？

3) 為什麼許多孩子遠離主？

4) 過著良好的生活等於得救嗎？為什麼？

5) 為什麼家庭靈修很重要？

6) 在家庭靈修的時候，有哪三件事情該做？

7) 父母應該強迫孩子有個人靈修嗎？為什麼？

8)　父母應該如何學習為他們的孩子禱告？

9)　如果想要分辨孩子是否離得救不遠了，父母應該觀察哪些方面？

培養敬虔的後代
幼兒以上

第十章

建立兩代之間的愛

目的：讓新為父母者能夠在他們自己的父母、公婆或岳父母來訪期間對他們顯出神的愛與關懷。

　　大家都瞭解當父母、公婆或岳父母來看我們的時候會產生相處上的困難。事實上，我們可以承認，本來可能是一個美好的、讓人高興的機會往往變成一場惡夢。新婚夫婦很少會想到這些事情。當他們的父母、公婆或岳父母來看他們的時候，他們常常被這些不愉快的經驗嚇到，並且也無力改變這種情況。有經驗的夫妻常常會避免談到這些不愉快的經驗。讓我們從神的話中思想有哪些相處上的問題，並思考如何克服。

使家庭和睦

這幾點對於與父母、公婆或岳父母建立良好的關係很有幫助。就像是幾個步驟一樣。必須按照所寫的次序來做。

#1) 要謙卑：一次永遠的洗除你的罪

能良好的與我們的父母、公婆或岳父母溝通的關鍵，取決於我們能否為過去我們得罪他們的地方道歉，並且掃除所有過去的誤會。

注意！以前的冒犯與驕傲導致誤解與爭吵。

#2) 要孝敬：持續的尊敬父母親

神命令我們孝敬父母。我們藉著尊敬他們使他們確信我們重視他們。

注意！你將來與你孩子的關係很有可能與你現在跟自己父母親的關係一樣。所以現在就是該改變的時候。你的孩子會觀察你跟你父母的相處之道來學習如何與你相處。

#3) 要誠實：有耐心的與父母分享神的標準，並且要堅持

家庭的和睦取決於神的愛與真理對我們與父母的關係有多少影響。為了使他們能接受，我們必須用愛與關懷的態度來分享神的真理。

注意！當我們降低神的話語對我們的標準，我們會把傷害帶入家庭，我們會開始不順服神，並且神的慈愛也無法在我們的生活中完全彰顯。

在這裡我們只是簡單的提出這三個步驟，等一下我們會詳加解釋。

暫停並回想： 你有在你與父母親的關係上尋求和睦嗎？你採取了哪些步驟？還可以採取哪些步驟來改善？

在下面幾頁，我們會來看如何在父母親面前謙卑自己，並尊敬他們，且對他們誠實。要記得，神的計畫永遠是最好的。神知道與我們父母維持良好的關係同時又不對真理妥協對我們有多麼的重要。

瞭解父母親、公婆與岳父母生氣的原因

深影響一個文化，它對家庭所帶來的毀壞就越大。

很諷刺的是，沒有人認為這樣的問題會在是傳統的中國文化。在許多經典名著中都記載了婆婆與媳婦之間的衝突，這樣的衝突在現代也持續上演著。儒家思想在某種程度上使這種情形變得更糟糕，因為很多不合聖經的觀念持續了幾千年。就像一個彎曲的輪胎，時間過得越久，它會壞得更厲害。

如果我們認為這種問題只會影響中國人，那就錯了。全世界的文化都會面臨這樣的問題。不合聖經的觀念越自己的家庭中發生。但一次又一次，家庭團聚變成一個家庭中最充滿苦毒的時刻。或許有人會認為只要孫子孫女出生了，這種緊張關係就會被掩蓋。事實上不會。讓我們來想想為什麼新為父母者與他們的父母親、公婆與岳父母之間會有這麼多衝突。

1) 未經父母同意就結婚

如果一對準備結婚的情侶想要讓他們的婚姻充滿問題，他們可以從「未經父母同意就結婚」開始。當年輕人開始瞭解父母親的同意對他們的生活有多麼重要時，他們才知道自己有多愚笨。為什麼這件事這麼重要？

　　婚姻不只使兩個人聯合，也使兩個家庭聯合。這不只是一個人與另一個人的問題。還有更多人也被牽連。只有比較成熟的人才能看到這一點。神要我們孝敬父母。當孩子們沒有誠心的在結婚的事上尋求父母的同意時，父母會覺得不被尊重。

　　如果年輕人在尋求配偶的事上與父母同工，而不是與他們作對，他們將會得到保護。傳統的尋找結婚伴侶的方式與現代方式的不同使得這個問題更加嚴重。父母不再瞭解如何在這件事情上與孩子建立良好的關係，也喪失了信心。孩子們也不再期待父母對於這個過程有任何的參與。這是一個可恥的現象。

　　在婚姻中，這種兩代間的衝突可以更清楚的看到。如果年輕人沒有徵求父母的同意就結婚，他們在父母的眼中是非常的不禮貌，而且愚昧。不但沒有建立信任，反而冒犯了父母。[52]父母親未來將會輕視孩子所做的一切決定。同時，這個長大的孩子，也會持續的輕忽父母的建言。我們可以看到在這對新婚夫妻與他們的父母中間有一道不信任的牆。

---

[52] 透過讓父母參與生命中的重大決定，例如結婚，表達對父母的孝敬，是正確的。這是對於要孝敬父母的命令的一種簡單應用。父母可能不會說什麼，但是他們可以感覺得到孩子對他們的熱情或冷漠。

年輕夫婦錯誤的以為這沒什麼不對，等時間久了這一切就過去了。如果他們以為有了小孩會使得情形變得更好，他們大錯特錯。表面上看來，或許沒錯。新婚夫妻很高興自己有小孩。祖父母也很高興有一個孫子（孫女）。但事實上，這會變成下一次嚴重衝突與攤牌的場景。

在此刻我們不會探討這個接下來的衝突，但是我們的確要強調他們未經允許的婚姻所造成的傷害並沒有離開。解開這個苦毒的唯一方法是承認自己的愚昧，承認自己錯誤的判斷，並請求父母原諒。有些人會原諒，但也有些不會。對於那些會原諒的父母，他們會原諒孩子，並且他們之間的關係將會和好。否則，苦毒會持續留在他們心中，像一個仇敵一直留在他們的生命中。是的，神會原諒我們的罪，並在我們有困難的時候做工，但是我們無法強迫別人赦免我們。[53]

在繼續下去之前，讓我們想想父母與孩子共同尋找結婚伴侶的好處。父母可以給經驗不足的孩子許多寶貴的判斷。他們會保護年輕人避免做一些他們自己無法發現的錯誤決定。因為未來的岳父母（公婆）也參與在這個過程中，他們會覺得被敬重。他們會看到他們的孩子真的寶貴他們的真知灼見。這會建立一個堅強的互相信任的關係。[54]

---

[53] 我們當然能夠也必須赦免別人，即使他們不願意赦免我們（通常的情況是兩邊都有錯）。來看看關於認罪與饒恕的教導 www.foundationsforfreedom.net/Topics/Overcomer/OC3/OC311.html 。

[54] 因為這個原因，所以我們認為約會是一個不合聖經的觀念，會導致危險的處境，並且在未經父母同意之下做出重要的決定。

你們作兒女的，要在主裡聽從父母，這是理所當
然的。要孝敬父母，使你得福，在世長壽。這是
第一條帶應許的誡命。（以弗所書六1-3）

在結婚之前，孩子必須順服他們的父母。[55]不應該有任
何例外，因為神的話沒有給我們例外。不論父母親是不是基督
徒，不論他們聰明或愚笨，他們都是父母親。孩子們必須相信
神會透過父母親來做工。這是神啟示祂的旨意的一個很重要的
地方。相反的，尋求父母親忠告的年輕人，則讓人覺得他很成
熟。如果必要的話，他願意延後結婚，甚至結束這段感情。[56]

在以上的經文，我們的確看到孩子應該「在主裡」聽從
父母。神設立了例外的情況。當父母引導或強迫孩子去做一些
錯事的時候，孩子應該拒絕。換句話說，在生活中的每一件事
孩子都應該盡力完全順服父母親，即使他們自己並不喜歡做，
然而，當父母要求孩子不順服神的時候，孩子必須有堅定的心
志。如果孩子能始終保持這樣的心志，父母並不會因為孩子堅
持順服來自聖經更高的命令而感到被冒犯。

暫停並回想： 你的父母對你的婚姻有什麼看法？你有要
求他們的同意嗎？他們有同意嗎？

尋找配偶可能會透露出從小開始生活中所發生的一些問
題。

---

[55] 當然也有一些其他例外的情況。比如說，如果他們的兒子過了28歲仍然
未婚，並且自從廿歲開始他就獨立生活，只關心自己的需要。然而，即使
在這種情況下，在尋求配偶的時候仍然需要慎重考慮父母的意見以敬重他
們。不考慮他們的意見就擅自結婚是一個魯莽的行為。不事先尋求公婆
（岳父母）的同意而想要建立一個美滿的家庭是一種愚昧的行為。

[56] 相信神會透過父母親做工，會建立親子之間一種強而有力的關係。如果
孩子不願意這樣信靠主，這種關係無法建立。

2) 從過去以來關於罪的掙扎

如果你在結婚的事上冒犯了你的父母，那麼很有可能自從過去以來在你與父母之間的關係裡早已累積了一大堆不好的、甚至犯罪的習慣。每個問題都會帶來另一個問題。很多小問題會慢慢累積。這些過去的罪有沒有清除乾淨？如果沒有好好認罪，這些罪會跑回來重新住在你身上。創世記裡面雅各的故事點出屬於他的一連串的問題。[57]

基督徒從神得到被赦免的恩典，但同時神也命令他們要赦免人。如果沒有在罪逐漸長成之中把它清除，孩子們會認為不聽父母的意見，按自己的意思行事是好的。當然，這會使孩子漸漸落入罪中。罪總是會影響人與人之間的關係。如果孩子得罪了父母，他會自然的避免和父母相處。

> 凡作惡的便恨光，並不來就光，恐怕他的行為受
> 責備。（約翰福音三20）

年少時的罪會對孩子與父母之間的關係產生負面的衝擊。信任是由順從而來。不信任是從年少時的叛逆逐漸造成，而這種叛逆表現在他們照自己的意思行事。

每個人都需要清楚的知道自己犯了哪些罪以及因罪造成的不好的態度，並為這樣的罪道歉。最好的方法是把所有明顯

---

[57] 罪常常會抓住神的百姓。我們可以在雅各的身上清楚的看到這點。來看看關於他的生活的線上講道 www.foundationsforfreedom.net/References/OT/Pentateuch/Genesis/15Jacob/Genesis25-37_0Discipline.html。

的罪與對父母的冒犯，以及不
好的態度，一一列出來。告訴
你的父母，你以前沒有重視你
與他們的關係，但從現在開
始，你願意改變。解釋從小到
大所做的錯事。雖然你的父母
也可能對你做了一些不對的
事，不要在這時候提這些。只
要專注於你自己的錯就好。

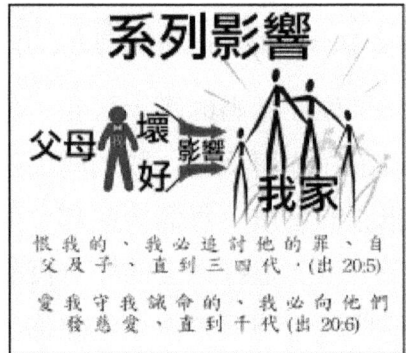

　　最好能夠分別與他們兩人認錯，然後到最後再一次在他
們兩人面前請求他們的赦免。「你願意赦免我所做的這些事
嗎？」你可能會發現需要特別注重一兩個地方，深入的道歉。
如果父母非常生氣，他們可能不會原諒你。另外有些父母可能
會說，沒關係，這不重要。其實，這很重要。告訴他們這對你
而言有多麼重要。道歉之後，無論何時你又得罪了父母，立刻
向他們道歉。這是維持一個良好關係的方法。

　　所以你們要彼此認罪，互相代求，使你們可以得
　　醫治。（雅各書五16）

　　雖然這些步驟看起來像是會使你父母對你的控制更厲
害，事實上，這些步驟會幫祝你恢復你與他們的關係，並且建
立建立彼此之間所需要的信任感。沒錯，這樣做是在謙卑自
己，這也是主所指教我們做的。除了告訴父母親你非常希望與
他們有一個很親密的關係，沒有其他方法可以更好的孝敬父
母。

暫停並回想： 你有請求父母饒恕你過去所犯的罪嗎？並且也包括你過去不好的態度？

3) 兩代之間的罪

我們必須知道，我們與父母之間的問題並不只是我們自己的問題。許多時候孩子們會對父母親潛在的罪做出反應。我們不應該要求他們赦免我們；我們只需要赦免他們就行了。然而，如果我們有智慧的話，我們會試著從祖父母、父母到我們自己追尋這種潛藏的罪的模式。

請注意在出埃及記廿章神怎樣說罪會遺傳到第三第四代。

這裡說到父母親的罪將會傳給他們的孩子。在這裡提及這一點的原因，是因為這些從祖先遺傳下來的罪常常是一個人生活中導致最多問題的罪。這些罪通常沒有被對付因為它們很不容易被發現。

如果父母親與孩子有相似的罪，我們會發現他們彼此之間不容易互相容忍。比如說，如果父母很容易發怒，很有可能孩子也容易用這種方式表達自己。[58]當父母與孩子有類似的罪，兩者通常比較難溝通。如果父母有易怒的問題，孩子有嫉妒的問題，至少他們還比較容易溝通一點。

如果兩個成年人沒有思想上共同的根基，是很難解決問題的。羅馬書第二章1-2節給我們一些亮光。

---

[58] 孩子不會繼承父母所有的罪，但通常會繼承一兩個比較明顯的。

你這論斷人的，無論你是誰，也無可推諉。你在甚麼事上論斷人，就在甚麼事上定自己的罪；因你這論斷人的，自己所行卻和別人一樣。（羅馬書二1）

保羅在這裡指出那些有罪的人通常可以看到別人身上的問題，可是卻看不到自己的問題。他們對自己的罪惡過犯好像瞎了一樣，視而不見。當我們把這個原則應用到父母與兒女，我們發現父母與兒女很容易擁有相同的罪的模式。他們很容易發現對方身上的罪，但對於自己的軟弱卻無法看見。這樣的情況會使誤會更深，因為他們都會認為對方缺乏承擔錯誤的能力，但事實上他們沒有看到自己的錯。兩邊都控告對方，卻原諒自己。你有發現這會導致兩代之間缺乏溝通的問題嗎？

當父母親來看他們的孩子，以及孫子孫女，以前的這些敵意會重新燃上心頭。解決之道不是改變父母。靠著你的配偶，先誠實的反省自己（你的配偶永遠是最好的幫手）。我們只需要記得，走過這個過程並不容易。找出影響你對父母的反應與態度的幾個罪。當你開始除去、恨惡這些罪的時候，你就開始學會諒解、同情、憐憫你的父母。

你父母的反應可能仍然令人不悅。然而，我們內心的改變將會除去父母心中的仇恨與驕傲。我們需要持續的與父母親、岳父母或公婆保持和諧的溝通。我個人曾經看到神在我自己的生命中做了奇妙的事。在我家庭裡，有些子女根本無法與我父母的其中一位有任何溝通。因為我已經原諒了父母，也請求他們原諒我，神賜給我超過我能想像的耐心來與父母親相處。這種方式真的完全改變我與父母的關係。只有在這種情況

下，溝通管道才能暢通，我們才能進一步去對付其他的誤解，
像是父母親超過了權柄的界線。

　　　暫停並回想：　列出五個父母親最主要的罪。問問你的配
偶，在你自己的生活中有沒有顯露這些罪？記得除了反省行為
之外也要省察內心的態度。

4) 不清楚或者不願意接受權柄的界線

當祖父母來看他們的孫子女，他們也會同時看到他們自己的子
女。很多祖父母因為上述的原因，若不是因為有孫子女的緣
故，根本不願意來看他們的兒女。神藉著這些可愛的小孩子來
使得一個家族有團圓的機會。這樣的相聚是一個發現與勝過過
去的罪的一個很好的機會。很多人從來沒看到這是一個機會，
只把它當成是一段需要忍耐的時間。

　　　如果過去的問題已經適當的處理過，或者，至少已經開
始處理了，[59]那麼年輕的夫婦就可以開始瞭解並向父母解釋權
柄的界線。權柄的界線可以從創世記二章24節看到。神、耶穌
與使徒保羅都曾經提到這一段簡潔有力的經文。

　　因此，人要離開父母，與妻子連合，二人成為一
　　體。（創世記二24，神說的）
　　並且說：因此，人要離開父母，與妻子連合，二
　　人成為一體。這經你們沒有念過麼？（馬太福音
　　十九5，耶穌說的）

---

[59] 我仍然在自己身上看到許多罪的樣式，儘管已經過了許多年。我才剛開
始發現自己常常用很重的口氣對孩子說話或責備他們。我現在已經結婚廿
五年了！

　　為這個緣故，人要離開父母，與妻子連合，二人
　　成為一體。（以弗所書五31，保羅說的）

　　「離開」與「連合」的原則在這裡非常的清楚。不幸的
是，這裡沒有更進一步告訴我們「離開」的意思是什麼。不管
是什麼，「離開」與「連合」對於一椿美滿婚姻都同樣的重
要。神藉著使這對新人與父母分離，設立一個新的婚姻的單
位。就像花園中的球莖，必須被摘下來，種在另一塊土壤上。
如果沒有被摘下來，最後會變得又小又不健康。

　　很多非基督徒的父母親不瞭解這個美滿婚姻的基本原
則，不瞭解為什麼這會帶來家庭的和睦。年輕夫婦通常不敢提
起這些原則。但如果神的真理沒有被帶出來，接下來會出現越
來越多問題。我很感謝我的父母願意嘗試著實行這些原則（這
對他們也是不容易的）。我們在這裡並非是想要討論這段經文
的所有應用。那需要寫一本書才講得完。相反的，我們在這裡
只想要討論父母親過度影響孩子們的婚姻生活以及干擾了對孫
子女的訓練的情況。

　　當一個人結婚，他組成了新的家庭單元。他不再受限制
需要「順從」父母，只需要「孝敬」他們。有些文化把順從與
孝敬視為同等，這會使得問題更加複雜。順從意指完全遵從，
孝敬意指體貼父母的需要。順從是完全按照上面有權柄的人的
吩咐來做。孝敬是指尊敬、欽佩。在有些情況下，孝敬會導致
行為的模仿，因為看到可仰慕的行為，但孝敬並不需要完全的

按照另一個人的意思去行事。即使對已婚的孩子，儒家思想仍然把順從與孝敬的意思合併在一起。[60]

　　這對新婚夫婦的父母應該尊重神所賜給他們孩子在婚姻中自我管理的自由。[61]他們不應該代替這對年輕夫婦做任何的決定。年輕夫婦如果聰明的話，應該歡喜的與父母討論生活中的事情，並從他們的身上學到智慧。父母親如果聰明，應該要釋放他們的孩子，讓他們自己管自己。就像小鳥，當時機成熟時，母鳥會把他們從巢裡面趕出去，讓他們過自己的生活。

　　父母親以及他們已婚的子女都應該認識這個原則。有些父母，當孩子不聽他們的時候，會用遺產來威脅他們。年輕的丈夫，絕對不能被這個威脅所迷惑，反而應該堅守神的真理，必要的時候甚至失去遺產也無所謂。有時想得到遺產的渴望會說服新婚夫婦按照父母親的意思來行事。他們絕對不能以這種威脅作為作決定的基礎。

　　信任是一種更好的方式。信任導致和睦。父母親懼怕孩子們會拋棄他們。新婚夫婦必須向他們的父母保證這種事不會發生。他們會永遠孝敬他們。如果年輕夫婦感到這種被控制的壓力，他們反而會退縮而開始變得自我保護。神的設計是最好的，因為神的設計是要讓彼此的關係在愛與信任之中滋長。

---

[60] 孝道是深植於中華文化中的一種觀念。當孩子在結婚之後並沒有「離開」父母的權柄時，這個教導的本來好的地方反而變質了。

[61] 這不是說孩子可以隨己意行任何事。他們需要向神負責，就像未婚之前一樣。如果他們虐待孩子，當然上帝會審判他們，可能透過世上的法庭，也可能不是。這段經文只是說當孩子結婚之後，父母親就不再需要負責替孩子做決定。這對父母而言是一種困難，卻是必須的改變。

畢竟，人人都希望和睦。新婚夫婦期待得到父母的支持與陪伴（當他們高興的時候）。父母親希望能常常看望他們的孩子與孫子女。神也希望這樣的結果。

暫停並回想： 你有想過在你的家中，「離開」的實際意義是什麼嗎？你有離開你的父母的權柄嗎？他們仍然控制你嗎？怎麼控制？在這樣的情況下產生怎樣的緊張關係？

5) 通常的困難（錢、感情的牽絆等等）

有一些其他的困難會介入父母、岳父母或公婆與新婚夫婦的關係。有些是因為向父母親借錢，或者有生意上的來往。有些是因為不美滿的婚姻。有些是需要靠父母親幫忙來照顧自己的孩子。有些父母、岳父母或公婆對新婚夫婦有很高的期待以致於對他們造成壓力。有些是因為跟父母、岳父母或公婆住在一起。有些地方的文化或是法律對某種情況的家庭有特殊的要求或限制。

有些社會有比較現代化的觀念，希望太太出去外面賺錢。他們通常會限制一個家庭應該生的孩子的數量。有些人的生活環境是一個問題。他們根本不知道如何離開。還有一些特殊情況像是離婚、犯淫亂或分居使得原本簡單的神的設計變得更加複雜。疾病或死亡對一個家庭的衝擊也很大。失業會對家庭帶來極大的災難，通常使得夫妻其中一人需要到遠地去謀生。有些父母喜歡控制他們已成年的孩子。這些父母有些人是因為他們自己曾經受過他們的父母的壓迫，因此覺得現在終於輪到他們了。通常這樣的父母會自己告訴自己說，他們是在幫助這對年輕人，但事實上，他們正在危害他們。

暫停並回想： 在你的生活中與父母相處的時候，還有哪些上面沒提到的問題？

總結

瞭解神的設計的關鍵在於比較父母親對我們的標準以及神對我們的標準。在任何情況中，我們都應該信靠順服神。有時候順服需要勇敢的下決定，但所有的決定都應該基於神的愛與神的計畫。只有這樣我們才能找到解答。否則，我們這一代的罪將會傳遞到下一代。

尋找解決方法

神早在一開始就看到婚姻的潛在問題，並且有效的解決了它們。如果我們想想活了930年的亞當，我們就會更清楚知道問題所在。至少我們知道亞當是個對後來的人產生很大影響的人。如果他用自己的權柄控制他所有的小孩和後代的子孫，那世界上會產生許許多多無力的家庭。他可以控制他們長達將近一千年的時間！。相反的，神特別設計了，當一對新人結婚之後，新家庭的丈夫必須立刻成為他們家的頭。

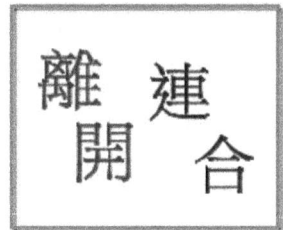

```
離　連
開　合
```

神如何解決這個問題的？祂只是使婚姻的設立多加了一條誡命，就是要讓丈夫成為在神權柄下的新的頭。新郎離開了原本自己父母親的權柄，成為新家庭的頭。男人必須同時離開父親與母親並且與他的妻子連合。

　　神以智慧來設計家庭，並用愛來把他的信息傳遞給我們。神不只有對於婚姻中秩序的智慧，也希望能把這種智慧傳遞給我們，好使我們獲得益處。忽略神的教導就像是一棵結實纍纍的樹上面長了美好的果子，我們卻不知道這些果子吃了可以對我們有幫助。

　　大部分的人並沒有發現或是渴慕遵守神的命令。父母通常會按照自己小時候被帶大的方式來對待自己的孩子，因為這樣比較有安全感。父母應該首先開始解釋，為什麼這個「離開／連合」的原則是有用的。不幸的是，很少孩子有這樣明智的父母。相反的，已經長大的孩子們，現在需要瞭解這個真理，並向父母親分享為什麼這個原則需要在生活中被實行出來。這很糟糕。如果新婚夫婦不向他們的父母解釋清楚這個真理，整個家庭將會開始不和睦。尤其是那些最近才信主的人，這個情況可能會更加嚴重。

　　所以已長大的孩子如何向父母分享這個真理呢？他們需要尊敬父母，並且有禮貌的向他們說明神更好的計畫。你可以用以下幾個問題來問你的父母，用溫柔的態度幫助他們瞭解神的真理。同時，它們也可以幫助你更瞭解父母親的過去的經歷以及為何他們用某些特定的方法做事。按神在你心中的引導來用這些問題，但是為了全家的好處，一定要把神的真理在家中實行出來。

問父母的問題：

1) 在你結婚之後，父母是否仍期待你在每一件事上都聽他們的話？

　　這個問題有三個用處。第一，幫祝你澄清緊張關係的起始點。第二，讓父母想起他們自己在過去曾有過的衝突。第三，幫助年輕夫婦有禮貌的告訴他們的父母，他們所受到來自父母的壓力。許多父母因為以前自己也是這樣過來的，所以就用同樣的方法控制自己的孩子。也就是遵照傳統。很有可能這些父母只是按照自己以前父母對待他們的方法對待孩子，也可能是他們不喜歡過去父母對待他們的方式，因而用完全相反的方法對待孩子。

2)（如果他們是這樣）你對於每一件事都要聽他們的話去做，有困難嗎？

　　在這裡我們要幫助父母看出，堅持要已婚的孩子凡事順從他們是不好的。藉著使他們回想自己過去的經驗，我們可以指出為什麼這一套作法不管用。

3)　為什麼你的父母一直堅持要你聽他們的，即使這樣做困難重重？

　　藉著這個問題，我們可以幫助我們的父母確知他們這樣做的原因以及開始檢視他們的方法有什麼缺點。父母可能不知道為什麼他們一直以來都這樣做，但他們會用他們自己的想法與意見來填塞他們的答案。從這裡我們可以瞭解為什麼這種想法對他們很重要。

　　為了有良好的溝通，我們必須瞭解父母的價值觀。如果我們一開始就提議一種新的方法，他們可能會感到被威脅而變得防衛心很重，甚至變得具有攻擊性。或許他們會提到他們需要保護孩子，或者遵循傳統。另有些父母會說是為了保持家中

的和諧。根據他們的回答，我們可以用兩者其中之一來回答他們。

　　如果他們的回答是要保護孩子或遵循傳統，我們可以繼續問：

4) 你覺得這樣做可以怎樣保護孩子？

5) 這樣的傳統對維持家庭的和諧有什麼幫助？

　　他們的回答可能會連到下一節的問題。我們需要秩序、保護、強壯的家庭以及好的人際關係。良好的關係是不容易建立的，因為要藉著遵守神的命令才能達到。

　　一旦他們看到了維持家庭和諧的重要性，我們應該繼續問：

6) 你認為這樣做有用嗎？當我看到在我周圍的朋友，他們的家庭在這種處境之中的結果，我感到有點害怕。

　　事實上，只有持守住神的話語才能帶來這種和睦。舉出幾個你知道的例子，來證明在這樣的文化以及這樣的方法中無法達到和睦。問他們你能不能跟他們分享神是如何預先看到這些問題並且提供了解決方法。依據父母的背景不同，你需要用不同的詞句來問這些問題。如果他們是無神論者或者信某種亞洲的宗教，他們可能不瞭解造物主的觀念。

7) 你知道創造人類的神已經告訴我們如何才能有家庭的和睦嗎？我能與你分享這個嗎？

　　這是一個關鍵性的問題，把討論引導到神的更美的方法。希望他們能敞開來聆聽。或許他們不願意。那我們就需要繼續禱告直到他們更加敞開。

　　你的回答必須要帶著恭敬，並且解決他們所擔憂的問題，這是很重要的。很多父母會以為這樣會破壞你對他們的忠誠。你需要向他們解釋順從與孝敬的分別（看前面所談的）。順利的話你應該能夠跟他們分享自從你結婚、成為基督徒以來孝敬他們的方式。如果你最近才成為基督徒，告訴他們，與以前比較起來，你現在如何更加尊敬他們。

- 神喜悅家庭和睦。

- 神要求新郎離開父母的權柄，在神的權柄之下領導他自己的新家庭。

- 已結婚的夫婦仍然需要孝敬父母（但不再需要順從他們）

- 神要丈夫對他的妻子信實，支持她、保護她、供應她的需要。

　　這些問題是為了引起溫和、有助益的談話而設計的。我們知道這個模式不一定適合每一種情況。然而，如果孩子們不把真理顯明出來，他們以後會遇到更多的誤解。至少在這樣的溝通中，父母會明白為什麼你現在要這樣做。真正的談話中不可能會一字不改的照上面的問題說出來。重要的是思想與表達要流暢，並且把真理的美善流露出來。

　　暫停並回想： 你曾經有需要向父母解釋這個「離開」與「連合」的真理嗎？你有解釋嗎？容易做嗎？為什麼？

體諒難相處的父母親

如果我們的父母仍然無法諒解，或者不願意談這些問題，我們該怎麼辦？這是一個很難的問題。不要反對父母，相反的我們

應該以禱告的心回過頭去問他們，我們是否還在某些事上曾經冒犯他們以致於他們不認為我們有孝敬他們。如果有，我們需要道歉並且改變。我們要盡我們所能的挪去所有對父母的冒犯。不要指出他們的錯。當你認你的錯時，他們也會想起他們的錯。

　　　如果你已經謙卑自己並且清除所有可能發生誤解的地方，再回去試看看他們願不願意聽你的。告訴他們你如何孝敬他們。這會幫助他們確信你真的尊敬他們。

他們的期望會不會是錯的？

有些時候我們會認為父母對我們的期望是錯的。他們可能是善於命令人的，常常忽略愛與服事的精神。他們可能要我們賺很多錢。如果我們觀察到這些態度，我們需要謙卑，因為如果沒有神在我們的生命中工作，我們也會有同樣的價值觀。當我看到我父母的錯誤時，我常常謙卑自己，因為我看到若不是神豐富的恩典，我自己也會變成這樣。

　　　如果他們不是基督徒，他們可能無法輕易明白我們新的價值觀。然而，我們看到耶穌在祂的生活中每天都在與這些人相處。不知不覺中，祂的愛與教導在人們的身上一同作工，產生祂所期待的改變。我們必須為我們的父母持守一個盼望，盼望他們也能從我們裡面看到耶穌，並且開始改變。

　　　我們必須知道，我們不能屈服於父母親不合理的、不合聖經的要求或期望。這種控制已經摧毀過去的許多家庭，因此必須拒絕。在與教會長輩禱告交通過之後，丈夫必須溫和的

向父母（或岳父母）解釋，他們不能按照他們的要求去作。記得要說清楚你不能遵照他們要求的原因為何。

比如說，你可能沒有錢去作某些事情。即使承認自己沒有錢是很丟臉的，也不要因此而去欠債，以達成他們的願望。或者，他們可能想要從早到晚都抱著你的小孩。如果只有一兩天，這可能還好，但如果他們在你家停留很久的時間，則丈夫必須解釋為什麼你們不能這樣做。

如果他們堅持要天天給小孩子糖吃，你們可能需要問他們，為什麼要這樣做。幫助他們知道有其他朋友的孩子因為吃太多糖而牙齒全部掉光。他們常常想要表達對孫子女的愛，卻常常感到能做的很有限。讓他們有別的選擇。向他們解釋你所設立的規矩以及設立規矩的目的。

從積極面來看，當他們作了一些正確的事情，肯定他們所作的，告訴他們這樣作的正面的果效。比如說，他們可能不會覺得帶孫子女去盪鞦韆有什麼特別的，但你要由衷的感謝他們，告訴他們這對他們的孫子女有多重要的價值。你可能需要鼓勵你的孩子寫幾張感謝卡給你的父母。

如果你或你的孩子在與你的父母、岳父母或公婆與相處時發生問題，你可以遵循下面的步驟。

1) 禱告使自己安靜下來。「神，我的天父，我多麼願意藉著孝敬父母來榮耀你的名。請幫助我更瞭解他們，幫助他們，以致於他們可以透過我看到你的愛。」

2) 確認使你困擾的問題是什麼。確認問題所在有時不容易。不要擔心。相信當你在禱告中尋求神的時候，祂會幫祝你。如果你還是找不出來，試著把你感到困擾的時

間點列成一張表，並且留意在這幾個時間點之前或當時，你聽到、看到了什麼情況。

3) 瞭解為什麼你的父母會這樣做。 藉著問他們一系列的問題，來使自己更瞭解他們。他們是不是一直以來都是這樣做？他們過去曾經歷過什麼事？我們應該記住，有時候人們會依照自身對某種狀況的過度反應行事。可能他們從小到大從來沒機會好好吃糖，因此認為給小孩子吃糖是一種特別的關愛。但是當他們這麼頻繁的給小孩吃糖，你現在開始擔心。你可以先問問父母，當他們小時候，情況是如何的。你會發現他們是否正在模仿他們自身過去的經驗（小時候曾吃了很多糖），或者對於過去經驗的過度反應（作與自身經驗完全相反的事情—給孫子女吃很多糖）。通常對於成長於貧窮環境下的父母親，他們的確是如此。他們強迫孩子定下賺錢的目標，認為這樣可以為生活找到出路。與他們分享，金錢不但不能解決真正的問題，反而會製造出一堆新的問題。

4) 盡力的感謝他們試圖把最好的東西給他們的孫子女。要感謝。儘管他們所擁有的知識不夠，他們其實已經很努力的想要幫忙。

5) 給他們其他替代方案，使他們可以改變他們的方式。（每週給一顆糖，而不是每天。或者不給糖，改成給餅乾）

6) 適當的回應他們，但保持感謝的態度。

• 如果他們的方式並不造成傷害，有耐心的包容他們，也幫助孩子們包容。

- 如果他們的方式對身體有害，用書本以及權威的話來幫助他們瞭解他們的方式是有害的。有很多父母只是不知道而做。

- 如果他們的方式不合聖經的原則，以基督徒的身份向他們解釋創造主的方法是最好的。神命令你要順服（拒絕說謊、偷竊、猥褻、賭博等等）。

7) 如果他們嘗試強迫你按照他們不合聖經的方法來作，向他們解釋順從與孝敬的不同。當你成為基督徒之後，你應該順從神。當你結婚之後，你需要離開他們的權柄，與你的配偶連合。溫和的解釋神的方法是最好的，並且要盡可能的解釋為什麼在這個特別的事件中神的方法比較好。

8) 如果父母、岳父母或公婆仍堅持某些不合聖經的方法，或是刻意在某些事上虐待你的妻子，丈夫需要挺身而出。他要堅定而溫和的說話。他要保持尊敬的態度。解釋在這個問題背後的屬靈原則。他們可能不瞭解神的更好計畫，但盡你所能解釋過去的謬誤，並說明神的方法可以帶給家庭所需要的關懷與相愛。

9) 如果你的父母與你同住一起，可能會面臨一個攤牌局面。最好事先請一位長老與你的父母分享這種情況。[62] 或許你的父母與你有些問題，而你並不完全瞭解。但是如果他們在你家中造成困擾，年輕的丈夫應該要清楚的

---

[62] 從長輩來的智慧通常可以幫助照亮我們的軟弱。這並非暗示你應該與父母正面衝突。丈夫必須記住自己的角色。如果他想要找一位中間人，需要有智慧來作這件事。他必須事先非常謹慎的與這位中間人分享他的價值觀，以免中間人不能完全表達他的意思。丈夫應該求神賜智慧來解決這種問題。

與他們分享權柄的界線。跟他們說明你很樂意聽他們分享他們的真知灼見（事實上你應該歡迎他們的勸告），但是他們不能強迫你服從。你可能不能阻止他們自己酗酒，但是他們不應該認為他們可以酗酒，或因此而把壞習慣帶入家庭。如果他們的行為不可接受，你必須減少對他們的歡迎。或許使他們在家裡停留比較短的時間，或者不要讓他們來訪，而是你去拜訪他們。

總結

我們都極其渴慕家庭和睦─除非這意味著需要改變。而當這真的需要改變時，許多人寧願選擇保持現狀也不願意家庭真的和諧。不過有時候這僅是因為他們或我們並不完全明瞭神的方法。神的方法總是最好的。有時候我們需要為神的方法剛強站立，否則我們將會把罪遺傳到下一代。感謝神，更少的情況是，我們需要堅持神的方法而拒絕父母的要求。為了成為一個屬主的新世代，我們需要決心，訂立高標準，這會使我們的孩子以及我們孩子的孩子都蒙福。

教養原則

- 家庭的和睦來自明白並遵行神的法則。
- 如果父母因為我們過去對他們的冒犯而常常反對我們，我們要主動對付這些罪。
- 一對年輕夫妻結婚之後，他們仍然需要孝敬父母但不再需要順從他們。
- 年輕夫婦應該尊重父母的智慧，並試著從他們身上學習。
- 「離開」意指年輕已婚夫婦在神面前成為他們自己獨立的單元。
- 「連合」意指丈夫應該保護他的妻子免受來自外在一切有害的影響，包括來自自己父母的掌控慾。
- 年輕夫婦不應該被他們父母的金錢所影響或控制。
- 年輕夫婦應該盡可能的幫助他們的父母瞭解並接受神對家庭的計畫。
- 有時候需要直接與他們攤牌。記得要敏感的、安靜的解釋你的所作所為。

教養問題

1) 為什麼與父母相處這麼困難？
2) 如果你能再重新長大一次，你會做哪些不同的事，說哪些不同的話？

3) 你怎麼對待自己的父母？你希望將來你的孩子這樣對待你嗎？

4) 孝敬與順從有什麼不同？

5) 解釋「離開」與「連合」的觀念。

6) 你需要採取哪些步驟以避免你的父母干預你的家庭（包括你的妻子與孩子）？

7) 你的妻子需要受到哪些方面的保護？

8) 你的父母在哪些方面干預你教養孩子？他們的方法是不是不合聖經？或者不健康？或者依循文化傳統？

第十一章

重新贏得青少年對我們的信任

課程目的：某些人家中已有年紀比較大的孩子，這些孩子小的時候沒有被適當的訓練，或者沒有被適當的疼愛，本章的目的要幫助這些孩子的父母，採取具體的步驟以重新贏得他們孩子的心。

為我們的家重新找回希望

當許多父母發現聖經有提到該如何養育孩子的時候，他們非常驚訝。當父母親們第一次面對神在培養敬虔的後代，在他們的

臉上能看出他們心中有許多疑問。家中有比較年長孩子的父母，他們的表情，與家中的孩子年紀還小的父母的表情非常不同。一課接一課，他們看到越來越多他們以前該做的事情。他們想起，有些時候他們在孩子面前的爭吵。或者他們因為過去沒有適當的執行對孩子的權柄而感到很深的懼怕。

在他們臉上看得到一種沈默的恐懼，或者一種徹底的絕望。或者可以用他們自己的話來描述：

> 「我們現在才知道我們以前應該要怎麼做，但是已經太晚了。他們都長大了。」

身為牧師，以及經驗豐富的父母，我們想要使你對孩子重新有盼望。我們不能保證孩子會如何回應你，但是我們可以很誠實的說，如果你按照這些步驟去作，你會有最大的可能，能看見孩子開始尊敬你，並按照神的路而行。如果他們不這樣做，那將是一件恐怖的事。

和解之窗

有太多孩子因為父母的關係被賣給世界。父母親委身給這世界的價值觀，以致於他們忽略、甚至殺了他們的孩子。[63] 由於父母的罪，這些孩子很調皮，甚至令人討厭。雖然我們家中的罪非常多，但仍然來得及。還是有盼望。一個在不好的家庭環境下長大的孩子，仍不時的會回過他的頭來，看看他的父

---

[63] 雖然許多人認為墮胎只是一種對生命的選擇，但是在賜生命之主的眼中，墮胎是冷酷的，視同於謀殺。我們不應該殺孩子，但他們現在已經死了。父母不但應該為他們的罪悔改，也要透過主耶穌尋求神的赦免。但這不代表過去所做的錯事完全沒有任何後遺症。這個孩子永遠失喪了。喔！我們真該完全離開這世界可憎的價值觀。

母是否有改變。他們盼望著，或許，也許，他們的父母會開始真的愛他們。

　　這就是我們的起點！我們以神在每個孩子心中所建立的天性為出發點---每個孩子都需要並且渴望從父母來的愛與支持。雖然一個孩子可能一再地被拒絕，他仍然會抓住一絲絲盼望。孩子們極其需要這種愛與關懷。大部分的動物的「成長」階段都非常快。在幾個月甚至幾天之內，有些小動物就已經可以離開父母亂跑了。神給了我們父母親一個特別延長的機會，讓我們可以與小孩彌補關係，即使小孩已經不「小」了。因著這種天然的愛，父母可以對他們的孩子產生極大的影響，即使他們已經成為祖父母也一樣！

　　很多父母按照自己不合聖經的教養習慣而虧欠了神與他們的孩子。透過像這樣一系列的課程，或者一個家庭的危機，他們的錯誤管理現在更清楚的顯露出來。這章要鼓勵這些父母，並幫助他們能夠容新贏得年紀已大的孩子的信任。現在並不晚。我們很高興透過神的恩典，對於我們那些頑固、叛逆的孩子仍然可以有盼望。不要放棄希望！

有需要的孩子

你曾經試圖改變某人，比方說你的配偶嗎？辦不到吧！改變我們比改變別人要容易多了，但這樣的話，我們要怎麼改變我們的孩子？不少的父母曾經試著改變他們叛逆的孩子，最後只得到他們的孩子以粗魯的言語回報。除了以下我們將要列出的所有的建議之外，你需要用真誠的禱告把你的全家，包括你自己

的生活，交托給神。[64]但我們也需要採取某些步驟以保證在我
們的生活中沒有任何事情會妨礙我們孩子的回轉過程。

　　當父母不按照神在聖經上的教養原則養育孩子，麻煩就
來了。如果我們持續的忽略這些原則，這些麻煩會變成在某些
生活方面與習慣上很深的問題，這種忽略的結果造成一面牆，
阻絕父母與孩子間有效的溝通。例如：

- 這些孩子不尊敬父母，因為他們是偽君子。

- 當父母生氣的時候，孩子心中有苦毒。

- 這些孩子尋找其他的同伴，因為他們得不到父母的愛。

- 這些孩子擁有父母親因為罪惡感所給的東西，卻得不到
  父母自己。

- 這些孩子放棄自己，因為他們沒有被愛。[65]

- 這些孩子故意作一些調皮的事情，為要引起父母的注
  意。

　　神要父母成為一個載具，承載祂的愛與真理，帶給這些
剛來到世上的人。當父母失敗了，孩子就會徬徨。這就是為什
麼現今世界有這麼多現代疾病。父母太忙於賺錢，忽略了他們
作父母的責任。

---

[64] 我們無法在此深入討論如何建立禱告生活，但你可以把這個危機視為神
把你帶回祂身邊的手段。要記得除了為你孩子的靈魂禱告之外，還有更重
要的目的。神正在加深你與祂之間的關係。一旦你的孩子被尋回，你會想
要繼續的以這種謙卑而規律性的禱告尋求神。

[65] 許多情緒上的問題，其原因都可以追溯於父母親沒有按照聖經方式來教
養，例如偷東西、絕食、或吃太多。孩子們這些罪行是由他們罪惡的內心
而來，但是一個破壞神的原則的環境會加強他們這種慣性。

仍然有希望嗎？

我們並非說每一個父母都壞到無可救藥。但我們肯定父母的「錯誤」會導致孩子的生命中產生傷痕。仍然有盼望。靠著神永遠都有盼望。使徒描述非基督徒是「活在世上，沒有指望，沒有神」（弗二12）他們卡住了，沒有地方可去。對於那些還不認識主的人，我們想像不到他們的世界有多黑暗。

基督徒的生活則完全不同。羅馬書五章五節說「盼望不至於失望」（直譯）。主耶穌的福音把奇妙的盼望帶到我們生活的每個層面。不幸的，我們中有許多人沒有察覺到我們的不順服，直到我們的孩子長大了。他們已經有了傷痕。他們不愛主。他們被這世界的宴樂與謊言所綑綁。在我們心中，我們知道他們正往哪個方向走。但我們不害怕。然而，當我們看出我們的問題，向主呼求，祂會帶來奇妙的恢復。

這一系列的教養課程專注在聖經的原則上，因為聖經的原則會光照我們的家。我們不要看起來好看的包裝來掩飾我們的傷口。那些沒有妥善處理的傷口會帶來更嚴重的感染。我們要他們心中的傷口得醫治，以致於我們能告訴別人，神如何使我們變得更好。這不正像是當人遇見主耶穌的時候所聽到的福音嗎？自從他們遇見主之後，他們就到處告訴別人關於主耶穌的事。這正是祂今天要做的事。

神要以這些聖經的真理（祂的光）顯明我們的失敗（定罪），尋求赦免（認罪），指出正確的路（指教），並產生祂如何幫助我們的見證（讚美）。我們無法得救，我們需要祂的幫助。在我們能找到並踏進一條正確之路，以離開我們一團亂的生活之前，讓我們先來禱告。

「親愛的天父，你的道是完美的。然而，我們卻
可憐的失敗了。身為父母，我們為著過去所做過
的某些決定深深的懊悔。我們揀選我們的升遷，
而不願意花時間陪伴家人。我們揀選工作，不管
家庭。我們揀選娛樂，卻不願意陪我們的孩子出
去走走。主啊！我們的家絕對需要神蹟。現在，
我們呼求你，主啊！拯救我們！幫助我們在我們
剩餘的這一短暫時光能作一個好的父母。幫助我
們的孩子，從他們現在沒有盼望的，屬世的道路
上被釋放，跟從你榮耀的道路。奉基督耶穌的名
禱告，阿門！」

更新的盼望

想要一次的指出身為父母的我們每一個沒有按神的話語生活的
地方是不可能的。即使神自己也沒有把我們所有的罪一次全部
指出來。祂一次只會選擇性的工作在我們生命中的某個（或某
些）層面。

當我們走過這一系列的課程，神會開始刺你的心，讓你
發現某些地方的失敗。這不是我在說話，而是神親自對你說
話。祂使我們認罪以致於我們知道該從哪裡開始轉變。如果我
們的手肘在痛，那代表我們的手肘受傷，而不是膝蓋有問題。
當我們因為自己寧願花時間看電影而不願意陪小孩而產生罪惡
感，這是神在你心中提醒你有些事情祂要你改變。這樣的改變
會幫助你、你的孩子，以及其他你會影響到的人。

我們總會傾向於不去想自己的失敗。這是因為我們的錯
誤會使我們降卑，感到羞愧。我們相信自己需要在別人面前有
好的形象以獲得接納，而這樣的相信深深紮根在我們作事情的

決定中，即使我們不承認。只要我們不願意認我們的罪，我們的驕傲會繼續摧毀我們的生命與家庭，帶來浩劫。神要把我們帶回祂祝福的路上，總是需要透過認罪。有一個大好消息是，有一條回去的路！不要拒絕認罪，去作就對了。

有些我們中間的父母想隱藏他們的罪，因此他們不認為教養失敗是一種罪。我不同意。錯誤的教養方式表示我們沒有實行出某些聖經的原則或教導。無論何時我們違反神的話語，那就是犯罪。我們傷害了自己與他人。如果我們彼此相愛，我們不會犯罪。錯誤的教養是一種罪。

> 遮掩自己罪過的，必不亨通。承認離棄罪過的，
> 必蒙憐恤。（箴 28:13）

如果我帶著怒氣說話，這不是一件錯事嗎？如果我因為忙著自己的事情以致於沒空照顧孩子的需要，這不是一種自私嗎？如果我因為之前不願意好好解決某個問題，以致於後來必須過份嚴厲管教孩子，我就是犯罪。如果我沒有嚴格執行我認為對孩子是好的標準，那我就沒有愛我的孩子。如果我透過賄賂的方法來說服孩子聽從我的話，那我是在加強他們肉體的情慾。如果我一天到晚只會批評，我不就是扣留了該給孩子的愛與關懷嗎？如果我們太驕傲以致於不願意認罪，我們就摧毀了我們與孩子正常關係中所有的信任。

然而，如果我們願意認罪，我們就是正在回應神，並容讓光照耀進入黑暗。這是一個好的開始。認罪會讓孩子瞭解，可能仍有希望。他看到一種內心的謙卑，這會令人震撼，光會穿過絕望的雲層，觸摸他的心。

　　如果身為父母的我們願意走這一步，我們就向前邁進了一大步。孩子可能仍有防衛心。他們可能會很謹慎。他們不知道這會帶來什麼後果。即使這樣，讓他們開始有盼望，這已經夠了（即使他們沒有表現出來）。這可以醞釀一個時機，以致於你有機會對你的孩子承認，你發現過去自己犯了許多錯誤，

並且希望能跟他們更多談談這些事情。從這裡，希望就誕生了。

　　虛心的人有福了，因為天國是他們的。（太 5:3）

瞭解懷疑

一個美好的關係中，信任是非常重要的。為什麼如此重要？對一個人信任使得你相信不論他說的或作的事都帶著良善的動機。當他聽到別人說「你是一個好朋友！」他會覺得高興。他相信別人沒有其他隱藏的動機。但是當苦毒、怒氣、缺乏被愛這些因素一再地出現，他就無法相信父母所說的是出於好的動機。從他們過去的經驗，他們認為在父母親心中有個隱藏的動機是想要傷害、憎恨、拒絕他們。

　　孩子已經發展成一種情形，易於接受謊言的欺騙，扭曲一切正面的事物。這就好像在他們的心中戴上了一個眼鏡，會按照某個特定的方式解釋所有的事情，就像是帶著藍色的眼鏡，看到所有的東西都是藍色的。在這種情況下，他們易於接受惡者的謊言，而不願意接受從你自己口中所說的話。很糟糕的是，即使你說的話是真的，或者帶著正面的動機，孩子仍然不相信你。

人際關係中的牆產生孤立與不信任。接著會導致容易對惡者屈服。當惡者送來仇恨與拒絕的電波，他們的心很容易接受。希伯來書十二章15節說：「恐怕有毒根生出來擾亂你們、因此叫眾人沾染污穢」。

回家的路

所以我們該如何親近孩子？我們不確定我們能改變孩子。我們唯一能作的事就是清理我們的生活，以致於孩子或許能感受得到，透過我們的生活所散發出來神的愛。我們要摧毀所有使他們不信任我們的因素。我們要讓家中的愛有無法敵擋的魅力。

懷疑會行成不信任的鏡片

懷疑　懷疑　孩子

請記得，我們並非要求完美。完美是不可能達到的。但是當我們按照主的旨意，以謙卑和饒恕的心持之以恆的去作，這會對他們的生命產生很大的影響。透過該有的認罪，我們反而增強了父母權柄的正當性。我們的孩子可能仍然會不同意我們，但是他們仍必須尊重我們的立場。這個恢復關係的過程可能需要一段時間。記得我們自己能達到這個地步也花了不少時間---不是幾天而是幾年。幸好，要拆除隔斷的牆比建立它要容易多了。

我們過去曾經一再地使孩子失望，或者使他們孤伶伶的自己一個人。因為我們心中的驕傲，我們即使對他們亂發脾氣，也不願意道歉，有多少夜晚他們是帶著眼淚入睡的？我們

真需要耐心。好消息是，神的愛是帶著耐心的。不論他們是否
接受我們，我們都應該在我們的禱告、生活紀律以及與他們同
在的時間持續的表現我們的愛。神會給我們持續下去的動力。
我們只需要緊緊抓住神。我自己以這樣的態度來看這件事：神
呼召我去愛，所以我一定要去愛。從今天起，我要繼續計畫下
一步該怎麼作。

　　　你的態度如何？你也願意這樣委身嗎？「靠神的恩典，
我願意持續不斷的愛 ＿＿＿＿」。把你孩子的名字放在空格中。
然後懇求神，讓神的愛透過你發出，使你的孩子看見。這是馬
太福音中「發光」的原則應用在我們的孩子身上。另外，我們
的配偶也會為此感到高興。

　　　你們的光也當這樣照在人前、叫他們看見你們的
　　　好行為、便將榮耀歸給你們在天上的父。 （太
　　　5:16）

　　　現在，讓我們來看看我們可以怎樣加速這個過程。

思想家庭的重要性

既然我們無法改變我們孩子的想法，我們需要回過頭來改變我
們自己。幸好，在神豐富的恩典中，祂使我們能採取這些步
驟。我們對神越真誠，我們就會越快實行這些步驟。我們必須
問自己，到底有多麼想要改變。要非常渴望。如果你並不十分
渴望，想辦法使自己渴望。沒有別的事情比這更重要。

　　　七年前的一個主日早晨，我正在洗澡。其他人都在睡
覺。突然我覺得胸口一陣疼痛，覺得暈眩。我很快的洗完澡，
去我的書房。我發現，說不定我馬上就要死了。我跪下來禱

告。我飛快的在心中把這一生所做過的事回想一遍。雖然我很喜愛牧師的工作，我感覺到神可以很容易的照顧羊群的需要。我作了不少訓練的工作。我們有許多優秀的教師。即使我不在，神的工作仍然會繼續下去。我的掛慮開始集中在我親愛的妻子與孩子身上。我為他們流淚。我關心他們。神用這段時間使我對他們生命的關心更具體化。我求神赦免我沒有好好為他們禱告。神醫治了我的疼痛，並且從那時候起，我對妻子、孩子開始有一種更新的愛。

我知道孩子相信基督、愛神，都是很重要的。沒有基督，他們會滅亡。從那天開始我開始採行具體的步驟，每天提名為孩子禱告。我也盼望當我有時間，能夠更多進入他們的生活中。

工作很重要，但是工作是為了幫助你能在愛中對你的家庭來服事神。如果你很富有，但你的孩子卻被寵壞，浪費錢財，這樣你到底得到了什麼？神並沒有要我們負責太多事，他只要我們作個好管家，我們應該把這個工作做好。神要與我們同工，但我們需要在自己的生活中作一些真實的大改變。我的用詞有點誇張，因為我怕你不願意作這些必要的改變。你願意嗎？

以下有一個可行的委身承諾。

➡ 我願意在我的生活中作所有必要的改變，以致於我能在
  神給我的責任中忠心，去關心他所分派給我撫養長大的
  小孩。

　　我不太贊成人很快的對某件事作委身的承諾45，但是以
上這個承諾是很重要的，絕對是神為了完成祂對你和你一家的
計畫而希望你做的承諾。

重建家庭

要建立一個敬虔的家庭有許多事要作。在看完神對我們家庭的
要求之後，我們會來看三個實際的步驟，幫助你不但重建你與
孩子的關係，並且正確的管理你的家。

我們的標準：更像耶穌

　　當我們看到自己的缺點，我們會求神讓我們知道有哪些
需要改變的，祂會信實的幫助我們。我們有可能會落入以下兩
種錯誤其中之一。

　　要記得我們需要更像耶穌，並且要把恩典與真理同時告
訴孩子。縱容與威權主義是這個真理的兩種失落。

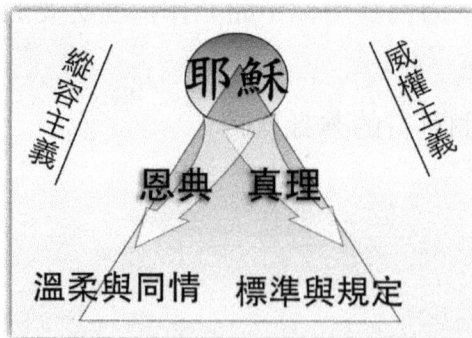

縱容 (真理的失落)

我們以前講過，當我們對真理妥協時，我們會傾向縱容。我們想要更親近孩子，所以我們對他們不合理的要求屈服。耶穌自己說父親不會把壞東西給孩子。但是當我們感覺到有些該做的事情卻沒有去做在孩子身上，我們就正在給他們壞東西。

威權主義 (恩典的失落)

當父母很堅定的站在真理這邊（律法），他通常會以缺乏恩典的方式實行。父親可能希望家裡安安靜靜，或者感覺他掌管一切—他要求順服。在這種狀況下他的愛沒有跟著來，因為愛不見了。他關心自己，而沒有考慮到孩子整體需要。

　　缺乏愛與憐憫的家庭通常是過份嚴格，充滿苦毒。雖然外表看起來順從，卻不是從心中發出的。的確，天父也有對祂孩子的標準，用杖或其他方法來保守孩子不越線，但祂是用愛來做的。威權主義[66]的父母在許多方面造成關係的裂縫：

- 當他犯錯時不會道歉。
- 他為了自己也會去做的事情責備孩子（雙重標準）。
- 他沒有一個有溫暖、歡迎孩子的家。
- 他在怒氣中說話。
- 當他體罰孩子時是為了顯自己的威風。

---

[66] 要記得，當我們用「威權主義」這個詞的時候，意思和「權柄」是不同的。「威權主義」是指以不恰當的方式運用一個人的權柄。如果父母充滿了恩典與愛，他們能恰當的執行權柄，因為他們關心在他們權柄之下的人。

　　父母沒有為了孩子願意與父母和解預備道路，孩子甚至根本不想要回頭。家裡充滿不歡迎與敵意的氣氛。

　　父母需要對自己的生活作一些嚴肅的評估。他需要看是否在他的生活中實行出恩典的原則。如果他太過於注意執行標準，他就無法正確的看恩典的這方面。

　　他需要看看耶穌如何生活。他如何面對在罪中的人們？我們同意耶穌並非這些人的父親，然而祂對他們犯罪的行為非常敏感，並且也的確與他們有衝突。或許當我們以耶穌與門徒的關係作一個例子時，我們看到耶穌的確很嚴峻的對祂的門徒說話，但總是帶著良善的動機。他們說的話是在犯罪，並且傷害別人。他要他們知道他們講這些話的嚴重性。

兩種問題的混和

的確，在家庭中的問題可能是以上兩種的混和。每個父母都可能有其中之一的缺點。在兩種情況中，我們都對於要活得更像耶穌的目標產生了妥協。我們必須在神面前謙卑自己，與我們的配偶一起跟孩子開一個大會，在其中坦誠的說出我們對家庭清楚的目標，以及為什麼希望作這些事。

　　如果我們不對自己的失敗坦誠以對，我們可能沒有機會再贏回我們的孩子。為什麼？因著我們的失敗，不論我們是故意或無意，都造成他們心中開始有苦毒、憤怒與愛世界的心。他們不再像小時候那麼信任我們。但是當他們看到我們的生命有真實的改變，他們對於親子關係改善的渴望會重新生長出來。父母真心的改變，對孩子來說，就像灑水澆灌在他們心中

盼望的種子。我們需要以持續的禱告來與生命的改變相結合。我們需要努力的透過禱告為孩子爭戰。

　　在許多家庭中，這些情況一再地發生，導致在父母與孩子中間建起了一道很厚的牆。我們不應該期待孩子來打破這道牆。有些孩子可能對人比較敏感，所以會想辦法柔軟父親的心，但這很少見。父親應該帶頭。目標是要幫助孩子，重建與父母的關係，而非繼續的隔離孩子，使他對親子關係完全放棄。要記得如果父母以前並沒有好好的教養孩子，現在才發現錯誤，那麼親子之間已經有一道牆存在了。過去的錯誤一直累積。當一位父親或母親拒絕自己的孩子，他們不知道這對孩子造成多嚴重的後果。比如說，如果一位父親每個禮拜對孩子罵兩次這樣的話：「你真沒用」，在一年之中，這種話會累積在孩子身上超過一百次。

要拆毀中間的牆，有三件事要做。

第一步　與神獨處

與神有正確的關係。

　　找一個時間自己與神相處，求神幫助你誠實的面對自己的生命。向祂承認自己的失敗。靠基督的能力，求主潔淨，並且求神指教，使你知道該作什麼來重建家庭。把你的各種不同

的缺點寫下來放在自己面前，可以幫
助你更清楚的面對問題。

　　在作這些之後，你需要自我承
諾，願意採取必要的步驟，以達成主
在你心中放下的負擔。

第二步 與配偶獨處

與你的配偶一起開個會。

　　如果能重新開始，像一個夫妻團隊，那是最好的。你不
是突然開始作，這樣會嚇到他們，反而，要先與你的同伴聚會
討論。你的丈夫或妻子可能會對於你是否真心還有懷疑。你應
該趁這個機會與你的配偶，比方說你的妻子，分享你過去失敗
的地方。如果這時她也分享他的軟弱，那是最好的。她可能會
需要一些時間跟上你的腳步。不要說出她的軟弱。好好對付你
自己的罪就夠了。解釋身為父母，你需要改變。你過去讓神失
望，現在你要靠祂的恩典來營造敬虔的家庭。

　　當你能夠與你的配偶分享你內心的改變，與他談全家真
正的需要之後，召集你所有的孩子來開家庭會議。如果你的配
偶對此沒興趣，身為父親的你仍然需要繼續下去，但記得要有
恩慈的去做。有可能你的妻子並不信任你。好好禱告，表現出
你願意成為一個好丈夫的態度。也許之後，她會發現你真的想
作一個好的爸爸。如果你的丈夫不感興趣，那麼你必須信靠
神，讓祂按祂自己的時間來重建家庭。你可以繼續以你個人的
行為，按以下的步驟實行，並從林前七14得到盼望。

因為不信的丈夫、就因着妻子成了聖潔。…不然、你們的兒女就不潔淨，但如今他們是聖潔的了。（林前 7:14）

這顯示即使只有一個真誠的基督徒，仍然會對他的配偶與孩子產生極大的影響。我們希望夫妻能夠同工，但是即使我們的配偶不願意配合，我們仍然禱告，期待更大的事能成就。

第三步　與年紀較大的孩子開會

第三步中有兩個主要部分：認罪時間，與糾正時間。認罪是注重重建與孩子之間的關係；糾正部分包括所有需要告訴他們的正面的教導，以使得家庭在未來能夠正常的運作。

在開會中，你需要一步步的照一下的步驟進行。每一步都很重要。[67]

a) 認罪

這個會議的主要目的在於重建我們年長孩子與我們之間的關係，所以不要急著想在這個會議裡面作太多細節的工作。在其他時間召開另一個會議來處理細節，除非有些事情是他們要求要討論的。

當我們同時也有其他年紀小的孩子，如果能把所有知道家裡有問題的孩子都找來一起開會是最好的。那些六七歲的孩子有可能也受了傷，需要參與會議。但是你也可以選擇與比較年長的孩子開完會之後，私下再去找這些年紀小的孩子。與所

---

[67] 記得讓你的牧師（或小組同伴）知道神正在你的生命中做工，他們可以為你禱告，並且幫助你儆醒。有些人不明白，所以只要盡量講他們懂的部分就行。比如說，「喬伊，如果你能每個禮拜問我，當我在家時我有沒有每天帶領我的家人有家庭靈修，那會對我很有幫助。」

有的孩子都重建關係是非常重要的。我記得有一次當我大發脾氣之後，我把年紀小的孩子也找來，對每一個孩子分別道歉。他們有足夠的理解力。他們會學到犯錯時道歉是我們家中的一種生活方式。

我們應該與他們定個時間。如果要找出每個人都有空的時間很不容易，也不要因此生氣。繼續想辦法直到找到一個大家都可以的時間。我們家通常都在客廳聚會，但是廚房也是個好地方。確保沒有任何人需要提早離席（需要提早上床睡覺），並且隔絕所有的干擾。即使電話響了也不要去接。如果需要的話，把電話線拔掉。大家應該圍圓圈坐著，你告訴孩子們你有幾件事需要跟他們討論。告訴他們，等下他們可以表達意見，不過父母親需要先說話。你感謝他們的合作。如果他們有任何問題要問，可以舉手。

- 爸爸應該在開始時作個禱告。在你禱告時，以全家的身份來認罪。在那個時候，還不要太多描述細節。你等下還有時間說。求神透過基督赦免並潔淨。

- 初始的認罪。告訴他們，你過去沒有照著聖經所說的標準來生活。這會成為整個會議的基調。對他們承認，每當你對聖經的標準妥協時，你傷害了他們（以及配偶）。

- 說故事。告訴他們神如何讓你開始注意這件事。這是見證神如何做工在你身上，但是要記得你還有許多的地方需要實際把神的教導活出來，因此要心懷謙卑。告訴他們神如何帶領你渴慕一個真實敬虔的家庭。在他們面前設立異象。

- 認罪時間。你需要趕快進行到認罪時間，否則他們的悖
  逆與掙扎會開始浮現。你需要把你之前列的清單拿出來
  （這會讓他們驚訝），一個一個說出過去你身為父親，
  得罪他們的事情。[68] 你可以告訴他們，這不是說你是完
  美的，但是你盼望盡全力作個完美的人以榮耀你的主，
  並且幫助你的全家人達到神對他們每個人生命中所定的
  美好計畫。認罪就是簡單的承認某些曾經作錯的事。[69]

　　一定要提到在哪些具體的事情（領域）中你對神的標準
妥協（比方：暴怒、不饒恕、物質主義等等）。同樣，再一次
的說你的行為對他們產生了負面的影響。告訴他們，身為一家
之主，你沒有好好的帶領他們，但現在你要靠神的恩典帶領他
們（也要靠祂的力量與智慧）。跟他們分享你非常需要他們為

---

[68] 因為我們要談到過去所犯的許多的罪，我們只需要確認哪一些的罪曾
經犯過，並且犯錯的頻率有多高。比如說，「你們知道，過去這些年來，
我常常看一些不好的電影。我自己作得不夠好。我得罪了神，並且影響你
們認為這樣做沒關係。」

[69] 如果父母親只對過去許多事情道歉一部份，並且從來沒有調整自己的生
活，那絕對是令人失望的。愛喝酒的爸爸出外喝醉了回來，亂罵人、打
人。當他酒醒了，知道他作的事，他說「對不起，我不該這樣做。我不應
該對你們作這些事。請原諒我。」問題是，下個週末，他又跑出去喝醉
了，作完全一樣的事。這種的認罪逐斃了。孩子對這種父母的尊敬會隨著
他一再地犯錯，而越來越少。
想要真正悔改這種行為的父母親，必須首先表示出他們的懺悔，請求原
諒。換句話說，父母應該在那個週末晚上待在家裡，花時間陪家人，而不
再和朋友出去玩。他應該問問他的孩子（當然也要問問妻子）他們有沒有
注意到有些事情改變了。當然，他們會注意到，現在爸爸陪他們，而不是
又出去喝醉。在那個時候，他可以再次為他最後一次或兩次得罪他們的事
情請求原諒。並且繼續這樣下去，好像一個全新的父親。他必須對他自己
的決定相當清楚。這樣的生活改變能把一絲希望的光輝帶進家庭中。否
則，孩子絕不會相信，這樣的認罪有什麼特別的。

你禱告，因為你有許多以前該學而沒學的事情，現在需要重新學習。

　　一旦你能夠進行到這裡，就好多了。要徹底。給一些說明的例子。問他們「你覺得像昨天我這樣生氣是對的嗎？」或者「你們覺得我不准你們看的節目，我自己卻去看，這樣是對的嗎？」對每一個你的過犯，你只需要給一個這樣的例子就夠了。

　　當你把你的清單全部說完之後，你一定要問他們，還有沒有哪些曾經得罪他們的事。給他們回答的時間，並且不要帶著防衛的態度！希望你之前已經對你配偶做過一樣的事。你的配偶在那個時候應該不會再提出新的事情。你們兩人要一起同工。

- 提出道歉，並接受道歉。在所有困難的事實都已經提出來之後，告訴他們，你需要他們的饒恕。告訴他們，對於過去所造成的情感上的傷害，你無法完全彌補。他們甚至可能需要一些時間來思想這些事，對他們的情況要敏感一點。但是不要讓他們以為你想要拖延時間。要堅持，但是也不要太急躁。讓他們知道，這對於家庭的改善有很大的幫助。重建關係之前必定有饒恕。

- 要直接。要像這樣說：「我過去不是個好父親。我很抱歉。你願意對於過去我作錯的事情饒恕我嗎？」然後從年紀最大的孩子開始，一個一個的要求他們對此有所回應。「吉米，你願意饒恕我過去所做傷害你的事情嗎？」我建議在這個時刻在所有其他孩子的面前給正在

回應的孩子一個擁抱。然後接著問下一個孩子，<u>並且繼續這樣下去直到所有的孩子都有一個機會可以饒恕你</u>。

暫停並回想： 你以前曾經對孩子道歉過嗎？上一次是什麼時候？你有哪些作錯的事尚未道歉？

你可能發現有些憎恨、苦毒、怒氣、暴怒仍存在孩子心中。你可以向他們先認自己的罪。當你願意赦免，我們就能夠有和好的關係。指出你計畫對於家庭裡行事的法則作一番改變。但在此刻還不要太深入這部分。事實上，如果他們每個人都還不願意饒恕，先保留這個新的計畫。關係恢復之前必有和解。

如果有孩子不願意饒恕你，不要太驚訝。可能你過去使他們失望太深了。他們可能在測驗你是否真誠。另一方面，可能你以前在某方面傷害他們，而你尚未對那個方面認罪。私底下再問這個孩子問題在哪裡。想辦法刺激他說出來。求神給你智慧。

最近我的一個兒子不願意在上床時給我一個親吻以及擁抱，這是他以前例行會做的事。我花了幾分鐘想瞭解出了什麼問題。他不承認有任何問題。然而，聖經說，不要含怒到日落。我繼續堅持下去。最後，我開始把我一天所做的事情一一在他面前提起。我所提到的第二件事切中焦點。我知道是這件事。我今天錯誤的處罰了他。我費了一段時間才把我的驕傲拿走，並且對他道歉。但是當我這樣做，他饒恕了我，我們的關係又回復正常。

另一個建議。當他們心中的叛逆很深，有時候他們不願意你直接去碰觸那個地方。在另一個創傷比較小的地方要求他

們的赦免，並由此開始。尤其他們對於某件特別的事情不願意赦免你的時候，更是這樣。

請記得認罪的法則

- 不要帶著自我防衛的心態，試著聆聽他們。

- 只要對你犯的錯承認就好。如果有些地方是誤會，讓他們知道。

- 請他們給你多一點時間思考某些方面的事。

- 只為自己認罪就好。父母不應該替孩子說出他們的罪。只說自己的就好。除非事先同意，你也不應該為你的配偶認罪。在大多數情況下，犯錯的人需要自己承認並尋求赦免。

- 提到你曾經如何傷害他們，並且因為傷害已經造成而道歉。不要用賄賂的方式討好。但是如果有一些關於錢財的問題，你應該把虧欠他們的錢還清。

- 要求赦免。期待他們有這樣的回應：「我饒恕你。」不要接受禮貌性的回答：「喔！這不重要。」如果他們這樣回答，告訴他們神說這件事很重要（他們其實也知道）。然後再一次請求他們饒恕。

- 他們的罪怎麼辦？私下的時候再處理。這些罪未來會再出現。不要讓它干擾這個重要的工作。

- 未來的改變。如果你還有時間，告訴他們這個家需要怎麼運作以符合神的心意。如果你已經很累，或者需要花更多時間清理與某個孩子的關係，把這件事留到下次再做。

b) 糾正

在認罪之後，你需要為你的家設定神所給的目標。謙卑自己並且召開家庭會議是很重要，但我們不能停在這裡。我們也需要建立一個好的家庭架構。尼希米不只是掌控了整個城市。在觀察破損的牆垣之後，他很有策略的把它們重建起來。他與其他人分享他的計畫，他們一起共同完成工作。

因為你的孩子已經長大了，他們應該在某種程度上參與這個過程。你應該領頭。讓他們參與並不會動搖你權柄的基礎，反而，是利用這個機會來教導他們。因為你以前並沒有這樣做，你需要告訴他們怎樣是對的，怎樣是錯的，以及為什麼。

你可能需要有一段簡短的查經，以強調你的家庭應該走的路。這與你身為父親應該教導孩子如何生活的責任剛好相符。如果你在他們小的時候就持續的這樣教導，他們現在應該對於如何生活早就有很好的裝備。但現在，你必須與他們一起作，發現並且建立這些生活的準則。

你應該讓牧師知道你正在作的事。你需要他的支持與引導，甚至他可以建議用哪些材料查經，或者教你如何研讀神的話語以帶領你的全家。

要提到你可能有些盲點需要他們一同幫助來克服。有兩件事必須要提到：標準與執行。

- 告訴他們，我們家要開始作什麼改變。分享一些實際的改變，例如每天晚上要有家庭晚禱。告訴他們，主對他們的標準是什麼。不說謊。對父母完全順服。你可以誠

實的告訴他們，你正在學習，但是對於主引導你的事情
非常的高興。從加拉太書第五章讀聖靈的果子。讓他們
聽到神良善的目標。

- 告訴他們，現在你要如何徹底實行神的路。告訴他們你
將要如何執行這些標準（根據孩子年紀大小的差別有不
同的方法）。對年紀小的孩子，你可以用杖。[70]當他們
長大了，你需要用我們之前所說過的自由與賞賜的觀念
來教導他們。這可能也不容易。[71]你需要解釋這個原則
怎麼運作。你可能也要告訴他們在將來這些原則怎麼用
在家裡。讓他們讀讀這一系列課程中這部分的材料。他
們已經大了。他們需要真正的瞭解。

我們現在來看看有哪些我們能作的具體事項，以正確的
按照神的路來建立家庭秩序。

解決衝突

有許多我們該作的事。在大略的瞭解哪些建設性的工作可以幫
助建立敬虔的家庭之後，我們要來看看一些具體的事項，讓你
更清楚每一個領域要如何處理。

---

[70] 沒有一個明確的年齡界線來區別什麼時候父母可以停止使用杖。在某些
時候，用杖責打顯得不合適。可能在他們已經是青少年時期，個子比較大
了，並且也不再懼怕了。然而，如果他們真的十分悖逆，可能仍需要用
杖。要十分留意，不要在怒氣中使用杖。

[71] 今天早上一個朋友來我們家告訴我們，他的女兒今天無法跟我們全家一
起參加一個活動。他解釋說，她作錯事，所以要受處罰。這是不容易的。
但是他很堅持。雖然他的女兒和我們家女兒是好朋友，而且票都買好了，
他還是非常堅持這樣做。她叛逆的結果就是失去自由。

糾正：教導部分

以下我們建議幾個需要逐一思想並且處理的課題。這個清單絕非完美，但是可以幫助我們專注在幾個我們需要瞭解、需要查考、並且應用在我們家庭中的事項。最迫切的需要是先去做其中與重建關係最有相關性的事情。以下我們會談到更多。

- 家庭的目標(加拉太書5:22-23, 最大的命令, 大使命)

- 家庭的權柄架構 (以弗所書 5:18-6:5, 父親, 母親, 孩子, 僕人)

- 管教的目的與方法(希伯來書 12章, 箴言)

- 和解與饒恕的重要性與過程(解決衝突)

- 習慣: 觀賞或聆聽媒體，以及玩電腦遊戲

- 在各種場合中該作的事(吃飯, 起床, 上床, 學業等等)

- 建立討主喜悅的生活習慣(包括靈修)

- 在某些特別有需要的方面，建立孩子的責任感(例如：節制、有禮貌等等)

- 調整家庭休閒活動(避免花太多錢- 可以多散步、培養親子關係)

- 設立並且殷勤參加全家的靈修

- 討論神的話語中對於朋友的教導(研讀箴言)

- 尊敬主日;敬拜、禱告、十一奉獻、事奉。

- 合作: 討論對彼此的期望(接送孩子，想去什麼地方玩，權利等等)

- 解釋並且實際操作「信任與自由」的原則

- 寫下家庭使命。當_____家更清楚知道他們自己的恩賜、重擔與能力，神可以如何透過他們工作與祝福別人？

- 家庭異象：你希望你的家變成如何？敬虔的家庭並非過份的嚴峻，而是有趣的，友善的，並且喜愛神透過父母在家中掌權的方式。家是一個每個人都喜愛停留的地方。透過有禮貌的生活、承認錯誤與道歉、以及彼此相愛的行動，愛在家中掌權。家是人們可以學習越來越愛神的一個地方。

父母應該先做什麼？我們來看一下。

剛開始的前幾步

到底要從哪裡著手，常會讓人困惑。當然，我們無法提供一個完美的答案。我們試著列出所有必須要做的事情，但是這些事情有執行上的優先順序。這是一個過程。把這個過程看成生命的重建過程。你可以按照以下的步驟來找出哪些事情是你需要先去做的。

認 罪

試著詳細的記下，主曾經在哪些方面指責你的錯。把祂所用的聖經經文寫下來。我們也必須記得，神不會一下子把我們所有的弱點全部指出來。祂不要用太多的事情把我們弄得暈頭轉向，祂希望在某些方面糾正我們。把你心中所想到最重要的兩三件事情寫下來。當然，這必須是你曾經失敗過，並且也認罪過的事情。從這裡開始。

以禱告尋求主

把這幾件事帶到主面前，禱告懇求神帶領你，能夠合適的把每個人都帶回到正路上。或許你知道有三件事情正困擾你：壞朋友、玩太多不良的電動，小孩子沒有禮貌，不理會你說的話。父親應該與神親近，求問神如何帶領家庭，改正錯誤。他應該禱告神，求神在他們的生活中帶來必要的糾正。

首先，專注於神對於你的目標

孩子們首先要看到父母親被改變。他們已經聽了太多人的話，他們想要看到的是真正的改變。父母可以先分享某些他們想要做的改變。要具體。有時候，可以要求他們來盯住自己，以使自己負責。例如，你不想再去看情慾類的電影。說明神是如何讓你發現這是不對的，以及你如何想要討神喜悅，也希望正確的引導孩子。孩子們會看到每個人都在改變，並且這個標準是從神的話而來。他們會進一步看到，這不是你在挑他們的毛病。一定要告訴他們發生了什麼改變，不要什麼都不講然後自己就開始做。在這個重要的時刻，他們需要從你正面的教導中學習。

要先找出與恢復親子關係相關的事情

如果親子關係沒有恢復正常，我們沒辦法進行太遠。他們的態度好嗎？你仍然有看到「懷疑的眼鏡」在他們身上嗎？如果有，先暫緩下來，專注於親子關係。以下我們會給大家看一個例子，展示如何在生活中某個層面上進行。但是要記得，重建關係是有快樂與光明的一面。盡量與他們一起做些事情。學著喜歡與他們在一起。為對方做一些特別的事，並且不求回報。

處理無禮的行為

在以上的三個例子中，無禮的態度會對親子關係造成最嚴重的傷害。如果沒有一開始就好好處理，親子關係會變酸，對未來的盼望會消失殆盡。讓我們仔細的來看這個問題。

　　1)表達維持良好親子關係的重要性。

　　2)你可以反問他們，為什麼這件事很重要。看看他們能否說出它的重要性。記得，孩子們已經長大了。如果他們反應得很慢，你可以想一個以前你自己態度不好的情況。問問他們喜不喜歡那樣？這樣做的後果如何？

　　3)強調你希望過一個神要你過的生活。問問他們能否想出一些經節，說到這件事的重要性。比如，出埃及記20:12，以弗所書6:1-3，以及一般彼此相愛的經文。當他們提到「孝敬」父母，讓他們用自己的話來表達。然後讓他們思想如何在實際生活中表達恩慈而非無禮。如果你發現某人在家中沒禮貌，該怎麼辦？你可以補充他們沒想到的地方。在這件事上，你可以提到以下幾點：

- 總是用尊敬的態度說話。

- 如非緊急的狀況，否則在父母講話時，不要打斷。

- 不要以爆發性的語氣、唉叫、大哭、頂嘴的方法，表達自己不同的意見。

- 常用正面的言語，「是的，爸爸」，「是的，媽媽」。

- 如果你發現你自己用不好的字眼或態度說話，立刻停止，謙卑自己道歉：「對不起，我錯了，我不應該這樣說話。你願意原諒我嗎？」

4)為了讓孩子更容易達成目標，告訴他們，你自己說話時也會除去無禮的口吻。父母親自己願意按照同樣的標準生活，能幫助孩子瞭解，這個規矩的重要性。你可以告訴他們，雖然你有權利可以用命令的方式叫他們做事情，但是你知道他們已經大了，所以你把他們視為大人來對待。你會有禮貌的請他們做某事。你可以要求他們，如果他們發現你有不禮貌的口氣，他們可以做個手勢，例如"t"字形，或者別的方法，來告訴你。（他們需要懂得如何用尊榮父母的方式來糾正父母）他們不應該在很多人面前公開指責你沒有禮貌。

總結

我們希望你能有所領悟。有太多的東西需要談，也有許多小地方需要參考其他教養課程。這包括禮貌的規定、靈修、公開場合下的行為、交朋友、看電視電影的規定、如何用電話等等。

我們想要再提供一個關於設定優先次序的建議。

共同檢視行程表

我們建議你對於你的生活作息定一個時間表，並且和你家中比較年長的孩子分享。這對某些家庭來說好像有點太過嚴謹，但其實這沒有聽起來這麼嚴格。即使你不喜歡，你的生活通常會自然而然按照你的時間表進行。當我們把自己的時間表給孩子知道，我們會有機會特別發現到親子之間潛在的衝突。

當你把你的作息表向孩子們解釋的時候，他們會比較容易知道你期待做什麼，以及你的需要。當孩子年紀漸長，你就可以在這方面少做些事，因為他們的活動也越來越多。但是在

成長的某一個階段，父母與孩子必須清楚的知道，他們對於彼此有什麼樣的責任。這也是學習禮貌的一部份。

這是個好機會，讓孩子可以看到父母為孩子做了多少事。這也是個好機會可以向孩子解釋，全家中的每個人都必須團結合作，為了全家共同的益處。每個人在家中都有他的地位。要有自由，就需要負責任。或許你可以向比較年長的孩子解釋，當孩子年紀小的時候，我們不會要求他太多事。但是現在他們長大了。他們要學習負責任。父母的工作就是培養他們的心態，漸漸成為大人。而藉由讓孩子負起更多責任，參與家中的工作，自願性的幫助全家人的需要，可以幫助他們長大成熟。

如果這對他們來說是個很突然的改變，他們可能會有負面的反應。我們強烈建議在你做這件事之前，你可以很具體的為了你以前沒有交派他們家中的工作而道歉。具體的告訴他們，在此之前，你一直把他們當作小孩子，雖然他們已經漸漸長大。也告訴他們你忘了要好好訓練他們，而現在你想要從新開始。要求他們原諒你的錯，讓他們對於你的要求有正面的回應。

共同檢視時間表

當孩子們可以分擔家中一部份的工作，他們會感到自己有價值，其他人需要他們。如果他們不參與，就沒有歸屬感。

父母不應該認為分派他們做家中的工作是不愛他們。相反的想法才正確。他們已經夠成熟，可以負責任去做這些工作。只要記得在剛開始的頭兩次跟著他們一起做。他們第一次做的時候可能做得很糟，但是這會幫助他們看到父母親自己願意做這件事，並且也為他們樹立了做這些清潔工作的標準。列出一些工作項目。當你看著他們做事的時候，你會發現孩子正面與負面的各種性格。當你看到他們很忠心的做事，鼓勵他們。肯定你所看到正面的性格。「你每個禮拜都按時打掃走廊，非常好」他們會高興，並且正面的鼓勵會幫助他們做得更好。

父母與孩子共同訂定作息表可以幫助你坦誠的說出你對他們的期望，有衝突的地方，以及某些需要對付的事情。我們再一次建議，不要一開始就對付所有的問題。你可能看到他們有某些方面需要改變，例如太晚回家。在這個時候，只要說，你在將來會對這件事好好評估，但是以目前來說，他們可以繼續這樣。他們會看到你很仔細，也存著禱告的態度來思想家中正在發生的事情，而不是急躁的去做事情。

殘酷先生與批評小姐

如果神曾經在你的生命中使你看到自己的罪，你會在你的生活中看到極大的改變。我們應該記得，許多時候主在同一時間中只會特別工作在一兩個方面。我們針對這些方面作改變，發生了好的結果，然後我們就可以再繼續改變其他方面。這個過程會一再的重複下去，直到我們回天家。

我記得我們與孩子開過兩個很重大的會。其中一個，是因為我常在極大的怒氣中管教孩子，另一個，是因為我太太愛

批評的天性常使孩子非常灰心難過。經過許多年後，靠神的恩典我們發現自己有這個問題。我們其實真應該早點看出來，但是我們在神面前學得很慢。

對於突破我易怒的脾氣，有一點很有幫助，就是常思想主耶穌會不會用這種方式對待人。當然祂不會。我需要學習瞭解，這種暴力的威脅方式會對於管教造成負面影響。我會傷害他們的內心，而非帶給他們成長與力量。最後，我召聚全家開會，承認我的罪，並且請求每一個人的原諒，從最大的孩子到最小的。如果你家有固定的家庭靈修時間，把這段時間與認罪結合在一起，會是一個不錯的方式。

這些是生命中很重要的足跡。如果我們沒有首先跨出這一步，我們的孩子也無法走出去。透過我們的信心與愛，我們的孩子能夠跟上來。可以把這個情況想像成積了很厚的雪。當父親首先開使用犁子刨雪的時候，他清理出一條道路，使後來的人有可著地之處。孩子在後頭就更容易跟得上來。如果沒有這樣做，我們這些罪將會給我們的下一代帶來大災難。

在這個時候，正好可以訴說我們的救主是多麼的偉大。他是尊榮可畏、滿有能力，可以把我們從任何罪中拯救出來。讚美神我們的救主！教養孩子幫助我們自己成長、信靠神。這需要花我們一生之久的時間，但同時，這也是一個很好的機會，表現出我們是何等的愛我們的主。

案例一

我的孩子不想跟我說話。他說沒什麼事。他通常很熱情、很溫暖，但是今天他特別安靜，不想講話。聖經說你不可含怒到日

落。我們必須強迫自己來處理這個問題。這個孩子自己不願意去解決它。要靠父母親主動處理才能突破。威脅他沒有用。他說一切都很好。我們應該相信他的說詞嗎？但是現在親子關係的確不太對勁。把今天發生過的事從頭到尾說一遍，從你與孩子有互動的事情開始。我提到一件才發生不久的事。我想到他做錯了一件事，他被處罰，然後道歉，這一切都很正當。但是當我開始談到第二件處罰他的事情，他開始說，我對他的處罰是不對的，並且他的腳指頭受傷了。我當時就站在他的床旁邊，以禱告的心不斷反省。我有沒有用正確的態度來管教？我有清楚看到他的過犯而管教嗎？我有適當的體罰嗎？在第二個問題上，我知道我錯了。要對孩子說我錯了，真的非常困難。但是我說了。經過一段很長的靜默，我承認我的罪，並且道歉。過了一會兒，孩子轉過身來與我擁抱。就是這樣。

教養原則

- 如果我們隱藏我們的罪，我們必不亨通。
- 謙卑能拆掉抗拒的牆垣。
- 認罪是和解的第一步。
- 在所有的溝通中，都要保持誠實。
- 先有和解，才有重建。
- 先從神給你最多負擔的地方開始做。

教養問題

1) 為什麼家裡有年長孩子的父母有時候對於孩子有這麼多的失望？

2) 當父母想要彌補他們過去所犯的錯，重建家庭時，他們比較喜歡怎麼做？

3) 為什麼許多孩子對於能從父母那裡得到他們所需一切不抱任何希望？

4) 世界的情況與神的百姓的情況有何不同？

5) 我們該如何正確的思想「定罪」的問題？為什麼這很重要？

6) 解釋缺乏信任感如何阻擋關係的重建。

7) 列出「權威型」的父母無法與孩子和解的三個原因。

8) 寫出父母要重建家庭的三個必要步驟。

9) 為什麼與配偶合作是很重要的？

10) 在認罪時間，為什麼我們不應該提起別人的問題？

11) 一個「好」的道歉的特徵是什麼？

12) 使家庭回到正軌，有哪些方面需要繼續努力？列出來。

13) 我們怎麼知道從哪裡著手解決問題？

第十二章

把神的真理與我們的家庭生活相結合

課程目的：鼓勵每個家庭，藉由重新回想神過去如何塑造家中的每個個人，來追求敬虔的生活

　　我們可以把各種知識裝滿我們的腦袋，讀各種各樣的書（但願這本書也是其中之一），但是只是這樣做無法確保成功。成功與失敗的分界線很清楚。如果我們不真正開始改變，我們就是最笨的傻瓜。當我們已經得到所需要的知識，我們現

在就可以開始做一些好的、必要的改變。
神在聖經上的真理是行得通的！在這一章
中，我們希望透過分享我們生活中的一些
故事來鼓勵你們採取必要的行動。但願當
你在這些故事裡看到神如何掌管並重塑我
們的生活時，你能夠對你自己的生活有一
種新的體驗與看法。

從實際的生活經歷來看

其實我們本來不太可能成為教導如何教養子女課程的老師。我
仍然記得當我準備去做宣教工作之前，我們夫妻一起接受宣教
機構的心理學家的輔導，他告訴我們，我們未來離婚的機率非
常高。這大約是二十多年之前的事情了。那時候我們才剛有第
一個孩子。但是事實是無法否認的。因為我的父母曾經多次的
結婚又離婚，我離婚的可能性自然也是非常高。如果沒有神的
恩典，我們絕對非常可能在統計學上成為另一欄負面數據。

現在我們的婚姻已經過了廿六（將近廿七）年了，或者
可以說我們已經有八個小孩了！我們的婚姻非常的快樂、穩
定。我們的婚姻有潛在的威脅嗎？當然有。曾經面對不確定的
未來嗎？是的。我是否曾經聽過「不要再生小孩」的抱怨呢？
有的。我們不會試著假裝我們從來沒有過挑戰或者艱難。我們
經歷過一大堆的問題---曾經發生過好幾次。

某一年暑假我們看到我們的兩個女兒，分別在不同的時
間，與死神擦身而過。或許一個禮拜中有一兩次我們會遇到一
些教養子女的問題，我們不知道如何處理。事實上，我記得今

天早晨才為了家中幾件不知如何處理的問題禱告神。但是坦誠
的說，我們已經學會，這是很平常的事。有些事情我們不知道
答案，或者出狀況沒有什麼關係。就像使徒一樣，我們學會在
這些解決不了的問題上信靠神。我們不擔憂或懼怕。我們藉著
這個機會見證神賜下特殊的恩典工作在我們的家中。

> 我們四面受敵，卻不被困住；心裡作難，卻不至
> 失望；遭逼迫，卻不被丟棄；打倒了，卻不至死
> 亡。身上常帶著耶穌的死，使耶穌的生也顯明在
> 我們身上。因為我們這活著的人是常為耶穌被交
> 於死地，使耶穌的生在我們這必死的身上顯明出
> 來。（林後四8-11）

經過了許多年（我們最大的女兒已經28歲，最小的五
歲），我們見證神真理的奇妙大能一步一步的掌管我們的家。
但是誠實的說，當我們身在試煉當中時（就像是天天都會經歷
的事），不見得總是能體會到這個事實。

我們曾經花很長的時間為我們一個小兒子禱告，求主幫
助他戒掉晚上吸手指的習慣。我們試過各種方法：用膠帶把他
的手包起來、手套、用棍子體罰、警告他這樣對身體不好、威
脅、以及禱告。所有的方法都沒用。上個禮拜他把沙子扔到別
人車子裡，並且口出惡言。但是在禮拜六晚上，他說他再也不
需要吸手指了。他不想這樣做了。另外，他還說他那天讀了聖
經。這對他來說是一個新的開始。，我們不是說他已經變成了
基督徒，但是神的靈可能正開始做工在他身上。他在家庭靈修
的時候也更願意開口唱歌。

我們的目標並非只是使他戒掉吸手指的習慣。再也沒有
什麼別的事比養成一個長期的壞習慣更能夠放縱肉體。他所做

的事正是為了滿足他自己的喜好而違背神設立在他以上的權
柄。如果沒有自制的習慣，他不會相信自己有戒除壞習慣的能
力。但願沒有一個孩子會變成這個樣子，尤其是在現代這個色
情刊物充斥的時代。我們要他養成自制的能力，以致於透過這
種能力以及基督的大能，以致於透過這種能力他能勝過任何壞
習慣，並且用他的全身來服事主。身為父母，我們都盼望這
「新」的一天，這些生命的突破，早日來到。

　　事實上，是神把我們帶進這種情況中，好使我們能信靠
祂。學習怎樣做父母，是主用來訓練祂的百姓的一個最好的工
具。苦盡才能甘來。是的，撒旦常常把神給的試煉轉換成試
探。我們需要小心，但是因為我們是神的兒女，我們絕不會被
丟到一個全然無助的景況中（林前十13）。我們有神所賜的特
權能得到更多的恩典、慈愛、知識與幫助，因此我們能走向得
勝。就像我們的信心之父亞伯拉罕，我們的試煉往往是我們能
夠經歷一生中最大得勝的地方。

　　忍受試探的人是有福的，因為他經過試驗以後，
　　必得生命的冠冕；這是主應許給那些愛他之人
　　的。（雅一12）

　　想一想，你想要擁有怎樣的孩子？你希望你的孩子是在
屬靈上面軟弱貧血的嗎？當然我們盼望孩子剛強。我們的世界

需要更多剛強的、有信心的人。使徒保羅不誇自己的能力，而以自己的軟弱誇口。就在這軟弱中，他遇見神，並且見證自己在這根刺的痛苦中一次又一次的勝過困難。

我們在2007年慶祝我們的結婚廿九週年。玲婷和我在1978年五月20日，在麻州某個教堂裡，締結婚約，合而為一。　出乎意料之外，　結婚一年之內，我們開始成為父母。我們念大學的計畫成功的實現。本來在我念書的時候，玲婷打算工作，但是感謝神，祂破壞了我們愚蠢的計畫，給了我們更好的，就是讓我們有了一個小孩，並且因此財務上出現困難，正因為這樣，我們才能在生命中學到許多功課。當年的這個小女孩今日已經大學畢業了。我們很想繼續多分享一些關於我們婚姻裡的故事，但是在這裡我們必須把主題放在教養孩子的成長經驗上（有興趣的讀者可以參閱「建造美好婚姻」一書）。

因為在我們各自的原生家庭中的問題，有許多罪的模式在我們個人的生命中已經發展出來。我們有許多盲點，在好幾年之後才漸漸發現。我們已經分享了許多原則，如果你應用在你的生活中，可以幫助你跳過許多的問題。我們過去學得很慢。我們的教會領袖沒有在這方面裝備我們。我們學得非常的慢。你知道嗎？直到我們第四個孩子已經好幾歲大了，我們才真的了解訓練小嬰兒的基本原則。我們兩人都讀過許多基督教書籍，但是這方面的主題卻非常少被提及。

當我們回頭看，我們發現，不論情況如何，我們都可以信靠我們的神。祂總是在那裡準備好要幫助我們成熟長大，甚至超過我們自己所想要，或者我們自認為能達到的。或許祂正像是慈愛的父母，希望祂的孩子們至終能夠一次學會所需的功課，長大之後不會重蹈覆轍。

我們可能會對信靠神的原則有所遲疑。我們也常常如此。無知也是其中一個原因。我們有聖經，我們能背誦經文，但我們不知道如何把經文應用在我們自己的家庭生活中。用「盲目」來形容我們是很恰當的。另外也有一些時候，我們並不想順服神的原則。或許我們害怕如果真的去做會發生什麼事情，或者就是太過自私。教會整體來說，已經不再掌握這些關鍵原則來幫助弟兄姊妹建立敬虔家庭。最近這幾個世代的人已經證明這點。愛家的基督徒在哪裡？想要有大家庭的夫婦在哪裡？或許最能顯明這一點的問題就是，教導基督徒這些基本原則的教會在哪裡？

這一切原本都可以更好的。我們真是盼望其他人能早日覺醒，並且看到在神真理裡面所啟示的上帝愛的大能，以至於我們身邊能出現更多美好的家庭。

整理我們的思想

在這一章裡，我們想經由分享我們如何在一些特殊事件中所學到的功課，整合並擴展我們過去所學習到的，我們過去花了太長的時間來學這些事情。當我們年輕的時候還沒有太多教養課程可以去參加。基督徒的家庭文化剛開始瓦解。現在，很多人

都是由小家庭、破碎家庭長大的，好的教養技巧變得比以前更少見了。

　　有很多課程和書籍都是為了幫助這些父母處理他們的問題而出現。而這些材料中，有很多都是以錯誤的假設為前提，如果你真的採用他們的建議，會使你忘記神對家庭的設計，傷害你的孩子。唯有建立在神對家庭美好計畫的原則，才能幫助父母親建立有禮貌、良善的孩子，他們將來才會敬畏神、關愛別人。

　　包牧師將會分享他過去領導能力與人際關係上的缺陷、苦毒以及驕傲（我說過，我們本來不太可能成為教導如何教養子女課程的老師）。包師母會分享一些故事，從其中可以看出她個人在面對孩子的時候的某些軟弱。

　　本章的目標包括：

- 發現神的原則有多美好
- 瞭解神如何帶領你活出祂的原則
- 幫助你不灰心、不放棄
- 使你願意認真的開始採取具體步驟，把這些聖經原則實行在你的生活中

　　我們會按照前面我們課程編排的方式，使得這一章的內容有條理，並且在適當的地方複習前面我們學過的東西。每一對好的父母都會持續的尋求神對他們自己以及對他們孩子的計畫。前面幾章裡，我們著重在擁抱神所賜的異象。在神的異象中，父母們能更好的預備自己，以至於更容易得著神為他們的生命與家庭所定的真理。之後，我們著重在裝備孩子，其中的

重點是如何幫助你的孩子成長到他們應有的身量。最後幾章著重在建造整個家庭。在這幾章我們注重如何使整個家庭偕同運作，以至於討神喜悅。以下列出本書的重點。

擁抱神的異象

神對家庭的目標

一個最好的團隊：爸爸與媽媽

父母的權柄

裝備孩子

在孩子的身上培養自制的能力

孩子的訓練以及生活作息

糾正孩子的惡習

管教與喜愛使用杖

設定界線

建立家庭

培養敬虔的孩子

建立兩代之間的愛

重新贏得青少年的心

把神的真理與我們的家庭生活相結合

擁抱神的異象

教養的目的

要成功的教養子女，最基本的就是要明白神對於教養的心意。在我們剛開始作父母的頭幾年，我們從來沒想過需要為教養孩子立下什麼目標。對很多父母來說，他們唯一的教養目標就是不要生超過兩個小孩。這絕對不是開始婚姻或家庭的一個好目標！我們也從沒想過有目標的訓練孩子的品格，只是想到要在身體健康以及屬靈方面好好照顧孩子。

現在，我們思考許多有關品格訓練的事情。品格訓練是一種屬靈訓練，訓練孩子的心！[72] 心與頭腦是有分別的。我們花很多時間禱告並思想哪些方面我們要孩子們成長更多，不論是身體上、屬靈方面、知識上。[73] 注意聖經上提到耶穌成長的時候，說道：「孩子漸漸長大，強健起來，充滿智慧，又有神的恩在他身上。」（路加福音二40）

玲婷和我在各自成長的家庭中，除了小時候被帶去教會以外，都沒有受過任何屬靈訓練。我們的父親沒有在最重要的事上訓練我們。所以我們也不知道怎樣灌輸這些事情給我們的孩子。我們以為只要把孩子放在一個好環境中，他們就自然會

---

[72] 父母無法改變孩子內心的本質。這是神才能做的工作。然而，我們可以，也應該負責來訓練我們孩子的反應。藉著給他們看到神的道路的超越性以及刺激他們的良心來尋求基督的赦免，以訓練他們能活出對神有敬虔的反應，是領他們歸向基督的一個最好的方法。

[73] 大多數的人以及神學家教導說一個人道德的啟蒙始於十二歲。這與聖經不合，而且也不合理。我們假裝孩子是無知的，其實孩子自己在很小的時候，就完全知道自己做錯什麼事。「小明拿了我的玩具而且不還給我！」為何不教導他們，使他們知道自己是罪人，他們可能就因此來尋求救主。

去做這些事情。事情並不是這樣成就的。我們太天真了。我們的孩子有罪性。[74]

我們太慢才了解這個事實。我們有三個問題。我們傾向於用我們自己父母教養我們的時候，那種批評、懷疑的眼光來看孩子。我們注重在孩子的各種問題上，卻沒有好好鼓勵他們走上對的路。我們也沒有好好設立一些正面的要求（沒有說出我們要他們做到什麼）。

- 我們不知道我們到底希望達到什麼（我們只是不要他們變壞）。
- 我們不知道我們種什麼就會收什麼。我們只是沒有好好去想過這個問題。
- 我們也不知道該做哪些事情才能讓孩子做到我們希望他們達到的要求。

身為年輕的父母，我們常常為了孩子的壞表現感到挫折。我們甚至無法指出真正的問題，並且正確的糾正他們。這是因為我們只專注在把他們帶回到中線（離開錯誤）而沒有用更多正面的教導來幫助孩子。「不要哭」、「不要吵」、「不要發脾氣」、「不要亂丟食物」。這些是我們那時候的期望。在我們結婚的頭幾年我不記得曾經好好教導孩子「耐心」、「恩慈」、「慷慨」、「忍耐」等等。唯一我們做得還好的是，我們在物質方面好好的照顧他們，並且很早就開始家庭靈

---

[74] 有趣的是，其實我非常相信人的「完全墮落」。我只是一直沒有把這樣的想法應用在孩子身上。或許是因為我從來沒有聽過別人教導說，如果父母親好好訓練他們的孩子，我們便可以防止他們罪性的顯露。當然，這並不能真正改變他們的內心。這樣做的好處是他們會對福音比較敏感。因為他們知道自己沒有達到神的標準，他們知道自己有罪。

修。這使得主比較容易帶領我們去到我們身為父母應該成為的樣式。

　　要把小孩子帶回我們一開始就應該做的正確的道路真是一場困難的爭戰。我們應該早點知道，神對每個小孩都有一生的美好計畫。我們是神的管家，對於裝備我們的孩子必須負完全的責任，以致於他們能被成全，將來能完成神給他們的任務。[75]這些終極目標幫助我們更清楚瞭解我們的孩子在靈性上、身體上、道德上以及其他方面需要達到的程度。[76]藉著觀察這些目標，我們看到訓練的必須性。這樣的需要就使我們產生動機，讓我們想要對孩子施加必要的訓練。[77]

　　行動方案: 我們開始做的一件事（尚未完成）就是把孩子的名字與神可能對他們一生的計畫連結。從整本聖經我們都可看到名字的含意對人是很重要的。比方說我們第三個女兒的名字，Allison Grace，意思是「真理與恩典」[78]。我們盼望她能像基督一樣，充滿恩典與真理。這是我們禱告的目標。我知道目標尚未達到。她的生活中有一些地方還需要被調整。但是神

---

[75] 每個人都應該要敬拜神、愛神與愛人。基督徒有一些「善工」需要做，這是神為他們所預備要他們行的（以弗所書二10

[76] 神對參孫父母的命令是一個好例子，幫助我們看見，對我們的孩子施以特殊訓練的必要性。雖然我們的孩子不見得會有這種特別的呼召，以弗所書二章十節特別指出神如何對每一個他的子女有特殊的計畫，身為父母的我們應當如何為此預備。然而，我們必須做得比參孫的父母更好。他們徹底的失敗了。參孫對神在他生命中的目標完全沒有異象，也不敬畏神、尋求神來引導他的一生。

[77] 有時候，父母親有目標，卻是不屬神的。這些孩子在偶像崇拜上面反而變成專家，最後導致他們的滅亡（例如為金錢、教育、運動而活的目標）。

[78] 她的中文名字「惠真」反映這一點。

會幫助她。當每個名字都與聖經中每段經文相連,神的應許就
出現了。在這個例子中我們希望我們的愛麗森能像基督:充滿
恩典與真理(約一17),以至於能發光照亮她身邊的人。

　　暫停並回想:照以上的行動方案實行在你的每個孩子身
上。為每一個孩子預備一張紙。把他們的名字及其意義寫上
去。求問神你需要在你的孩子身上訓練哪些特質,以致於他們
將來能夠忠心的服事主。向主求一段經文,以及一幅圖畫或一
個表徵來捕捉它的意義。這個行動方案需要我們等候在主面前
來尋求祂的旨意,因此可能需要花點時間。

一個最好的團隊:爸爸與媽媽

就像很多新婚夫妻一樣,我們以前也有很多掙扎。不過我們有
一些好的基礎。我們曾經上過婚前輔導課程。我們身邊也有許
多好的基督徒婚姻成為我們的榜樣。我們是仍在成長中的基督
徒。然而,我們彼此的不同也不時的挑戰與阻撓我們的合一。
如果我們想要繼續成長,我們就必須打破這些不同,但是就像
典型的夫妻,我們當時並不清楚我們需要勝過哪些問題以達到
目標。某種程度上我們知道我們要去哪,但是我們不清楚方
向。

　　對我們婚姻最大幫助的,就是我們開始研讀神的話語,
一起交通、禱告。我們沒有看見別人這樣做。是因為包牧師很
愛讀神的話,並且喜歡一起禱告,所以我們才這樣做。我們那
時沒有想到這樣做對於我們的婚姻或者教養孩子的技巧會帶來
什麼幫助。然而,神透過這些研經來對我們說話,如果我們能
承受得了,祂應該會對我們說更多。

當我們聽到 Gary Ezzo[79] 說到要有「沙發時間」之後，我們的婚姻才真正開始對我們的教養子女發生影響。當然，我太太很高興兩個人能有更多的時間在一起。我一直問自己：「這與教養子女有什麼關係？」最後，我終於瞭解，父母親的合一是孩子安全感來源中很重要的一部分。如果父母彼此相愛，孩子就會覺得很安全。一旦他們覺得安全，他們就能在生命中其他的領域繼續成長。雖然這聽起來和現代心裡學的教導很像，讓我們記得是神親自命令丈夫要愛妻子。當我們去實行神要我們做的事，美好的事就會發生。

我（包牧師）在我父母身上從來沒看過這種合一。當我很小的時候我父母就離婚了。我從來沒看過他們在一起。當然我更少看到他們彼此相愛。我的父母親都再婚了，但是他們的關係很膚淺，有一些苦毒的傷口留在他們身上。他們經常的吵架、打架，使我無法待在家裡。一等到有機會，我就想逃離我的家。後來我才明白，我之所有選擇去讀外州的大學是因為我想逃離家裡的環境。

在大學時代，當包牧師認真研讀在雅歌裡面所談到神的愛，他真正的瞭解神對婚姻的計畫與喜樂。之後再研讀以弗所書第五章，這樣的認知便更深的扎根。基督愛不完美的教會。這讓他發現其實自己不懂什麼叫愛，包括神的愛。因為他過去的疑惑、懷疑、無知與不信，使他對於在信心上成長的盼望破

---

[79] 很多父母不喜歡Ezzo所建議的日常生活作息。因為他們的聖經基礎很薄弱，因此受到許多批評。然而，整體而言，他們的原則與建議都是好的。

滅。他完全謙卑下來。他想：「如果我不懂得愛，怎麼可能去愛？」神藉著許多生活的經驗訓練他去相信、模仿、瞭解、學習神在基督裡的愛。如果沒有神，他今天會在哪裡？他不敢想像如果神沒有拯救他，他的妻子與家人今天會成為什麼樣子。

　　我們現在深信，神的目標就是把祂自己的大愛賜給每一對夫婦，使他們可以有美好的婚姻和家庭，以榮耀神。我們的主對於丈夫與妻子都有一些特別的指導。他們需要專注在這些教導上，同時，也需要遵守基督徒生活的其他原則以使自己繼續成長。

　　暫停並回想：你們對神以及對彼此的愛會很深的影響你對孩子的訓練。你與你的配偶有多親密？你與神有多親密？有哪些作法可以幫助你們兩人更加親密？

父母的權柄

我（包牧師）以前對於接受領導家庭的責任有很大的困難。我知道我想要的是什麼，但是不知道如何做到。所以我常常使不良的決定自然發生。在家裡，我的媽媽主導每件事。我的爸爸很被動、很安靜，而且又住得很遠。我的繼父從不教我怎麼做事情，不管是刮鬍子，或者幫輪胎打氣。我媽媽因為父親什麼都不管，只好在家中掌管所有事情。當母親嘮嘮叨叨的時候，父親往往會更加退縮。

　　在這種情況下我學會了躲避需要領導的活動（雖然我有帶領家中的靈修）。我的個性有缺陷。我甚至覺得自己不應該或者不能夠作頭。我傾向於躲避自己的責任，這使得整個家庭失去了平衡。

從神學上來說，我知道我是全家的頭，但是這並沒有落實在現實生活中。我從不知道我應該負責做決定，也不知道如何做決定，甚至不知道家人需要我做決定。當我開始明白我的責任，對玲婷來說在某些事上反而變得困難。她已經習慣不與我一起做決定。之前她可以做一些我完全不喜歡的事情。其中一個領域是如何糾正孩子，我們待會將提到這點。

　　針對我的領袖訓練在許多方面開始進行。沒有哪一方面比其他方面更加重要。如果有人曾經向我解釋過領導與服事的關係，那將是極大的幫助。我以前聽過僕人式的領導，我以為那就只是在有需要的時刻去幫忙做事情（例如服事）。我當時並不了解這種僕人領袖的教導主要是給那些只會下命令而從不以身作則的領袖。我專注於服事人，卻忽略領導，用這種錯誤的觀念來逃避在生活中需要下的艱難而重要的必要決定。

　　想想看，只要一個錯誤就足以破壞原有為家庭所設立的標準。我可能自己可以活出這個標準，但是我會克制自己，不讓自己的影響力來改變家裡其他人。原本許多可以避免的惡事，卻在我的容許下發生。幸好，有一些具體的步驟逐漸成形，使我能從這個陷阱中走出來，否則我的家人將很不容易活出神的旨意。從外表看起來，我們的家庭很好，但如果我們沒有完全的執行神的路線，我們就是不順服。一個父親必須同時領導，也關愛他的妻子與孩子。

暫停並回想：丈夫們！你是個好的領袖嗎？你能夠在慈愛中做正確的決定並且堅持，而且不發怒嗎？請解釋一下。當你做某些決定而妻子不同意的時候會發生什麼事？你如何處理？

裝備孩子

裝備孩子這方面的信息，是專注於培養敬虔兒童所需要的特殊技巧。就像木匠需要工具做工，父母也需要。他們不只需要對孩子的未來有清楚的異象，也需要知道實際幫助孩子達到目標的方法。體罰不是全部的答案，而是訓練孩子的過程中的一個重要部分。

在孩子的身上培養自制的能力

當我（包師母）回想以前我年輕的時候怎麼作父母，總是感到很驚訝。在我們第一個孩子出生前，我不記得我有讀過任何關於教養的書籍。我可能有讀過如何生產或者照顧嬰兒的書。我想我應該會是個好母親。

作一個新手父母，第一件暴露出來的事情就是我有多麼自私。我失去自己的自由時間。一個新的小生命完完全全需要依賴我生活。我的睡眠常常被打斷，我的身體也會疼痛（餵母乳）。我對於如何照顧小嬰兒其實所知不多，雖然可能還比某些母親多一點（因為我常常幫別人看小孩）。沒有人告訴我照顧小孩的過程會如何，或怎樣做才能對小嬰兒最好。我所讀過的所有東西全都來自無神的文化。

第一個孩子很容易照顧，很溫和、順服。當我們在台灣作宣教士的時候，生了第二個孩子。她很不一樣。現在往回看，我才發現當時真的很無知。

- 她一哭我就餵她。

- 她一吵我就抱她。

我當時不知道用規律的生活時間表來訓練她。我有一本關於如何照顧嬰兒的書，是從世俗的角度寫的。書裡面說如果孩子要吃就給她吃。如果我們給她所有自由的選擇，她的身體會自動調整到最平衡的狀態。所以我試著給她各種選擇。包牧師告訴我，就餵她吃她需要的食物，不要給她任何選擇。我沒有聽從。

當我給她拒絕的權力後，她的自由意志開始延伸到生活的其他領域。我不知道我有責任要求她順服權柄。每件事都跟她商量。我關心她的感覺和高興與否，更甚於她的順服和聖潔。我不知道我應該限制她，沒有人告訴我這樣做。

當她長大後，有時我叫她幫我做件事。她會抱怨、頂嘴，然後我就改變我原先的要求，或者容讓她的「理由」改變我的想法。我並不堅持她一定要順從。如果我堅持，她就哭，或者一臉難過的表情。如果我讓她心情不好，我也會覺得內疚，所以我就不再堅持她一定要做我叫她做的。這樣的關係是我造成的，到後來就很難改變。在她身上我只能達到部分的成功。很多時候她仍會找些理由來迴避我叫她做的事。而我也會接受。事實上，在其他比較小的孩子身上我也看到某種程度的不順服。

　　我現在比較聰明，所以他們的情況沒這麼糟，但是我還是需要改變家中的規則，並且重新訓練他們。第一次就正確的訓練他們總是比重新訓練來得容易的多。

暫停並回想：你與你的孩子們妥協嗎？這樣做有什麼不對？

孩子的訓練以及生活作息

關於如何訓練孩子生活作息的功課，絕大多數都是經由不斷重複而學會的。我們並不是在我們有第一個小孩的時候就完全明白這件事情（真是可惜），而是當後來神給我們更多孩子之後在生活中我們才慢慢學會的。我們學的很慢，所以神需要給我們很多訓練。現在我們已經有八個孩子，我們真是看到孩子的訓練以及生活作息對父母與孩子來說都十分重要。訓練可以幫助孩子在早期就學會正確的回應周遭的人與情境，這使得父母與孩子（還有其他的兄弟姊妹）能夠成為一個快樂的大家庭。

　　我們常聽到別人說：「我真不知道你們是怎麼做到的！」不幸的，大多數的父母親都沒有好好停下來學習怎麼做到。他們容許他們的生活浪費在與孩子摔跤當中。我們現在有他們要的答案。父母親可以讓孩子做到他們希望他做的事情。當我們把每天的活動安排得很恰當，即使年齡很小的孩子也希望他們能把事情都做好。所以我們教他們該如何做，之後有時他們會想要挑戰我們的權柄而不願去做，這時我們會強制他們去做。

　　對於我們家年紀最小的幾個孩子，我們在很小的時候就開始施以訓練，從母親與孩子從醫院回家後不久就開始。這使得將來的生活比較能預期，更重要的是，我們也可以很清楚的

發現問題在哪裡。生活作息以及清楚的指導（對於比較大的孩子）可以幫助媽媽與孩子以完全相同的方式一再重複的做同一件事，所以當有些問題發生，我們就很容易知道問題出在哪。或許是因為爸爸或媽媽忘了要強制執行某個規矩，或者孩子不願意順服去做某一件規定。這樣的話，要找出問題就不需要花太久的時間，因此，在真正的解決問題之前，我們也就避免了那些內在的挫折以及外在情緒的爆發。

比方說，某一天，我們發現好幾個孩子爆發衝突。他們全都吵成一團（事實上並沒有「全部」，只是看起來很像）。玲婷很急著想知道發生了什麼事。但是當我們開始仔細的把整個情況回想一遍，我們發現我們最近開始只用口頭威脅他們，而沒有像聖經所要求的用杖管教他們。我們並沒有馬上回去責打每個孩子。我們只是把所有的孩子召聚起來，把我們所觀察到的告訴他們。於是每個人都知道悖逆的態度在家中是不被允許的。他們自動自發的改變了行為。

暫停並回想：問問自己，你的孩子做哪些你不希望他們做的。然後（不要只停在那裡），問問自己你希望他們能做什麼。這能幫助你定下訓練他們的方針。你藉著訓練他們去做你要他們做的，來使他們不去做那些你不要他們做的。只要你能堅持，始終一致，很快的他們就會改變。為什麼我們以前都沒想到這點？[80]這真的很有效。

糾正孩子的惡習

---

[80] 這樣的想法在聖經裡常常被提及。您可以讀一讀以弗所書四、五章，您會看到許多正面的命令，使得一個人不去做錯誤的事情。要脫去舊人，穿上新人。

我們對於神、標準以及權柄的認知會大大的影響我們如何矯正孩子。首先，我們很少會告訴我們的孩子去作一些我們自己不做的事情（這樣我們會有罪惡感）。即使我們叫他們做，他們也會拒絕。所以如果我們沒有勝過自己生活中的一些罪，基本上我們的孩子就會從我們身上學到如何過犯罪的生活。

我們婚姻中最大的衝突來源就是如何管教孩子。這似乎也是許多夫妻婚姻中最大的衝突點。因為妻子天生就有同情孩子的能力，通常要妻子根據定好的規矩切實執行管教是很困難的。他們需要勝過他們情感中與孩子的聯繫，才能做到。她們是做得到的，但是需要對管教的重要性有一個清楚的異象。如果她們自己是被寵壞的（沒有被糾正過）或者她們的父母是過於嚴苛（是用怒氣而不是用愛心來糾正），她們要糾正孩子就會很辛苦。玲婷也有這方面的問題需要面對。

當她要糾正孩子的時候，遇到很多問題，因為她看不到這是對他們最好的方式。她沒有看到整個管教的過程。一旦神給了全家的異象，雖然在當時仍然很不容易，但是這個爭戰已經具有了新的本質。

壞習慣是如何形成的

壞習慣有兩個部分

(1) 做錯事

欠缺做正確的事情--這就是壞習慣本身。一個人習慣於做一些錯誤的事，在其中他得到小小的回報，也能暫時容忍發生的後果。小強從打他弟弟得到滿足感。

(2) 絕望

對於用正確方法做事情產生絕望。這樣的人從來沒有對做正確的事情培養出自信心。這就是為什麼一個人要改變壞習慣是如此困難。他們只是缺乏自信（信心）去做對的事，即使他們知道這件事是更好的。對某些人很容易的事，對另一些人卻是「不可能」的事。

　　以前，她掙扎著不要責打孩子。她覺得這樣做會傷害他們，或者破壞親子關係。但現在，她的掙扎則是要努力的按照神的方式來管教---前後一致、堅定的糾正他們。這是何等的改變！以前她不願意，但現在她願意敞開心來學習那些與她以前觀點不同的事情。[81]

　　糾正孩子可以使親子之間維持一個美好的關係，這種關係是親子之間繼續培養更豐富的關係的基礎。雖然我們有時會犯錯，但我們發現神可以修補我們的錯誤。祂是醫治的大師。有一次當我（包牧師）感覺到在母女之間有敵意產生，我必須

---

[81] 請參閱www.foundationsforfreedom.net/Topics/Family/Parenting009_Harmony.html，這裡面有很清楚的圖片來描述這整個過程。

從自己舒服的領域中走出來，召開家庭會議解決危機。這對我來說並不容易。

這種開放式的談話讓一些受苦的心可以把他們裡面的話講出來，而這就帶來醫治。如果我們沒有這樣做，我感覺到我們家中年長的孩子會開始遠離家庭。雖然我們盼望盡量避免衝突，我們絕對不能把問題藏起來。我們最好是藉由解決問題、除去問題而迴避衝突。否則的話，問題會繼續存在。我們父母親不一定做每件事情都是對的，有時候我們也需要被挑戰，要活出我們所教導他們的內容。

暫停並回想：你是否足夠謙卑的去聆聽某人告訴你某些你需要改變的缺點？你是否願意真的去改變？

管教與喜愛使用杖

我們對於孩子如何發展的信念，會影響我們是否體罰他們。那些相信孩子在一個完全自由的環境下發展得最好的人，會丟棄管教的杖。因為他們認為孩子基本上是好的，他們盡量給他們機會來表達自己的想法，好讓孩子能變得更好。他們的結論其實就是右側圖文框中所講的，這看起來有點令人吃驚，但這只不過是與他們的假設前提相符的結論罷了。

事實上，聖經說一個孩子從生下來就是個罪人，因此需要被管教。孩子必須按照神的標準被塑造。當我們誤以為愛就是讓孩子過得很舒服，孩子便會變成自我中心。這樣他就像是一個未經修剪的花園，長滿雜草，讓人感到不悅。我們已經學

到，真實的愛是與現代主義者所講的剛好相反。[82]希伯來書十二章說到如果我們愛孩子就必會管教。

> # 這樣的「愛」摧毀孩子
>
> - 愛就是沒有標準
> - 愛就是絕對容忍
> - 愛就是不體罰
> - 愛就是不追究責任
> - 愛就是我想看什麼就看什麼
> - 愛就是我想吃什麼就吃什麼
> - 愛就是我決定幾點睡覺
> - 愛就是我可以得到任何我要的玩具
> - 愛就是我可以做任何我想做的事

　　我們心中必須常常存有神給的異象，使我們知道祂想做什麼。一個長存的異象會勝過我們容易被攪亂的感覺和思想。這只有當神的話完全掌控我們的思想，我們才能有神的眼光。

　　在過去的二十多年中對孩子的訓練，我們改變了一些作法。我們從用手打，改成用棍子（絕大多數）。我們在管教過程中越來越前後一致。或許最重要的改變就是我們開始用小棍

---

[82] 現代主義者沒有任何權力來評論別人（包括保守主義者）應當或不應當說什麼，或者如何生活。因為他們假設沒有任何標準，對嗎？請參閱 www.foundationsforfreedom.net/Topics/Family/ Parenting010_SecularBible.html .

子（一個小小的樹枝）來訓練才一兩歲的孩子。在前面七個孩子的身上，我們錯過了這個很寶貴的訓練。沒有任何一本基督教書籍談到這些。我們訓練孩子，使父母親口中說的「不可以」與一個小棍子所帶來的疼痛感相連。在成功之後，孩子之後就自然順服了。如果每次我們說「不可以」的時候我們都這樣做，孩子就開始看重我們所講的，然後小棍子的懲罰就可以避免，只要說「不可以」就行了。我從來不知道我們家的三棵蘋果樹能產生這麼有用的小棍子。

我們對這件事的學習真的太慢了。我們早就應該開始做。我們從來沒聽別人說過這樣做是可能的。對我們這一代而言可能太晚了，但希望你能很快的學會，以致於幫助你們這一代的父母、孩子、整個世代。

暫停並回想： 你認為真正的愛就是必須管教孩子嗎？你一直都深信這點嗎？請解釋。

設定界線

在設定標準之前，我們必須設定長期目標，這是關於我們希望神在孩子身上所能達到的。沒有清楚的目標，我們設立的標準就會比較短視，並且我們也不會感到必須馬上實行的急迫性。當我們在思想如何設立標準的同時，我們必須問自己，身為父母，我們有沒有做到我們要求孩子去做的那些事情？

當家中有些事情開始出問題，孩子變得比較狂野，通常我們會開始思考為什麼整個家變得這麼混亂。我們會看看他們吃了什麼甜食，是否睡眠充足，看了什麼電視節目，或者最近

跟哪些朋友玩。毫無疑問的，這些事情常常從負面影響我們的孩子。

　　然而，最近我們開始更多的反省自己。玲婷在一個月的某一段特殊時間中，脾氣會比較暴躁。我有時會比較魯莽。我們可能在一天之中沒有與主親近。或者我們在孩子面前爭吵。我們發現若有某些罪沒有被對付，或者被忽略，常常會影響我們的孩子。顯然我們自己的生命需要成長更多。

留意媒體的影響

我們也需要重新檢視我們的標準。我們必須問自己，我們設立的標準是否與主的心願一致？有時候我們的標準很世俗化，就是說，接受並且實行世界所行的事。如果有一個人告訴你他正在吃毒藥，你會怎麼對他說？你或許會警告他不要這樣做。但是如果他告訴你他每天只吃一點點，你覺得如何？

　　你有發現在現代生活中，不良的電視節目、錄影帶、DVD、電腦遊戲、雜誌、網路資訊，各種書籍、促銷廣告所帶來你家裡的影響嗎？這些東西就是每天進入我們家庭中給孩子吃的毒藥，一天天、慢慢的進來。我們要記得，他們每天生活所接觸的媒體，會對他們的生活產生示範性的教導。這些不同的場景所示範的生活模式，會讓他們以為這是可接受的行為與回應。

　　我們開始發現，即使我們讓他們看「好」的電視節目，其中的廣告可能仍然是非常糟糕的。我們不能容讓任何的毒藥進入孩子心中，即使一次只有一點。當我們嚴格的控制或者除去生活中這些負面因素，我們的婚姻變得更好。我們有更多時間陪伴彼此。我們的孩子被訓練得更好。孩子們不會再有機會

從媒體上看到諸如淫亂的生活方式或者用暴力解決問題。電視離我們的生活越遠，我們就更容易成為一個家庭。

我已經忘了我們是從什麼時候開始把電視搬到樓上的小閣樓，那是個很冷、沒有暖氣，也沒有裝電視纜線的房間。那裡甚至連椅子也沒有。這個把電視機搬走的決定真的太棒了，使我們全家在一起的時間完全改變

了。孩子們甚至忘了以前我們有電視。之前因為電視放在客廳的關係，一打開電視，即使是那些講動物的電視節目，都會對孩子造成不好影響，因為他們是基於進化論的道理製作的，而進化論是假設聖經是錯的，他們認為世界並非上帝所創造的。現在我們在客廳一起玩、讀書、玩遊戲等等。孩子們學習與他們的弟兄姐妹一起做事情。

我個人深信神十分不喜悅節目裡面那些關於性以及暴力的生活方式。我們能找得到某些節目能夠示範敬虔愛主的夫妻彼此相愛的生活嗎？我們能找得到某些節目示範一個又良善又聰明的丈夫或者父親的角色嗎？找不到。通常男人在節目中都被描述成像個傻瓜，沒有生活目標，唯一想做的事情就是找個性感的女人、賺大錢或者變得更有名。多麼糟糕的榜樣！孩子們看了就學會其他人如何不喜歡這樣愚蠢的父親，然後把這樣的不尊敬也用在我們身上。我為什麼要接受世界的標準？我們不需要！我不需要！盡量遠離電視。或許有一天我們都會完全

脫離它，至少對我而言把電視從生活中拿走使我能花更多時間陪伴孩子。

我們通常只用某些特定的錄影帶，不看電視。我們有時會租一些普級的錄影帶來看，但是很久才作一次。孩子知道我們的作法。爸爸會問一大堆很困難的問題，有關這個影集裡面基本的價值觀等等。　你是否仔細想過這些電影、影集裡面所推銷的價值觀是什麼？很多人覺得「獅子王」是個好電影。但是我們是否好好思想它裡面所歌頌或者所描述的價值觀是什麼？我不能再相信迪士尼的電影。獅子王所推銷的價值觀全都是我最反對的，包括巫術、懶惰、輪迴等等。現在我比較聰明，我會先假設這些電影都是邪惡的，除非他們能證明他們的內容是好的。電影的分級與神的分級不一樣。[83]

神還需要調整我們很多方面的價值觀。我們並不聖潔。我們很屬世。我們寧願趕著去看電影也不願多花時間禱告、默想神的慈愛與良善。我們並不是說完全不可以做這些事，但是我們不願意放下這些事情的心態，使我們很難盡我們的全心、全意、全力來愛神。近年來，網路的興起，使得一系列新的問題開始出現。

我們容許我們的孩子從五點到吃晚餐前，看一些經過規範的節目。我們也限制孩子一週有六天的時間，每天可以上網卅分鐘。本來，我們把這卅分鐘分成兩段十五分鐘的時段，一段用來玩遊戲，另一段用來作教育用途。然而，對某些孩子而

---

[83] 你可以參閱以下這個系列的信息，說到神如何告訴包牧師，要使他家中的人都遵守神的標準。 www.foundationsforfreedom.net/References/OT/Poetical/Psalms/Psalm036.1_12/Psalm036_1.html

言，分開比較困難，所以我們後來把兩段時間合併。他們可以自由在白板上寫下，今天的什麼時候他們想要用這卅分鐘。如果他們超過時間限制，第二天他們就失去了上網的權利。

　　他們有額外的時間來用電腦做學校作業，或者學習電腦技巧，例如繪圖或者製作網頁。要做這些事，他們必須獲得我們的許可。這是一個我們可以隨時取消的自由。當他們漸漸長大，我們會給他們多一點時間寫電子郵件或者即時通訊。因為這是他們與朋友溝通的方式。我們必須時常監管這些大孩子每天花多長時間在線上聊天。這有點像我們自己年輕時，被父母限制每天講電話的時間長度，只不過當時我們的父母不會把電話關了不讓人用。

　　最後一句忠告。不要太過於律法主義。這會摧毀順服所帶來的喜樂。我們也有時候讓我們的電視機回來樓下。我們訓練孩子的關鍵在於「我們該如何使用它」，「是它控制我們還是我們控制它？」，「我們所看的節目是否討神的喜悅？」我們不會用律法主義的方式來反對所有的電視節目或電腦遊戲，但是我們會嚴格管理孩子該看到什麼。

　　暫停並回想： 你和你的孩子看哪些節目？這些節目討神喜悅嗎？節目裡的人行為舉止合乎禮節嗎？這個電影或節目裡的主要信息是什麼？這裡有一個訓練你自己的方法。你們夫妻倆人一起看一個節目，然後討論節目裡面所傳遞的價值觀是什麼。檢查這些價值觀彼此之間的關係，有沒有強調責任感、合乎道德的行為、以及化解衝突、避免不道德的慾望等等。

處理怒氣

對於怒氣應該有什麼標準？我（包牧師）以前常常有苦毒與怒氣。我必須好好面對自從幼年時期就累積起來的許多苦毒。現在，我已經饒恕所有的人。但是我身體的反應看起來好像尚未完全的改變。

　　當我管教孩子時，根據別人告訴我，我的聲音很可怕，我的臉會扭曲像個怪獸一樣。我很難相信。我還沒有被我良善的主宰的溫柔完全改變。我尋求祂。我真不能相信我又搞砸了。我甚至不知道我是否應該相信別人所說的。但是我必須繼續尋求主，更親近祂與祂同行。我的太太很能夠看出我的問題並且持續的、更好的幫助我知道我的缺點。

　　如果身為父母的我們並沒有控制自己的怒氣，這就等於默許我們的孩子做同樣的事。首先，他們會覺得控制怒氣是不可能的，因為他們的父母都做不到。第二，他們會認為發怒是溝通過程中保衛自己的一個很正常的方式。

　　暫停並回想：你是否如此渴慕神的標準以至於願意讓別人來糾正你？當有人告訴你可以改進某些缺點時，你如何反應？

建 立 家 庭

有異象、自信與工具來訓練孩子是很好的，但我們必須謹慎。一路上還有許多陷阱會讓我們離開神要我們養育敬虔孩子的目標。這種結果是很悲慘的，我們必須繼續走窄路。

培養敬虔的孩子

有些父母只希望有好的孩子，而不是敬虔的孩子。我們必須進到內心深處去檢查自己的想法，因為一個屬天的孩子與屬地的孩子是有很大的分別的。絕不要縮小你的屬靈目標。這些目標對你的孩子的生命，以及你的孫子都有決定性的影響。我們必須把耶穌的話藏在心中：「人就是賺得全世界，賠上自己的生命，有甚麼益處呢？」（可八36）

當父母發現他們的孩子已經太大了，個性很難改變，他們可能會覺得沮喪。我們給你們盼望。我們需要繼續向前走，把神的真理建立在我們家庭中。我們的目標以及熱切的渴望，就是但願神能夠喜悅我們因而常常造訪我們家。但願神喜悅我們與彼此相處的方式。但是神的真理必須先從我們的頭腦進到我們內心，對於我們大多數的人而言，這個要求比我們所願意承認的更深。

我們發現我們對孩子的目標，不可能超過我們對自己所設立的良善與聖潔的程度。我們自己需要先走過這段路。如果我們希望要我們的孩子在他們的一生中主動積極的尋求主，我們自己必須先這樣做。

在這個邪惡的時代，培養敬虔的後裔對每個父母都是一個挑戰。很多父母不在乎。他們可能也不在乎自己的罪惡的習慣。其他那些在乎的父母則因絕望而哭泣。他們所做的似乎完全不管用。這個世界好像正在吞食他們。我猜想或許正是因為這種挫折感使某些人找到不要生小孩的理由---害怕不能好好教養他們來愛神並有一個純淨的生活。

我們能體會這樣的想法，但是鼓勵你起來爭戰。我們必須爭戰，而且幸運的是，神已經給了我們許多在聖經中的榜

樣，這些人相信神能在這個邪惡的世界中幫助父母培養出敬虔的後代。只要看看約瑟、但以理和約伯。其實我們的悲哀是，我們的標準不夠高。但是當我們自己的生命產生復興時，我們就能對孩子有足夠的信心。

屬靈的標準

從一開始，我們就很堅定的承諾我們要研讀神的話語，不論是個人性的或是團體性。在最近，神更新了我們對祂話語的學習。這種對神話語的興奮感有兩個來源。

首先，當我們了解一個人自身的個性與靈命成長的關連性，這樣的理解會刺激我們更積極在我們的生活中採行神的標準。我們知道如果我們希望孩子遵行這些標準，則我們自己也需要這樣做。我們向神更加敞開，願意讓神來改變我們更像基督。這是在我們家庭中所願意採用並實踐的標準。「愛」成為我們特別具體教導我們自己和孩子的主題。

> 像那不可姦淫，不可殺人，不可偷盜，不可貪婪，或有別的誡命，都包在愛人如己這一句話之內了。愛是不加害與人的，所以愛就完全了律法。（羅十三9-10）

　　幾年前我們開始採行另一個家庭學校的教育方法，因為這樣幫助我們把神的真理帶到生活的每一個層次。[84]這個課程每個月會以一個品格為主題。他們會先觀察在神的話語中如何講到這個品格，以及這個品格如何在日常生活中實行出來。他

[84] Advanced Training Institute (ATI)在課程方面做得很好。他們在數學課程方面有些缺點，不過可以用Saxon的數學材料加以彌補。想得到更多資訊請參閱 http://ati.iblp.org/ati/

們教導我們這個品格（例如忍耐）如何在某個歷史人物的身上產生巨大的不同。這樣的家庭學校教育強化了我們屬靈的價值觀而非反對它。

　　另外一個對神話語興奮感的來源，來自於學習瞭解神如何向祂的百姓啟示祂自己。我們以前已經聽過這方面的教導很多次了，但是有一天，當神向包牧師指出耶穌如何在地上過每天的生活，包牧師才清楚看見。耶穌倚賴神的話語生活，每一天領受當天所需要的話語。這就讓我們看見，神期待每一天向我們說話，但常常我們對神的話都沒有留意---即使我們正在研讀神的話語。現在我們正學習如何默想神的話，並且尋求當天神要對我們所說的特殊的言語。

　　如果我們要成為好的基督徒父母，我們必須不斷成長。玲婷列出在過去幾年中她自己的生命成長的幾方面，這些方面大大提升了在過去幾年來她作為一個母親的能力。

- 了解自己的責任並且把這些責任看成是神給我的呼召，那就是把我的生命獻給神，讓神在我的家中來使用

- 有一個親密而且不斷成長的婚姻關係，幫助我知道我是無條件被愛的，因此給我許多的空間來嘗試錯誤，不用害怕會被拒絕。

- 學習去愛神所愛的，並以此來調整自己的生活。

- 與神有更親密的關係。更知道在每一件事上我都需要倚靠祂。

- 神把我從一個負面、懼怕、擔憂的母親改變成一個信靠神而能展現喜樂的母親。在這方面還有許多要學習的。還有很長的路要走。

使我的心轉向兒女

為了使我的心轉向我的兒女，神首先要對付我(玲婷)的方面，就是我並不真正相信神的話。我並不真的相信孩子，或者許多的孩子，是一個神的祝福或獎賞。雖然我說我相信，但是我的行為與態度顯示出其實我並不相信。我的行為表現得像是在說，他們對我而言是一個麻煩或困擾。我的心裡其實是說「我自己一個人做事更容易」。這是當我們只有兩個孩子的時候。我完全不知道神能給我恩典「處理」孩子。

　　這個問題的一部份來自於我忙碌的母親留給我的印象。因為她有六個孩子，所以她總是很忙。另一個部份是因為我輕看神的真理。如果神真的這樣說，神所說的就是真的。但是我並不真的相信祂所說的。我需要把我的眼光與心態改變成與祂的真理相合，學習去愛神所愛的。

　　我以前時常這樣子對自己說：「孩子是一個祝福，但也是一個極大的責任。他們會把家裡弄亂，使你有很多工作要做。不要再生，兩個就好。」

　　神對我的調整是在當我開始懷第三個孩子的時候。那時我們才剛搬到匹茲堡。我有很多夢想，希望與包牧師一同服事，接待人、作輔導、一起探訪，或者有一些自由的時間去學一些我不懂的東西。但是這個自由的想法與被孩子綁住的生活在我裡面形成一個拉鋸戰。要接受神的意念高過我的意念真是一個很大的掙扎。我不是說這個爭戰一次得勝就永遠得勝了。這是一個不斷進行的過程。至少我願意接受神的道路是更有智慧、更好的。所以我們的第三個孩子在1991年秋天誕生了。

隔年的春天，神用一本我借來的書把我的心更深的扭轉。這本書的名字是「回家的路」(The Way Home)，作者是Mary Pride，挑戰許多我既有的價值觀。神用這本書幫助我看到我的自私以及我如何拒絕神的方法。它讓我看到我接受許多從世界來的價值觀，把它們當成真理。我是在懷第四個孩子之前讀這本書。

懷第四個孩子真讓我覺得很不好意思。我不想告訴任何人。神仍然需要在我裡面做工來對付我對於家庭的態度。他用這個孩子更深的扭轉我的心。但以理(Daniel)是在1993年出生。就在那時，我們把我們的家庭計畫交給主。信靠神來計畫我們家庭對我來說是個信心的操練，對於我的態度有很大的衝擊。我開始相信這個真理---孩子是神的祝福和獎賞。他們不是麻煩或重擔。相信這個真理並且把神的話放在我心中，使我的心轉向我的兒女。終於我不再擔心別人怎麼想，而開始學習關心神怎麼想。

對於教會的標準怎麼辦？

人很容易找藉口不奉獻給神或不去教會。我們一直持守一個很高的標準(我想我們必須如此因為我常常講道)。但是老實說，當有孩子說他生病，我們需要仔細看看他是不是真的病得像他說的那樣。我們自己小的時候也曾經用類似的藉口(其實是說謊)，所以我們對這方面有經驗。這裡列出一些問題，是我們用來幫助我們自己面對許多真實生活中的問題。

如果有一個我們真的很想去參加的婚禮，當我們有與現在相同的感覺時，我們還會選擇待在家嗎？

如果我們同意孩子可以因病在家不去教會，我們要確保他們在家的時間可以好好休息，不受電視或者其他事務的干擾。

想想看，如果我們的孩子發現當他們在家裡不去教會的時候，可以在家看電視，那將會有多麻煩。這樣的話，我們可以準備好看到每個禮拜天早上家裡都發生流行性感冒

金錢上的決定

對於我們的財務狀況，我們對孩子都是非常坦誠的。我們會告訴他們目前的狀況如何。我們會告訴他們我們捐了多少錢出去。我們也會告訴他們我們奉獻給哪些宣教士。我們要他們看到，在困難的情況下，如何做正確的決定。

年紀大的孩子知道我們所做的決定是沒有把錢花在他們身上。有些人會因此覺得，這樣做會使我們的孩子生氣而遠離我們，其實不會。他們尊重我們願意給出去的心願。他們需要知道把金錢奉獻給主的事工比奉獻給迪士尼更好。然而，如果他們看到我們把錢花在壞習慣或者自私的事情上，他們心中可能就會累積憤怒。

好好的安排時間

雖然我們需要花時間與孩子在一起。但並不代表一定需要很多時間。

今天，我女兒告訴我她想學怎麼騎腳踏車。其他的孩子們的腳踏車都很好，但是她的腳踏車輪胎沒氣了。我想打點氣應該就可以了。這些小事對我們孩子來說意義非凡。

　　我們一起做些事情，我們一起玩。我們讀故事書給年紀小的孩子聽。在吃飯時，我可能會念本書給所有的人聽。我們有時候晚上一起玩遊戲。我們出去度假通常不會花很多錢，雖然我們也有游泳、騎車或一起散步。　身為父親，我的最大一種喜樂是看著孩子在假期學會如何游泳。

　　暫停並回想： 你相信孩子是神的祝福嗎？你一直都如此相信嗎？為了更看重這個真理，你還需要學習哪方面的功課？如果他們是神的祝福，你樂於花時間陪他們嗎？

建立兩代之間的愛

我們愛我們的父母，但是在某些特別的時候，例如有小孩剛出生，要和父母保持和睦相處常常很困難。對有些人來說父母的幫忙像是美夢成真，對另一些人，家裡好像變成戰場一樣。如果你與父母的關係都很好，那這一課並不是為你寫的。這一章是為了幫助那些試著要訓練自己的孩子，卻遭到父母干擾的人而寫。很多人尚未學會如何享受他們與父母的關係。

　　我們應當期待會有不同的意見出現。這是常有的事，尤其當父母不是基督徒的時候。當孩子漸漸長大，他們也會開始學到與父母不同的觀點。但願他們能把事情做得比我們更好！

　　包牧師在成長的過程中因為父母的離婚以及其他的事，曾經歷一段困難的時光。這些困難導致他內心深處的一些問題。他需要學習如何愛一個傷害他的人。他需要學習如何饒恕人。雖然在福音的信息中這些都是很基礎的教導，但卻很容易被忽略。這些與我們父母相處的時間就給我們機會來修補關

係。神不希望有怒火壓抑在家人的關係之間。這些怒火會在我們孩子的身上帶來個人性的問題。

重新調整我們與父母的關係是必要的。但我們也不希望調整了之後，就破壞了原先本來已經岌岌可危的感情。我們很容易傾向於大聲怒吼或者默默把怒氣藏在心中，而沒有用聖經的原則來與父母相處。如果我們不小心，我們天然的傾向可以很容易摧毀掉我們目前所有的。神有辦法能使最困難的情況轉變成為最好的。

請記得，除非我們已經承認自己的罪，否則這會在我們與父母的關係上一直成為一個難以突破的障礙。只有當我們承認我們的罪，我們才能期待神祝福我們的關係。保持誠實與真誠。雖然我們的父母可能不會說什麼，但是他們內心會很感動。在這之後還有一件重要的事，看重你的父母，從他們身上得著智慧。問問他們最近過得如何。尊敬並尊榮神所指定為你父母的人。從我們向父母請益的過程中就可以看出我們是否真的尊榮父母。

包牧師很清楚的記得他如何需要採取特別的步驟來尊榮他的父親，這些步驟包括在各樣大小事上徵詢他的意見，例如修理車子上定速系統，或者有關服事的事情。神用很特殊的方式來祝福。這曾經是，也仍然是一個建造信心的功課。

暫停並回想：

與你的父母發展一個良好的關係是很值得的。這是主的命令。即使你盡量避免，你們的關係仍會對你的家庭有很深的影響。有什麼問題會阻止你與父母有良好的關係？你盡多少的

努力來改善這個關係？即使他們過去曾經有犯錯，你是否仍然尊榮他們？

重新贏得青少年的心

有些父母讀了這些教材後，會覺得對他們年幼的孩子有幫助，但是他們不知道對於他們已經長大的孩子他們還能做些什麼。是不是太晚了？我們能夠改變年長的孩子嗎？

在這本書裡我們分享許多我們曾犯的錯誤。我們曾經走到一個地步，孩子們幾乎把他們的心向我們完全關閉。或許你也曾經歷類似或者更糟的情況。神的話語中有很多地方指教我們如何重新贏得孩子的心。

我們必須做一個禱告的父母。我現在學會每天都為每個孩子禱告。我竟不能說從剛開始有孩子的時候我就這樣做。真可恥。但是誰教過我這樣的責任？通常我們都假設父母應該這樣做卻從來沒有明確說出。我們相信禱告的功效，因為我們相信神。只為全世界禱告卻沒有為自己的家禱告，是不對的。禱告打開神蹟的門，也能打開悖逆孩子的心門。

我們非常不同意某些人說，叛逆是孩子青春期的典型表現。我們敵擋這樣的說法，因為這並非普世的典型；這是美國的典型。這只是西方文化的一部分，因為我們把太多的自由給了孩子（而沒有賦予相稱的責任），卻不知道如何把孩子帶回到我們的權柄之下。我們需要把對成年人應有的責任感與態度傳遞給孩子，並對這個目標有一個很高的期待，而不是給予青少年叛逆的空間。青少年的孩子的確會經過某些特別改變，但是如果我們相信，我們只要放手讓他們自己發展，不要認為我

們能對他們的生命產生任何正面有效的影響，那是一個致命的錯誤。

反之，我們應該與孩子緊密配合，並且相信即使他們的身體正在改變，他們仍然能夠順服我們。他們需要在新的賀爾蒙的刺激以及認知自己即將開始新的生活的同時，重新學習自制的功課。我們需要告訴他們怎麼做到，用溫和而堅定的方式。但在這一切成功之前，我們必須先相信，他們必然能夠過一個敬虔的青少年生活。否則，我們就會感到十分絕望。這種絕望感（或懷疑）正是撒旦用來協助牠自己的工具。

我們有路可走。雖然我們的二女兒已經結婚，我們的老三與老四已經進入青少年期，並且在他們後面還有更多的孩子也即將進入。我們一定會有更多的挑戰，但我們看到我們年長的孩子都選擇不跟那些未婚生子或者有各種問題的人交朋友。

在我們的家以及我們的信仰中有些不一樣的東西，幫助他們渴望能夠自己擁有一個大而敬虔的家庭。他們很規律的與神親近。他們在教會中服事神（主日學老師、暑期兒童夏令營老師、敬拜團成員等等）。

我們要把家盡可能的變成全世界最好的地方，但是要記住，這樣的家唯有當你經常的、正確的管教孩子的時候，才能實現。父母親必須記住，管教只不過是一個手段，用來保持與孩子之間良好的關係，讓孩子尊敬你身為父母的權柄。我們提供了許多具體的步驟與建議來幫助你把年長的孩子帶回正途。

在關於如何把年長的孩子導回正途這件事上，有兩件非常重要的事情必須注意（這兩件事在孩子們長大之後也能繼續幫助他們）：

- 當你自己犯錯時，必須要有謙卑的態度去道歉
- 要有真誠的悔改，使得孩子能夠在真實生活中看到你的改變。

這本書常常提醒父母一些原本忽略的事情。父母親常常想各種方法，想要改變、改良孩子。我們則嘗試著指出，其實真正需要改變的是父母自己。當我們自己變得更像基督，我們的孩子就會變得更好。

我們可能仍然有許多驕傲與過犯。我們需要靠著神的恩典，一步一步對付這些問題。當我們這樣做時，我們就能很誠實的，帶著盼望的，與我們的孩子分享，在基督裡成長是多麼的美好。

世界已經不再隱藏地意圖引誘我們孩子的願望。我們唯一的希望（這是一個極大的盼望）就是讓他們看到神是如何的偉大。幸運的是，神願意進入每個家、每個人的心中，去彰顯祂的大能。神一直想要彰顯祂自己的榮耀。神要彰顯祂對家庭的設計是如何的奇妙。當你走在被破碎的臺階時，會看見因謙卑自己所得的獎賞。只要仰望神，尋求祂的智慧、慈愛與溫柔。但願我們在世上度剩餘的光陰時，這一段話成為我們所有的心願。

結論：走向慈愛

父母常常提及要如何愛他們的孩子，但是，到頭來，我們看見我們必須首先從神那裏得到這份愛，然後從這樣的愛中來模仿學習。屬人的愛與智慧是不足的。只有當我們真的遇到問題時

才會發現這一點。屬人的愛永遠都是不足的。我們以前只是滿足於第二流的生活標準。

只滿足於我們目前把孩子訓練得很好，這是不夠的。我們沒有足夠的資源能靠自己活出養育孩子所需要的美好生命。在許多案例中，一個成人第一次學到謙卑的功課是當他結婚的時候。事情不如他自己想的那般容易。第二次則來自於孩子。年輕與年長的父母親透過這些過程使自己的生命度量被拉大。

身為父母，我們不能單單滿足於看見孩子在我們面前活出美好的生命，我們更應該在他們身上培養自制與敬畏神的態度，以致於即使我們將來不在他們身邊，他們仍能活出敬虔的生活。

良好的教養其實是一種門徒訓練的過程，對父母與對孩子都是。我們越早學到這點越好。我們可以馬上開始向上帝學習，而不需要在失敗之後才一遍又一遍的學習這些功課。當我們學會活出神的愛時，我們已經把這個功課傳遞給了孩子，讓他們來學習。愛給了我們冰冷的心所需要的溫暖。愛在我們懶散的時候，給我們行動的動力，當我們遇到危險時幫助我們，在毫無回報的景況下使我們仍願意犧牲。

我們可以說出幾千條在神的話語中美好的原則，但是，至終要記得，真理必須在愛的環境中傳遞出去，否則它就是會被拒絕。這是因為愛就是一切關於與他人相處的真理的原則的總結。

耶穌特別之處在哪裡？為什麼他身邊的人都喜歡聽他，並與他交談？因為他滿有恩典與真理（約翰福音一14）。耶穌能夠把嚴格的標準調和在火熱的心中（請參閱附錄）。現在，

輪到我們了。就像羅馬書十三章14節所說：「總要披戴主耶穌基督」。這是我們孩子最需要的。

再一次機會

如果能在孩子發育早期就貫徹聖經教養的原則，父母能夠避免許多在惡劣的狀況下所發展出來很困難的問題，例如缺乏禮貌、驕傲、不順服、公然的悖逆。但是要小心。當孩子成長到新的階段，會有另一次的機會，使你能夠把同樣的聖經原則，在一個全新的環境中應用在同一個孩子身上。因著時常的應用聖經原則，我們成功了，但是假如我們失敗了，我們會使得早期我們拒絕的那些事情又重新進入我們的家庭中。

　　父母必須殷勤，絕對不要放棄讓神改變生命的真理動工在我們的生命中，以及我們孩子的生命中。畢竟，這不正是我們教養的最終目的嗎？　不論我們的藉口是什麼，神對我們的吩咐就是要生產順服神、尊敬他人的孩子，神對我們的吩咐就是要生生產順服神、尊敬他人人的孩子子。

附錄一：真的是基於聖經原則的教養嗎？

在過去幾年中，有許多人討論，「基於聖經原則的教養」這一詞是否適當？甚至有些人對於「教養」這個詞也有意見。他們比較喜歡另一個較傳統的詞「養育孩子」。這不是我們關心的重點。如果這兩者都不帶有侵犯性，又同時保留清楚的含意，那這兩者都可以使用。我們主要關心的重點在於「基於聖經原則」這一詞。

在這裡有兩大問題。首先，人們因為受激怒，以至於他們沒有好好思考就開始反應。第二，我們這個世代的人通常是「意見導向」，以至於他們無法從聖經中聽到神的聲音。我們對這兩個問題一起回答。

人們反對有「基於聖經原則的教養」這樣的東西存在。根據我與人們的交談以及自己的閱讀，有些人似乎不願意仔細的讀經，並以此來檢視自己的教養方法。真正的問題在哪？

很有可能的一個原因是他們過去曾經遇見另外一些驕傲的人，宣稱「基於聖經原則的教養」對他們有多麼大的好處。這樣的態度會使任何的人都不願意接受，不論你用什麼詞語來稱呼它。如果你仔細的遵從聖經的原則來教養，會有非常好的結果，但是我們不需要驕傲。畢竟，這所有的原則是從哪來的？我們豈不都是街上的乞丐嗎？是的，神對家庭有美好的設

計，祂也命定了我們要生活在一個退化的社會中來養育孩子。神的方法是最管用的，因為它們出於神。我們很謙卑，因為神在聖經中曾如此教訓我們。沒有祂的恩典，我們今天會在哪？

　　另一個問題是，人們認為那些擁抱聖經教養原則的人，不願意容忍其他不同的看法。在這裡我們必須清楚區分原則與實踐的區別。原則是我們用語言把真理應用在我們目前特殊處境的一種方法。我們對這些議題絕不妥協。我們認識神，並相信祂的意見比我們的都好。然而，很重要的是，我們會仔細查驗我們所說出的原則，是否真的是神在聖經所說、所設計的。在最近舉辦的一次研討會中，有些來賓問道：「我們如何能知道神設立了什麼原則？」他們是對的，我們只是尋道者。我們需要聖靈來指教我們。我們非常積極努力的學。

　　然而，實踐則是面對我們目前特定的處境，對某些一般性的真理的特定性使用。在這本書裡，我們常常用「杖」這個字，作為體罰孩子的一種方式。聖經有用這個字。然而，我們並不是說，這是體罰孩子的唯一方法，其他那些用手打小孩的人是錯的。

　　在以前的時代，人們沒有像水管、或者其他塑膠性的廚房用具可以用。很重要的是，我們必須要看出「杖」或者小樹枝的特性，並且記得為什麼我們應該用它：有彈性、不昂貴、隨處可得。

　　然而，體罰這個概念本身則是出於聖經。這是整本聖經一直出現的主題。如果我們拒絕這個原則的真理，我們會大大的使神和我們的孩子失望。這些聖經中的原則必須被仔細的思考過。如果在家中我們忽略任何神所給的真理，不只會產生不

順服，也會有可悲的後果。請記住，神把這些原則分享給我們，是要祝福我們，不是給我們麻煩。這又帶我們到下一個答案，這答案是要給那些對「基於聖經原則的教養」有意見的人。

我們並不是要設立一套律法。如果能正確了解「基於聖經原則的教養」，就知道這絕不是用律法主義來做事情。如果我們了解耶穌如何定罪法利賽人的律法主義，我們就會以此作為聖經真理：自以為義的系統永遠達不到神真正的期待。

我們的生命太短暫了，沒時間去玩這種「我對你錯」的遊戲。反之，我們應該手牽手，一起來尋求神所啟示我們的真理，以及思想該如何把它活出來。我們孩子的福祉正受到威脅。我們面對的敵人是誰？是其他那些也關心孩子們的父母嗎？當然不是！我們的敵人是那把錯誤當成真理傳揚的邪惡勢力。許多的父母不知不覺的被欺騙，並相信現代心理學的教導是更好的。他們這種不願意用聖經真理來檢驗自己的態度，會對其他人帶來極大傷害。

若我們假裝自己比別人好，所花費的每一分每一秒都是浪費。我們所需的乃是更深的透過基督認識神，並且更緊緊的跟隨祂的方法。在這本書中，我們嘗試相信認同那些與教養孩子相關的聖經原則。然而，當我們更多去了解這些原則的含意，應當如何應用在我們特殊的處境，並更深認識這些原則背後所啟示的神，我們在這過程中一起成長。當我們更認識神，我們就能夠了解並掌握祂的真理。

有太多的父母把神關在他們教養孩子的過程之外。他們不思想，甚至不願去想，關於教養孩子，神有什麼看法。他們

以為，經由重新定義上帝為一位「永遠不會打孩子的神」，他們幫了神一個大忙。他們是大錯特錯（參閱列王記下二23-24）。他們孩子的生命正受到威脅。讓我們一同來尋求明白神要對我們說的話。

　　我曾見過許多父母有美滿的家庭。那時我心裡想什麼？我想，他們一定採行了某些神在聖經中的教養原則，不論他們知不知道。他們或許並非基督徒。重點是，他們比那些自稱為基督徒的人，更有效的實踐了神的真理。字句本身是死的。我們需要看到神的真理與原則在我們的生活中活出來。只有如此，神的名才會得稱頌，我們的家庭生活也才會蒙福與幸福。

附錄二：關於教養孩子的其他資源

廣泛閱讀能給我們很大的幫助，使我們達到以前做不到的事

- Mary Pride 所寫的 The Way Home。內容說到一個女性主義者回家的過程。非常活潑生動。幫助母親們用神的話重新定位自己作為母親與妻子的角色。

- Robert Andrews 所寫的 The Family: God's Weapon for Victory。徹底的描述一個從求愛到結婚的整個家庭的寫照，之後提供了用聖經原則教養孩子的原則與實踐的過程。輔以個人的經歷來解說聖經的命令。

- Gary and Marie Ezzo 所寫的 Growing Kids God's Way。很實際的講到許多細節。似乎太過重視某幾個主題而忽略了其他的重點。對於一些錯誤的哲學提供了適切的討論。不幸的是，缺乏好的聖經教導，因此看起來只像是一些不錯的意見，而不是真理。

- Michael and Debbie Pearl 所寫的 Train up a Child。很有趣，也很嚴肅。可能比你所想像得更實際。不幸的是，我們大多數的人都不能如此的激進，像阿米許人一樣住在農場裡。但不要因此就不讀這本書。請參閱 www.nogreaterjoy.org。

- Paul and Linda Bucknell 所寫的 Godly Beginnings for the Family。這一系列的信息幫助父母從一開始就做正確的事，其中有許多實際的忠告，針對孩子出生前、生產、產後，有許多閱讀資料、講義、以及圖示來幫助父母實行早期訓練。

- Paul and Linda Bucknell 所寫的 Building a Great Marriage。只要丈夫與妻子願意按照神的旨意來生活，每一個婚姻都可以是最棒的。主真心希望每一對夫婦都能有美滿的婚姻，因為這樣才能使榮耀歸於祂的名。這本書描述了關於美滿婚姻的重要原則。

附錄三：父母的神學

神

神對全地的旨意與我們教養孩子是息息相關的。神榮耀自己的名，是透過彰顯祂的恩典給一群蒙祂揀選的百姓，使他們成為祂極大家庭的一份子，這個大家庭反映祂的形象，也分享在基督耶穌裡祂一切的豐盛。

首先的亞當	末後的亞當
第一計畫	第二計畫
FAILURE	SUCCESS

神照著自己的形象造人，神就照著自己的形像造人，乃是照著他的形像造男造女。要生養眾多，遍滿地面，治理這地。（創一27-28）	他無父，無母，無族譜，無生之始，無命之終，乃是與神的兒子相似。(來七3)
亞當的呼召是照神的形象去造作新的人	神差遣祂的獨生子基督耶穌來到世上，為了實現祂要有更多兒子的旨意。
亞當活到一百三十歲，生了一個兒子，形像樣式和自己相似，就給他起名叫塞特。(創五3).	愛子是那不能看見之神的像，是首生的，在一切被造的以先。(西一15)
亞當沒有照神的形象去教養兒女，他的後裔帶著他玷污的形象。	藉著相信耶穌基督，人們可以生在上帝的家庭中，並被帶進祂的國度。
這就如罪是從一人入了世界，死又是從罪來的；於是死就臨到眾人，因為眾人都犯了罪。(羅 五12).	凡接待他的，就是信他名的人，他就賜他們權柄，作神的兒女。(約一12)
至終，人按己意生活，反映出背叛的撒旦的形象，而非神的形象。	**當人們尋求願意更像基督，更順服神，神就在祂百姓身上重新建立自己的形象。**
從此就顯出誰是神的兒女，誰是魔鬼的兒女。凡不行義的就不屬神，不愛弟兄的也是如此。(約翰壹書三10).	穿上了新人。這新人在知識上漸漸更新，正如造他主的形像。(西三10)
	父母負起責任，在主的恩典與真理中帶領他們的孩子，使他們跟隨基督。
	你們作父親的，...只要照著主的教訓和警戒養育他們。(弗六4)

附錄四：教養流程圖

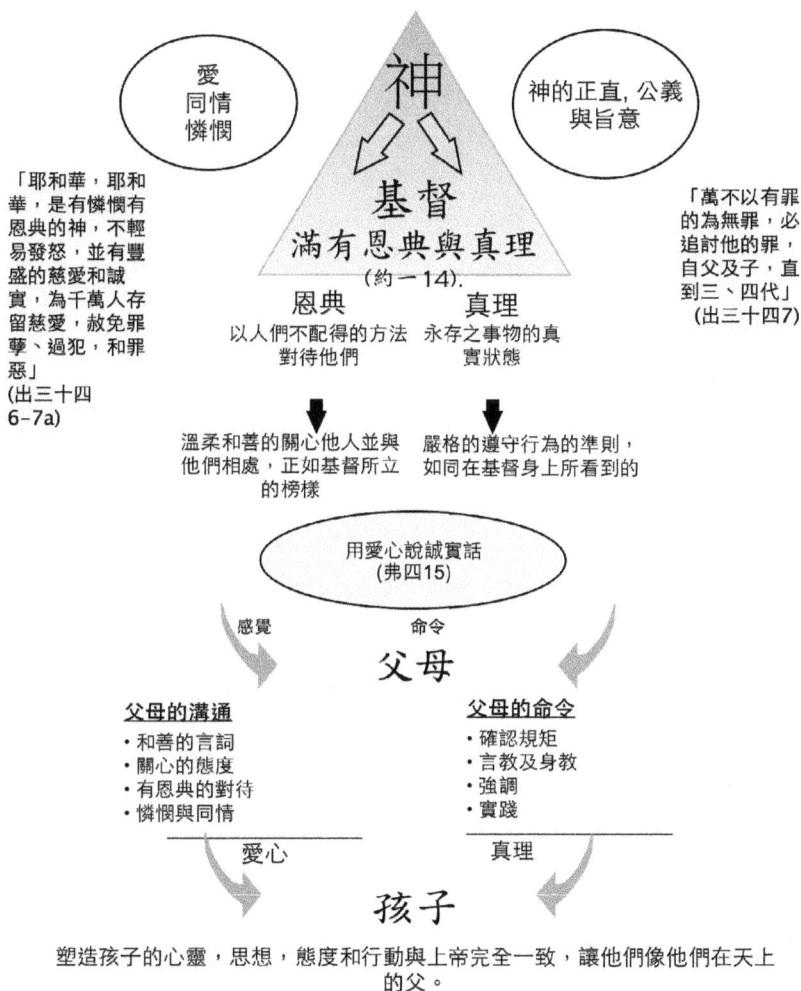

神

基督
滿有恩典與真理
(約一14).

愛
同情
憐憫

神的正直, 公義
與旨意

「耶和華，耶和華，是有憐憫有恩典的神，不輕易發怒，並有豐盛的慈愛和誠實，為千萬人存留慈愛，赦免罪孽、過犯，和罪惡」
(出三十四6-7a)

「萬不以有罪的為無罪，必追討他的罪，自父及子，直到三、四代」
(出三十四7)

恩典
以人們不配得的方法對待他們

真理
永存之事物的真實狀態

溫柔和善的關心他人並與他們相處，正如基督所立的榜樣

嚴格的遵守行為的準則，如同在基督身上所看到的

用愛心說誠實話
(弗四15)

感覺

命令

父母

父母的溝通
· 和善的言詞
· 關心的態度
· 有恩典的對待
· 憐憫與同情

父母的命令
· 確認規矩
· 言教及身教
· 強調
· 實踐

愛心

真理

孩子

塑造孩子的心靈，思想，態度和行動與上帝完全一致，讓他們像他們在天上的父。

父母必須同時提供孩子所需的愛與權柄。當他們長大後，他們會開始明白上帝的愛與權柄，並且把他們對我們的忠心完全轉移到神身上。透過基督，他們能完全成為上帝的形象(創一27)

神的孩子

神就照著**自己的形像**造人，乃是照著他的形像造男造女。(創一27)

凡接待他的，就是信他名的人，他就賜他們權柄，作**神的兒女**。(約 1:12).

愛子是那不能看見之**神的像**，是首生的，在一切被造的以先。
(西一15)

附錄五：作者

有八個孩子的包恩富與包柯玲婷 (Paul & Linda Bucknell) 有許多訓練孩子的經驗。他們的子女,從最大的到最小的,相差有二十年,這使得他們可以對整個教養過程有一個統合的眼光。他們之前曾作過宣教士、地方教會牧師,這些經歷使他們因為曾經負責帶領訓練、輔導協談家庭、舉辦教養研討會等等事工而對這些事工有特殊的洞見。身為聖經實用的真理的創辦人,包牧師有許多訓練教材。他也曾經到世界各處訓練神的百姓。

基於聖經的教養原則與實踐之總結

你能成功的！神要你成功的興起敬虔的家庭，祂也提供了你一切所需。我們不需要嘗試各種各樣目前流行的教養理論，過了一段時間才發現它們都沒有用，而且我們的孩子也從中受害。上帝，我們家庭的原創者，已經把祂的愛與真理傳遞給我們，祂如今仍這樣做！

藉著效法與應用上帝的真理在自己的家中，父母們可以預期良好的變化會發生在他們的家庭。神創造了家庭，祂知道如何使它完美運作，即使我們的家處在一個不完美的世界裡。身為父母，我們要分辨上帝想要什麼，並透過訓練與紀律使神的標準能建立在孩子身上。

父母越早開始這種訓練越好。透過早期訓練，父母能有機會阻止壞習慣形成。這會成為我們孩子生命中一個豐厚的獎賞，充滿了可愛的回憶與喜樂，當他們長大後，他們會遵行同樣的生活方式。青少年的背叛並非是必然的。透過青少年所面對的許多新景況，父母能繼續與他們年長的孩子建立逐漸美好的關係。

www.ingramcontent.com/pod-product-compliance
Lightning Source LLC
Chambersburg PA
CBHW071405090426
42737CB00011B/1361